꼴등,
1년 만에
전교 1등 되다

꼴등,
1년 만에
전교 1등 되다

강상우 지음

무조건 승리하는 강상우의 작심 공부법

포르*체

꼴등, 마음가짐을 바꾸고 전교 1등이 되다

'뉴욕대학교 경영학과, 미국 월스트리트 투자은행, CFA*
최연소 합격자'

나를 처음 만나는 사람들은 이런 수식어만 듣고선 원래부
터 공부를 잘하는 사람이었냐고 묻곤 한다. 앞서 나열한 결과물
을 얻으려면 공부를 잘해야 하는 건 사실이지만, 내가 처음부터
공부를 잘했던 건 아니다. 나는 중학교 때 미국으로 건너가기
전에는 중위권에서 왔다 갔다 하는 평범한 학생이었다. 심지어

---

*   CFA(Chartered Financial Analyst): 국제재무분석사. 워런 버핏의 스승인 벤
    저민 그레이엄이 만든 세계에서 가장 권위 있는 금융 자격증. 3개의 시험
    을 한 번에 통과할 합격률은 10% 미만이다.

미국에 가서 가장 처음으로 받은 학점은 'F'였다. 당시에는 공부를 잘한다는 건 나와는 상관없는 다른 세상 얘기였다.

그때의 나는 절대로 공부를 잘할 수 없다고 믿었다. 다른 친구들과 똑같은 학교, 똑같은 학원에 다니면서도 혼자만 성적이 오르지 않았다. 타고난 머리가 나빠서 공부를 못한다고 생각했고, 이번 생은 틀려먹었다고 생각했다. 성적 좋은 친구들은 전교 1등, 반 1등을 목표로 하는데 나는 전교 100등, 반에서 10등 하는 게 목표였다. 공부에 큰 관심도 없었지만, 남들이 밤늦게까지 학원을 가길래 나도 억지로 따라다녔다. 가서도 열심히 하기는커녕 하염없이 언제 끝나나 하고 시계만 바라보고 있었다. 무거운 책가방을 메고 땅만 바라보며 영혼 없이 학교, 학원, 집을 반복했던 것 같다.

중학교 때 부모님의 제안으로 미국으로 간 나는 낯선 환경과 지금까지와는 전혀 다른 공부 분위기에 적응하지 못했다. 한국과 다른 토론 형식으로 수업이 진행되었는데, 안 그래도 부족한 영어 실력에 뭐라고 말을 해야 할지 몰랐다. 토론을 하거나 에세이를 쓸 때는 자기 생각을 표현해야 하는데, 도저히 내 생각이 뭔지 하나도 몰랐다. 아무런 의견이 없었고 설령 있다 해도 말할 용기가 없어서 아무 말도 할 수 없었다. 그렇게 수업 시간에는 조용히 아무 말도 하지 않았다. 이른 나이에 부모님과 떨어져서 혼자 적응하기도 힘들었고, 공부에 대한 관심도 없었으니 더 괴로웠다. 교실에 앉아 있으면서도 내가 거기에 왜 갔는지 몰랐다.

처음 받은 성적은 Fail. 망치로 얻어맞은 듯한 충격이었다. 패배자의 낙인이 찍힌 기분이 들어 자괴감과 모욕감이 들었다. 한편으로는 내가 공부를 아무리 못해도 그렇지 이렇게나 막장이었나 싶은 마음에 자신에 대한 실망감이 커졌다. 하지만 나는 이대로 무너지고 싶지 않았다. 가끔 TV에서 번개를 맞고 똑똑해졌다는 사람들의 얘기를 들었는데, 이때의 충격은 나에게 이와 비슷한 변화의 계기를 주었다.

나는 이렇게 허무하게 유학 생활을 끝내고 싶지 않다는 생각으로 공부했다. 한국에서 고생하시는 부모님께 죄송한 마음에서라도 패배자로 남고 싶지 않았다. 벼랑 끝에 몰리면 쥐도 문다고 하지 않던가. 처음에는 성적을 어떻게든 복구해야 한다는 의무감으로 공부를 시작했다. 미국에서 공부하는 방식은 완전히 달라서 '내 생각'이 무엇인지 끄집어내려고 노력했다. 내 생각을 끄집어내기 위해 계속 '왜'라는 질문을 스스로에게 던졌고, 그 과정에서 '나는 왜 공부하는가?'를 물어볼 기회가 생겼다. 그전까지는 나 자신에게 한 번도 물어보지 않았던 것 같다. 그저 '학교에 가야 하기 때문에', '남들도 똑같이 학원을 가기 때문에'가 이유였다. 하지만 '공부하는 이유'를 내 안에서 찾으니 '공부할 마음'이 점점 피어났다.

내가 이렇게 이야기하면 "그래서 공부 잘하는 비법은 뭔

데?"라고 물어본다. 사실 공부 잘하는 방법만 알려 주는 것은 큰 의미가 없다. 우리가 공부를 잘하지 못하는 이유는 공부 잘하는 방법을 몰라서가 아니다. 요즘 같은 시대에는 공부 잘하는 방법은 누구나 손쉽게 얻을 수 있다. 무엇보다 공부 잘하는 방법만 안다고 공부를 잘했다면 모두가 100점을 받았어야 한다. '공부를 잘하는 비법'은 방법에만 있지 않다. 방법보다 자신의 마음가짐과 기초 체력이 받쳐 줘야 공부를 잘할 수 있다.

이렇듯 공부 잘하는 비법은 의외로 간단하다. 스스로 공부하고 싶은 마음이 생기면 어떻게든 알아서 공부를 열심히 하고, 결국 공부를 잘하게 된다. 핵심은 진심으로 내면에서 공부하고 싶은 마음이 우러나와야 한다는 것이다. 그래서 나는 이 책에서 그저 평범한 '공부 잘하는 법'만을 말하고 싶지 않았다. 이 책은 효율적으로 공부하는 방법을 넘어 우리가 어떤 마음가짐으로 공부해야 하며, 어떻게 기초 체력을 기를 수 있는지 소개한다. 책을 읽는 과정에서 독자만의 공부해야 하는 이유를 찾도록 돕는다. 누가 됐든 이 책에서 설명하는 '공부의 이유'를 찾고, 나만의 효율적인 공부법을 찾으면 분명 공부를 잘할 수 있을 것이라 믿는다.

나는 공부할 마음이 생기면 공부를 잘하게 되는 건 시간 문제라고 생각한다. '왜'를 알면 '어떻게' 공부해야 하는지는 자연스레 터득하기 때문이다. 나는 공부하기로 마음먹은 후 이미 진도가 늦은 탓에 남들보다 조금 더 열심히 공부할 수밖에 없었다. 한 번에 실력이 엄청 좋아지지는 않았어도 매주 보는 시험에서 점수가 조금씩 올랐다. '노력하면 나도 실력이 늘긴 하는구나'라는 희망과 '내 한계는 어디까지인가'라는 기대감이 생겼다. 점점 자신감이 붙으면서 공부를 더 잘하고 싶은 마음이 생겼다. 당시 내가 있던 기숙학교는 저녁 10시에 불을 껐다. 소등 후 나는 유일하게 불이 켜져 있는 화장실에 가서 공부하거나, 이른 아침 새벽에 혼자 일어나서 공부했다. 새벽에 일어나라고 누가 시키지 않았어도 내 마음이 절박하고, 목표가 뚜렷하다 보니 아침에 일어나는 게 괴로워도 참을 만했다.

사람은 마음가짐이 바뀌는 순간부터 예전과는 다른 사람이 된다던데, 진짜로 마음가짐이 바뀌니 내 생각과 행동도 함께 바뀌었다. '공부할 마음이 생기면 누가 공부하지 말라고 뜯어말려도 공부한다'라는 그런 말도 안 되는 이야기를 직접 체험했다. 하루아침에 100점을 받을 수는 없었어도 묵묵히 한 걸음씩 나아가다 보니 어느새 나는 공부를 잘하는 사람이 되었다. 그렇게 'F'를 받았던 시험을 지나 그해와 그다음 해 모두 전교 1등을 하고, 훨씬 더 높은 순위권에 있는 고등학교로 진학했다. 이후에는 뉴욕대학교에서 금융을 전공하고 미국 월스트리트에서 일했다. 또한 세계에서 가장 권위 있는 금융 자격증인 CFA의 최연소 합격자가 됐다. 이 모든 게 가능했던 이유는 공부하는 이유를 나 자신에게서 찾았기 때문이다. 그렇게 되니 누가 시키지 않아도 주도적으로 공부하게 되었고, 무엇보다도 삶을 독립적으로 살게 되었다. 남의 말에 끌려다니지 않고 내가 내 삶을 주체적으로 살 수 있는 기회를 얻은 게 인생에서 가장 큰 행운이었다고 생각한다.

주체적인 선택이
삶을 바꾼다

이 세상에 과연 공부를 '못'하고 싶어 하는 사람이 어디 있을까? 아마 단 1명도 없을 것이라 확신한다. 공부를 잘하고 싶은 마음은 있지만 마음대로 잘 안 따라 주는 사람들에게 나는 이 책을 권하고 싶다. 나는 '운이 좋게' 바닥까지 떨어지는 일을 경험했다. 이를 변화의 계기로 만들어 지금의 내가 있을 수 있었다. 하지만 모두가 같은 경험을 하고, 같은 교훈을 얻지는 못한다. 그리고 굳이 같은 경험을 할 필요도 없다. 나는 이 책에 담긴 내용을 실천하면 당신도 변할 수 있다는 걸 꼭 체험시켜 주고 싶다. 그런 간절한 마음으로 예전의 내가 알았으면 좋았을 조언과 팁을 본문에 상세하게 담았다. 이 책은 내가 15년간 시행착오를 겪으면서 얻은 지혜를 담은 공부와 인생 지침서다. 타임머신이 있어서 학생 때의 나에게 선물할 수 있으면 소원이 없을 정도다. 한 살이라도 더 어릴 때 이 책에 담긴 내용을 진지하게 생각해 봤더라면 훨씬 덜 고생하고, 더 다양한 안목을 기를 수 있었을 텐데 싶다.

나는 평균 정도 하는 학생에서 꼴찌, 그리고 전교 1등까지의 모든 과정을 경험했다. 그 과정에서 수많은 우여곡절이 있었지만, 이를 극복하면서 공부를 넘어 인생에 필요한 지혜들을 만났다. 나는 이 지혜들을 터득한다면 누구나 공부를 잘할 수 있다고 생각한다. 그래서 이 책을 통해 노력해도 안 된다고 스스로 자책하는 사람들에게 희망을 주고 싶었다. 나도 그 위치에 있어 봐서 얼마나 괴로운지 알기 때문에 조금이나마 고민을 덜어 주고 싶은 마음이다. 누구보다도 평범했던 내가 해냈다면 당신도 할 수 있다는 말을 전하고 싶었다. 그리고 무엇보다도 자신의 한계를 넘는 노력 끝에는 달콤한 성취감이 기다린다는 사실도 알려 주고 싶다.

미국 소설가 마크 트웨인Mark Twain이 말했다. "좋은 책을 읽지 않는 사람은 책을 읽을 수 없는 사람보다 나을 바 없다."[1] 이 말을 다르게 해석하면 좋은 책을 읽으면 그 책을 읽지 않은 사람보다 더 나은 사람이 된다는 뜻이다. 무엇보다도 이 책을 읽기 전보다는 훨씬 더 나아진 자신을 만날 수 있다. 지극히 평범했던 나도 결국 전교 1등까지 해낼 수 있었던 사실을 보면 지금 이 책을 읽는 당신은 나보다 훨씬 더 좋은 출발선에서 시작하고 있다. 당신이 나아가는 과정에서 내가 했던 시행착오들을 조금이나마 덜 겪기를 바란다.

대한민국 학생 중에 열심히 공부 안 하는 사람은 적다. 그러나 아무리 열심히 공부해도 변화가 없는 경우는 많다. 이유는 간단하다. 아직 제대로 된 마음가짐과 기초 체력이 없기 때문이다. 예를 들어 공부라는 장거리 마라톤을 뛴다고 가정해 보자. 마라톤을 잘하기 위해선 뛰는 방법만 알고 열심히 할 게 아니라, 체력과 기본기 훈련을 먼저 해야 한다. 상체를 수직으로 세우고, 팔은 L자로 굽히고, 복식호흡하는 방법만 안다고 내일부터 곧바로 마라톤을 뛸 수 없다. 반대로 체력, 근력, 코어가 강한 사람은 방법을 조금만 알아도 금세 잘 따라 한다. 공부만 죽어라 열심히 하고, 성적 오르는 방법만 찾는 것이 정답이 아니다. 자신에게 맞는 방법과 옳은 방향으로 꾸준히 나아가는 게 훨씬 더 중요하다.

이 책은 단순히 '성적 잘 받는 법', '전교 1등하는 법'을 얘기하고 있지 않다. 공부 방법뿐만 아니라 공부하고 싶은 마음, 공부 그릇을 키우는 방법, 그리고 주체적인 인생을 살기 위한 필수 요소를 모두 담고 있다.

1장에서는 올바른 공부 마음을 다잡는 방법을 소개한다. 우리가 공부해야 하는 이유를 먼저 생각해 보고, 주체적으로 공부해야 하는 중요성 등을 다루고 있다. 잘못된 마음가짐과 동기부여로 공부하다가 도리어 공부에 흥미를 잃은 사람이 많다. 요즘같이 지식의 변화가 빠른 시대에서 평생 배우려는 자세가 없으면 성공하기 어렵다. 지금부터라도 공부하는 이유를 내 안에서 찾아야 제대로 된 방향으로 나아갈 수 있다.

2장에서는 기억의 메커니즘, 메타인지 등 심리학, 인지과학, 뇌과학을 기반으로 한 과학적인 공부법을 다룬다. 사람마다 각자만의 공부 스타일을 가지고 있지만, 누구나 쓸 수 있는 훨씬 더 효율적인 공부 방법들을 소개한다. 나는 실제로 이 방법들을 사용해서 대학교 2학년 때 CFA 자격증을 3차까지 통과해 최연소 합격자가 될 수 있었다.

그다음 3장에서는 자신의 꿈과 목표를 담는 공부 그릇을 넓히는 방법들을 소개한다. 공부 마라톤을 뛰는 데 필요한 체력, 근력, 코어를 키우는 기본기 훈련들이다. 꿈과 목표가 클수록 더 큰 공부 그릇이 필요하다. 현재 가지고 있는 그릇을 채우는 것보다, 그릇을 먼저 키우는 데 집중해야 원하는 목표를 이룰 수 있다. 자신을 믿는 마음의 크기에 따라 공부 그릇의 크기가 결정되기 때문에 믿음을 기본 토대로 다루고 있다.

마지막으로 4장에서는 공부의 최종 목적지인 주체적으로 인생을 사는 방법을 이야기한다. 공부는 좋은 성적과 좋은 대학이 목적이 아니다. 내가 주체적인 삶을 살아가며, 삶을 더욱 행복하고 가치 있게 만들도록 도와주는 것이 공부의 목적이다. 미래의 인재들이 주도적인 인생을 살기 위해서 필수적으로 가져야 하는 역량을 담고 있다.

우리는 인생을 스스로 선택할 힘이 있다. 자신의 인생을 바꾸고 싶은 사람은 오늘부터 독한 각오를 하고 마음가짐을 바꿔보자. 마음이 바뀌는 순간 우리는 더 이상 어제의 나와 같은 사람이 아니다. 진실된 마음으로 노력한다면 당신도 분명 변할 수 있다. 성장하고 발전한 자신을 보면서 공부의 진짜 재미를 느껴보길 바라는 마음뿐이다. 공부를 재미있어하고 즐기는 사람은 결국엔 원하는 걸 분명 이룰 것이다.

끝으로 이 책을 읽고 나서 주도적으로 공부하는 것뿐만 아니라, 주체적인 삶을 살기 위한 동기부여와 마음가짐을 잡는 계기가 되었으면 한다. 공부하는 이유를 눈앞에 있는 성적과 등수라는 것만 바라보는 좁은 시야에서 벗어나는 데 도움이 되면 좋겠다. 앞으로 살면서 더 많은 기회가 남아 있는데 여태까지 살아온 결과 때문에 기죽지 않아도 된다는 걸 깨달았으면 좋겠다. 기본적으로 학생들과 학부모님들을 위해 썼지만, 시험을 준비하거나 스스로 공부할 마음을 세우려는 독자분들에게도 도움이 될 것이라 믿는다. 당신의 꿈과 목표를 응원한다. 당신은 뭐든지 해낼 수 있는 사람임을 절대 잊지 않길 바란다.

목차

2장 작심으로 가는 8가지 로드맵

3장 공부의 중심으로 가는 14가지 방법

4장 탁월한 공부를 넘어 위대한 인생으로

1장

공부, 머리보다
'작심'이다

1

공부 마음과 그릇을
완성해야 한다

아이들은 학년이 올라갈수록 점점 더 '공부 잘하는 아이'와 '공부 못하는 아이'로 자연스럽게 나뉜다. 모든 관심과 칭찬은 공부 잘하는 아이에게 쏠린다. 이로 인해 학생들은 더욱 공부 잘하는 아이의 축에 속하고 싶어 한다. 나도 잘하고 싶은 마음에 공부 잘하는 친구의 공부법도 따라 해 보고, 같은 학원도 가보지만 결과는 똑같지 않다. 아직 공부 마음과 그릇이 제대로 만들어지지 않았기 때문이다. 준비 과정 없이 공부법만 따라 하는 것은 기초 체력 없이 마라톤을 하는 것과 같다. 처음에는 따라가는 듯싶지만, 완주하지 못하고 중간에 지친다. 공부 마음과 그릇은 기초 체력이다. 공부 마음과 그릇을 먼저 완성하는 것이 공부를 잘하기 위한 첫 시작이다.

공부는 '머리'로 하는 것이 아니라 '마음'으로 하는 것이다

사람은 누구나 공부를 잘하고 싶은 마음이 있다. 저명한 심리학자 에이브러햄 매슬로Abraham Maslow에 의하면 인정받고 싶은 마음은 인간의 본능적 욕구라고 한다. 이를 '존경 욕구'라고 한다.[2] 존경 욕구는 외적 욕구와 내적 욕구가 있다. 다른 사람으로부터 인정을 받고 싶은 외적 욕구와 자기 존중, 자율과 같이 내적 성취를 이루려는 욕구다. 인간은 존경 욕구 덕분에 더 성장하기 위해 노력한다. 우리는 공부를 잘해서 부모님과 친구들로부터 칭찬과 인정을 받고 싶어 한다(외적 욕구). 노력해서 얻는 성취감과 좋은 결과를 만들기 위해 공부를 더 열심히 한다(내적 욕구). 이처럼 공부를 잘하고 싶은 마음이 드는 건 누구에게나 자연스러운 현상이다.

그런 마음이 있는데도 왜 공부를 시작하는 것도, 꾸준히 하는 것도 어려울까? 각자 조금씩 다를 순 있지만, 근본적인 원인은 같다. 공부를 '잘하고' 싶은 마음과 공부를 '하고' 싶은 마음은 별개이기 때문이다. 최고급 학원, 온라인 강의, 문제집, 보약, 운동 등등 공부에 좋다는 모든 것을 갖추어도, 정작 공부하고 싶은 마음이 없으면 아무 소용없다. 동기부여가 공부에 가장 기본이고 핵심인 이유다. 또한 대부분은 힘든 노력 없이 바로 공부를 잘하고 싶어 한다. 그러나 노력 없이 공부를 잘하는 방법은 없다. '동기부여'로 공부의 시동을 걸고, '노력'이라는 연료를 꾸준히 넣어 줘야 원하는 결과를 얻을 수 있다.

공부를 못하는 사람의 마음가짐을 지니면 공부를 못하게 된다. 공부를 안 하던 사람은 어느 날 공부를 열심히 하기로 다짐해도 그동안 미뤄온 기초가 발목을 잡는다. 그렇다고 기초부터 하는 공부는 재미없고 귀찮다. 기초가 튼튼하지 않으니 내가 할 수 있는 최선을 다해도 결과가 썩 마음에 들지 않는다. 나도 속상한데 부모님은 자꾸 공부 잘하는 친구와 비교해서 주눅이 든다. 선생님에게 혼난 탓에 공부에 대한 안 좋은 기억만 늘어난다. 반복적인 실패 경험에 두려움은 계속 쌓인다. '한다고 될까?'란 자기 의심이 들면서 공부를 더욱 안 하게 된다. 결국, 나는 공부에 소질이 없는 사람이라고 단정 짓고 만다. 이러한 과정이 반복되면 정말 공부를 못하는 사람이 될 수밖에 없다.

반면 공부를 잘하는 사람은 결과를 받아들이는 마음가짐에서 차이가 난다. 공부를 잘하는 사람도 처음부터 잘하지는 않았다는 점을 알아야 한다. 처음 공부를 시작하는 사람들은 모두 똑같이 공부가 어렵고 재미없다고 느낀다. 같은 실수를 반복하다 보면 포기하고 싶은 마음도 생긴다. 그러나 공부를 잘하는 이들은 포기하지 않는다. 포기하지 않고 다시 도전해서 작은 성취를 이뤄낸다. 이런 작은 성취가 하나씩 쌓이다 보면 공부를 대하는 태도가 바뀐다. '나도 열심히 하면 할 수 있겠는걸?'이라는 마음이 들어 자신감이 붙기 시작한다. 노력하면 원하는 목표를 이룰 수 있다는 것을 깨닫는다. 이러한 깨달음은 다음 목표를 이루기 위한 동기부여가 된다. 계속해서 발전하는 자신의 모습을 보며 자신감이 생긴다. 이렇게 점점 더 공부를 잘하는 사람이 되어 간다.

공부는 '머리'로 하는 것이 아니라 '마음'으로 하는 것이다. 올바른 마음가짐을 가지려면 공부를 하는 이유를 내 안에서 찾아야 한다. 공부를 '잘'하고 싶은 마음보다 '왜' 하고 싶은지 먼저 깨달아야 한다. 공부의 본질은 나의 성장이다. 공부하는 이유가 좋은 성적이나 대입보다는 나를 위한 성장이어야 한다. 나의 성장에 집중할 때 오히려 더 좋은 결과가 나온다. 그러니 다른 사람과의 경쟁에서 이기는 것보다 '어제의 나'를 이기는 것에 초점을 맞추자. 머리 좋은 사람이 공부를 잘하는 게 아니다. 잘하고 싶은 마음이 있는 사람이 끝까지 포기하지 않고 노력하면 공부를 잘하게 되는 것이다. 그러니 자신을 믿고, 무엇이든 노력하면 된다는 마음을 가져라. 공부를 잘할 수 있는 첫걸음은 꺾이지 않는 내 '마음'을 찾는 것에서부터 시작한다.

공부 방법보다
공부 마음과 공부 그릇이 먼저다

21세기에 사는 우리는 매일같이 공부한다. 이제는 모두가 밭을 갈고 물고기를 잡지 않는다. 대신, 우리가 사는데 필요한 것을 공부를 통해 얻는다. 현대 사회에서는 공부가 생존을 위한 도구인 셈이다. 현대 사회가 아닌 옛날 선사시대를 떠올려 보자. 그 당시에는 사냥이 생존 무기였다. 사냥을 통해 하루에 필요한 음식을 얻고 생활했다. 만약 시간을 돌려 그때로 돌아간다면 우리는 공부 대신 사냥 연습을 매일 했을 것이다. 지금의 우리가 공부하는 것처럼 매일 사냥 연습을 하던 한 소년의 이야기로 들어가 보자.[3]

소년은 부족으로부터 인정받기 위해 매일같이 사냥 연습을 했다. 아직 실전경험은 없지만, 언제든지 사냥에 따라나서기 위해 끊임없이 노력했다. 어느 날 드디어 부족들과 함께 사냥에 갈 기회가 주어졌다. 소년은 물가 옆 풀숲에 숨어서 사냥 기회를 기다렸다. 이때 소년만 한 덩치의 호랑이가 나타나 물을 마시기 시작했다. 부족의 우두머리는 소년에게 신호를 줬다. 소년은 매일 연습하던 모습을 상상하며 창을 던지려고 했다. 순간 인기척을 감지한 호랑이가 풀숲을 바라봤다. 아뿔싸. 호랑이와 눈을 마주치고야 말았다. 소년의 마음은 주체할 수 없이 떨렸다. 몸 또한 전혀 움직이지 않았다. 이를 본 부족의 우두머리가 창을 대신 던져 상황을 마무리했다.

소년의 첫 사냥은 실패로 돌아갔다. 실전 경험이 없던 소년은 두려움을 극복하고 평정심을 유지하는 것이 필요하다고 느꼈다. 소년은 담력을 키우기 위해 매일 밤 모두가 잠들었을 때 혼자 마을 옆 작은 숲으로 향했다. 작은 숲에는 위험한 동물은 없었지만, 밤이 되면 작은 동물들이 내는 소리로 으스스했기 때문이다. 며칠 동안 남몰래 담력 훈련을 한 소년은 이제 준비가 되었다고 생각했다. 부족의 우두머리에게 스스로 증명할 기회를 다시 달라고 했다. 소년의 자신만만한 표정을 본 우두머리는 다음 사냥에 같이 가는 걸 허락했다.

소년의 말대로 이번에는 달랐다. 소년의 눈에는 두려움이 없었다. 하지만 시야가 곧 흐려졌다. 그동안 담력 훈련을 하느라 며칠 밤을 새운 것이 체력에 무리를 준 것이다. 소년은 힘껏 창을 던졌지만, 호랑이를 빗나가고야 말았다. 사냥은 또다시 실패로 돌아갔다. 그러나 소년은 이대로 포기할 수 없었다. 체력을 보충한 다음 다시 도전했다. 이번에는 간발의 차이로 호랑이를 맞추지 못했다. 여러 번 실패했음에도 소년은 오히려 자신감이 생겼다. 이제는 창던지기의 정확도만 높이면 사냥에 성공할 수 있다는 확신이 들었다. 창던지기 정확도 훈련을 마친 소년은 결국 호랑이 사냥에 성공했다. 사냥에 성공하기까지의 과정은 쉽지 않았지만, 소년은 마침내 부족으로부터 인정받았다.

공부, 머리보다 '작심'이다

만약 우리가 선사시대로 돌아간다면 어떤 훈련을 가장 많이 했을까? 아마 우리 중 대부분은 창던지기 방법을 가장 많이 훈련했을 것이다. 소년의 이야기에서도 볼 수 있듯이 창을 던지는 방법은 목표 달성을 위한 마지막 단계일 뿐이다. 그 전에 가장 먼저 극복해야 할 문제는 덩치 큰 동물에 대한 두려움이다. 아무리 창던지기 기술이 좋아도 두려운 나머지 창을 던지지 못한다면 아무 소용이 없다. 그다음은 체력을 관리하는 것이다. 체력은 집중력에 영향을 미쳐 창던지기의 정확도를 결정하기 때문이다. 창던지기는 단순해 보이지만 제대로 익히려면 창을 던지는 방법만 배우면 되는 게 아니라는 말이다.

우리가 하는 공부 또한 같은 원리다. 대부분은 공부 방법에만 집중한다. 그러나 그 전에 공부 마음과 그릇이 먼저 뒷받침되어야 한다. 보통 "100명의 사람에게 100가지 공부법이 있다."라고 한다. 사람의 성격과 개성이 다 다르듯, 자신에게 맞는 공부법은 사람마다 다 다르다. 이 때문에 공부 잘하는 친구의 공부법만 보고 따라 한다고 해서 바로 공부를 잘할 순 없다. 그들은 이미 공부 마음과 그릇이 준비되어 있을 확률이 높다. 공부를 잘하고 싶어 하는 마음만큼 실력을 키우기 위해서는 마음가짐과 기초 체력을 먼저 길러야 한다. 이 책이 공부 마음, 공부 그릇, 공부 방법까지 모두 얻어가는 지침서가 되길 바란다.

2
우리는 왜 공부하는가

인간은 지구상에서 가장 똑똑하고, 발전을 이룬 동물이다. 인간만이 유일하게 이전 세대가 고생해서 알아낸 지식을 손쉽게 내 것으로 습득할 수 있다. 인간이 지금처럼 발전하고, 지배종이 된 이유는 지식을 축적하는 힘 덕분이다. 이 축적된 지식을 내 것으로 만드는 게 바로 '공부'다. 그만큼 인간을 인간답게 생활할 수 있게 도와준 것이 공부인 셈이다. 공부의 본질은 나의 성장이다. 공부한 만큼 내가 발전하고, 내면의 힘을 기를 수 있다. 그러나 요새는 자신의 성장보다는 성적과 대입만을 위해 공부하는 사람이 많다. '나'를 위한 공부보다 '남'을 위한 공부를 하면 배움의 즐거움을 잃어버린다. 나는 '왜' 공부하는지 먼저 생각해 볼 필요가 있다.

공부의 본질을 알면
'왜' 공부하는지 알 수 있다

공부란 무엇이며 우리는 애초에 왜 공부를 해야 하는 걸까? 이 질문의 답은 인류가 진화해 온 과정을 보면 알 수 있다. 원시 시대부터 동물들은 생존을 위해 각자 다른 방법을 계발했다. 호랑이는 송곳니와 근육을, 독수리는 날개와 날카로운 발톱을 진화시켰다. 우리 인간이 선택한 무기는 '두뇌 계발'이었다. 인간은 두뇌 덕분에 빠르게 변화하는 세상에 적응할 수 있었다. 빙하기 때는 추운 시베리아 지방의 바뀌는 자연현상을 탐구하고, 달라진 날씨에 적응해 살아남았다. 반면 우리와 함께 서식했던 매머드는 두툼한 털과 가죽 때문에 더워진 날씨에 적응하지 못하고 멸종했다.[4]

인간은 언어와 문자를 발명해 한 사람이 획득한 지식과 지혜를 다른 사람과 공유했다. 지식을 글로 남겨 후손에게 전하기 시작했다. 이전 세대의 경험과 학습을 공유함으로써 다음 세대는 다시 처음부터 배우지 않아도 되었다. 동물행동학자인 최재천 교수는 "인간은 매 세대가 원점으로 돌아가 똑같은 데서 출발하지 않고, 앞선 세대가 멈춘 곳까지 출발선을 들고 가서 거기서부터 나아간다."라고 말했다.[5] 즉, 우리 인간은 출발선을 들고 다니는 동물인 셈이다. 다른 동물들도 학습은 하지만, 인간만이 유일하게 지식을 축적할 수 있다. 이렇게 축적된 지식을 내 것으로 만드는 과정을 '공부'라고 한다.

공부는 인간만이 할 수 있는 특권이자 인간이 가지고 있는 가장 강력한 무기다. 인간은 지구상 유일하게 경험을 직접 하지 않아도 공부를 통해 학습한다. 누군가는 평생을 바쳐 깨달은 지식을 우리는 짧은 시간 안에 배운다. 이전 세대가 미리 시행착오를 겪어준 덕분에 우리는 실패를 직접 경험하지 않고도 지혜를 얻는다. 인생을 살면서 난관에 부딪혔을 때 다른 사람이 극복한 사례를 보면서 어려움을 이겨낼 힘을 얻는다. 이처럼 우리는 공부하면서 수십, 수백 년을 아끼는 효과를 볼 수 있다. 공부는 인간이 더 풍요롭게 살아가기 위해선 꼭 해야 하는 필수 과제인 셈이다.

공부가 인간에게 많은 혜택을 주지만, 단 1가지 조건이 있다. 바로 직접 공부해야만 소용이 있다는 것이다. 이 세상에 아무리 다양한 지식이 있어도 내가 공부하지 않으면 하나도 내 것이 되지 않는다. 대신, 우리는 공부하면서 나에 대해 더 깊이 알아갈 수 있다. 이것이 공부가 우리에게 주는 가장 큰 혜택이다. 우리는 여러 가지를 공부하면서 내가 무엇을 좋아하고, 잘하는지 찾을 수 있다. 나에 대해 새로운 면을 알아가면서 즐거워하고, 좋아하는 걸 더 잘하고 싶은 마음이 생긴다. 이처럼 공부의 진짜 목적은 나의 인생을 더욱 의미 있게 만들고, 나를 더 성장시키기 위한 것이다.

공부는 내 마음의 힘을 키운다. 공부를 잘하기 위해선 매 순간 내 마음을 다스려야 한다. 공부 외에 유혹거리도 많고, 공부하기 싫은 날도 있다. 쉬고 싶은 날도 있지만 우리는 계속해서 마음을 다스리고 공부를 한다. 공부할수록 내 마음을 다루는 능력이 점차 강해진다. 우리 인생 또한 공부와 비슷하다. 하기 싫은 것을 해야 할 때도 있고 우여곡절도 많다. 하지만 공부하는 과정으로 마음의 힘을 길어 온 사람은 삶의 고비를 더욱 쉽게 넘어갈 수 있다. 이러한 경험은 나를 한층 더 성숙하게 만든다. 이처럼 공부는 지식뿐만 아니라 내 마음의 힘을 단련한다. 공부의 본질은 언제나 나를 성장시키는 것이다.

공부하는 이유를
나에게서 찾아야 한다

'공부 마음'의 크기는 학습 동기에 따라 달라진다. 우리는 왜 공부하는지가 분명할 때 공부하고 싶은 마음이 생긴다. 학습 동기가 뚜렷하면 공부하는 과정에서 어려운 일을 만나도 극복할 수 있다. 그럼 당신은 왜 공부하는가? 만약 이 질문의 대답이 "부모님이 좋은 성적을 기대해서" 혹은 "선생님께 혼나지 않기 위해서"라면 학습 동기로서 큰 힘을 발휘할 수 없다. 마음에서 우러나온 학습 동기가 아니면 역경이나 좌절을 만나는 순간 쉽게 무너진다. '나'를 위한 동기가 아닌 '남'을 위한 동기는 나에게는 큰 의미가 없기 때문이다. '나'를 위한 공부를 하지 않으면 공부가 당연히 재미없을 수밖에 없다.

반면 '내가 성장하는 데 도움이 되니까' 혹은 '나에게 중요하니까'라고 생각하는 사람은 나를 위해 공부한다. 공부하는 이유를 나에게서 찾은 사람은 공부의 의미가 다르다. 이 악물고 공부해 부족한 과거에서부터 나아지려고 노력한다. 쏟은 노력과 결과가 결국엔 나에게 돌아오기 때문에 지루하고 힘든 것도 견뎌낼 힘이 있다. 노력할수록 성장하는 모습에 점점 더 자신감이 생긴다. 자신에 대한 믿음이 강해져 더 높은 난이도에 도전할 용기를 얻는다. 도전과 실패를 반복하면서 실력이 계속해서 올라간다. 이처럼 공부의 목적이 '나'를 중심으로 하면 다른 사람과 똑같이 공부해도 얻는 결과가 크게 달라진다.

공부하는 이유를 나한테서 찾아야 하지만 현실에서는 말처럼 쉽지 않다. 우리는 치열한 경쟁 사회에 살다 보니 남과 비교하고, 등수를 매기고, 성적이란 결과만 따진다. 성적과 등수의 압박 때문에 '나'를 위한 공부보다 '남'을 이기기 위한 공부를 한다. 오리건대학교의 용 자오 교수는 "아시아 국가들은 교육하는 것이 아니라 시험을 준비시킵니다."라며 시험 중심의 교육에 대해 지적했다.[6] 시험을 목표로 공부하는 건 어느 수준까지는 공부를 더 잘할 수 있게 만든다. 시험을 치기 위한 공부

범위는 한정되어 있기 때문이다. 딱 그 정도만 공부하면 성적이 나온다. 그러나 성장도 그 자리에서 멈춘다. 나의 무한한 잠재력을 작은 틀 안에 가두는 것과 같다.

대부분의 학생들은 다른 사람보다 좋은 점수를 받기 위해 시험을 친다. 그러나 시험을 치는 이유는 남과 비교하기 위한 것이 아니다. 내가 어느 정도 알고 있는지 파악하기 위해 존재한다. 시험은 앞으로 내가 어느 부분을 공부해야 더 성장할 수 있는지 방향을 제시한다. 다시 말해, 시험의 진짜 목적은 내가 얼마나 성장했고, 앞으로 어떻게 더 성장할지 파악하는 것이다. 그러려면 좋은 성적을 받기 위한 공부보다는 나의 배움과 성장을 위한 공부를 해야 한다. 이런 마음가짐을 가져야 공부를 바라보는 태도를 바꾼다. 이렇게 배움의 즐거움을 느끼면서 공부할 때 오히려 시험 점수나 등수가 더 많이 오른다.

세상을 살아가는 데 필요한 지식은 항상 시험 범위 안에 있지 않다. 그러나 많은 학생이 시험 범위가 아닌 공부에는 관심을 가지지 않는다. 시험과 성적에만 집중하면서 배움의 즐거움이 사라졌기 때문이다. 배움의 즐거움이 없어지면 시험 외의 공부는 왜 해야 하는지 모르게 된다. 그러다 보니 정작 인생에 중요하고, 도움이 되는 공부는 점점 더 안 하게 된다. 이렇게 되면 나중에 인생에서 '스스로 깨우쳐야 하는' 어려움을 마주쳤을 때 무너질 수밖에 없다. 어떤 문제를 스스로 헤쳐 나갈 힘을 기르지 못했기 때문이다. 배움을 위한 공부를 해야 삶을 살아가면서 필요한 준비 과정을 마칠 수 있다.

앞서 말했듯이 인간만이 유일하게 지식을 축적하고, 삶의 지혜를 직접 겪지 않고도 배울 수 있다. 공부는 우리가 가진 가장 강력한 무기다. 이 강력한 무기를 단기적인 이익으로만 바라보기 때문에 잃어버리는 사람들이 많다. 공부는 나를 탐구하고, 행복한 삶을 살아가기 위한 준비 과정이다. 공부에는 나를 성장시키고, 내 삶을 바꿀 힘이 들어 있다. 공부하는 이유는 시험과 성적보다 내 안에서 찾아야 한다. 공부를 시작하기 전에 나는 지금 '왜' 공부하는 것인지 진지하게 생각해 보길 바란다.

3

공부는 원래 즐거운 것이다

　세계적인 물리학자 알베르트 아인슈타인Albert Einstein이 말했다. "내가 과학적 탐구 활동에 몰두할 수 있었던 이유는, 자연의 신비를 이해하고자 하는 나 자신의 제어하기 힘든 갈망 때문이었으며, 공부의 가장 중요한 동기는 그 일이 주는 즐거움이어야 한다."[7] 인간은 배움에 주도권을 가질 때 최선을 다해 배운다. 호기심에 이끌려 공부할 때는 공부 자체를 재미있어 한다. 공부에 대한 강한 동기부여가 생긴다. 그러나 우리는 크면서 점차 배움의 즐거움을 잃어버린다. 주입식 교육으로 인해 내 생각이 사라지면서 호기심도 함께 없어진 것이다. 배움의 즐거움을 다시 느끼려면 내가 주도적으로 공부해야 한다. 공부의 주체가 '나'일 때 공부에 중요한 동기부여를 얻을 수 있다.

우리 몸은 공부를
놀이라고 생각한다

인간의 유전자에는 공부가 즐거운 것이라고 입력되어 있다. 미국의 동물행동학자인 조너선 밸컴Jonathan Balcombe은 지식을 습득하는 과정이 인간에게 '놀이'이며, 진화의 결과라고 주장한다.[8] 인간은 생존 무기로 두뇌 계발을 선택했다. 선조들이 쌓아온 지식을 내 것으로 만들기 위해선 공부가 필요했다. 공부 덕분에 인간은 생존에 더 유리해지고, 더 나은 삶을 살았다. 공부가 생존에 가장 중요한 수단이기에 인간은 진화하면서 호기심과 앎의 욕구를 유전자에 추가했다. 호기심과 앎의 욕구가 강할수록 공부를 더 하고, 공부를 더 할수록 생존에 유리하고 성공적인 삶이 보장되기 때문이다.

호기심과 앎의 즐거움은 인간의 생존을 도와주는 놀이다. 동물들은 '먹고 번식하는' 일차적인 생존 욕구 이상으로 '즐거움'을 찾는 것도 꾸준히 하며 진화했다. 강아지는 공을 가지고 놀고, 고양이는 햇볕을 쬐며 기지개를 켜고, 새들은 서로 깃털을 고르면서 즐거움을 누린다. 이런 즐거운 활동을 할 때 우리 몸은 행복한 감정을 느낀다. '엔도르핀'과 같은 스트레스 감소 물질을 분비하여 생존 스트레스를 낮추고, 질병에 대한 몸의 면역력을 강화한다. 놀이를 통해 얻는 보상들이 생존에 더 유리하도록 도와주는 것이다. 이처럼 호기심과 배움의 즐거움은 인간의 진화 과정에서 생겨난 생존을 위한 놀이 중 하나다. 지식 습득 과정에서 얻는 즐거움과 행복감은 인간이 성공적인 삶을 살수 있게 도와주는 진화의 결과인 것이다.

새로운 것을 배울 때 우리는 행복감을 느낀다. 우리는 모르기 때문에 공부한다. 이 세상에 아무리 많은 지식이 있어도 나는 아무것도 모르는 상태에서 시작한다. 하나씩 공부하면서 몰랐던 것들을 배워야 한다. 인간은 처음 보고, 듣고, 만지는 것에 희열을 느낀다. 뇌는 우리가 새로운 행동과 경험을 할 때면 '도파민'이라는 신경전달물질을 분비한다. 도파민은 우리를 행복하게 만들고, 다시 그 경험을 하도록 동기부여를 한다. 우리는 새로운 깨달음을 얻었을 때 "아하! 이래서 그렇구나!"라고 말한다. 몰랐던 걸 알게 되면서 배움의 희열을 느낀 것이다. 이처럼 모르는 걸 공부하고 알아가는 재미를 느끼면 공부에 동기부여가 더 생긴다.

포기하지 않고 계속해서 노력하는 자세가 중요하다. 뭐든지 아는 만큼 보이고, 알아야 재미있는 법이다. 처음에는 누구나 잘 모르기 때문에 넘어지고, 실패하고, 좌절한다. 그러나 이 과정을 견디고 꾸준히 노력하다 보면 실력은 분명히 늘 것이다. 하물며 재미있는 게임을 해도 처음에는 잘하지 못한다. 재미없는 단계를 참고 견뎌야 실력이 점점 쌓인다. 그렇게 고생해서 레벨을 올리고, 힘겹게 보스를 깼을 때 우리는 희열을 느낀다. 오히려 처음부터 내가 제일 강해서 보스를 다 때려잡았다면 별로 재미없었을 것이다. 그러니 지금 당장 공부가 재미없다고 주눅 들지 말자. 작게라도 한발씩 나아가다 보면 자신의 레벨이 올라가고, 성취의 보람을 느낄 수 있다.

즐기는 사람이 가장 강한 사람이다. 공자가 말했다. "알기만 하는 사람은 좋아하는 사람만 못하고, 좋아하는 사람은 즐기는 사람보다 못하다."[9] 어떤 것이든 놀이처럼 즐거워하는 사람을 이길 순 없다. 내적동기로 공부하는 사람은 공부를 놀이로 받아들인다. 몰입에서부터 차이가 나서 성취하는 결과물 또한 다르다. 여기서 즐기는 사람은 즐거울 때까지만 노력하는 사람이 아니다. 실력을 키우기 위해서는 자신의 한계를 넘는 노력이 필요하다. 다만, 즐기는 사람은 같은 노력을 해도 즐겁게 하려는 마음을 가진 사람이다. 즐거운 마음을 가진 사람은 아무리 험난한 길을 걸어가도 다시 일어날 힘이 있다. 즐겁게 하려는 마음이 노력과 각오의 차이를 만든다.

주입식 공부는
나를 망치는 지름길이다

우리 유전자 속에는 배움의 즐거움이 들어 있는데, 우리는 왜 그 즐거움을 잊었을까? 그 이유는 내가 주도적으로 공부하지 않기 때문이다. 앞서 공부의 이유를 '나'에게서 찾아야 한다고 말했다. '남'을 위한 공부가 아닌 '나'를 위한 공부를 해야 내 성장에 더 집중할 수 있다. 공부의 이유뿐만 아니라 공부하는 주체 또한 '나'여야 한다. 나의 호기심에 의해 배울 때 우리는 배움의 즐거움을 깨우칠 수 있다. 그러나 요즘의 공부 방식은 주입식이다. 소위 말하는 떠먹여 주는 공부다. 내가 궁금해하는 것을 알아가기보다 학교나 학원에서 가르쳐주는 것만 받아서 공부한다. 그러다 보니 시간이 지날수록 배움의 즐거움을 잃어버리게 된다.

인간은 힘들고 귀찮은 것을 싫어한다. 공부는 의식적으로 뇌를 자극하기 때문에 상당한 에너지가 필요하다. 고통과 괴로움도 동반된다. 그렇기에 처음에는 떠먹여 주는 공부가 편하다. 굳이 내 시간과 에너지를 많이 들일 필요 없이 나에게 필요한 지식만 주기 때문이다. 그러나 떠먹여 주는 공부에 의존하면 내 눈앞에 있는 것만 공부한다. 점차 새로운 것을 궁금해하지 않는다. 호기심이 줄어들면서 주어진 것 외에는 더 공부하지 않는다. 이렇게 되면 내가 주도적으로 공부하지 않고, 남이 주는 것만 공부하는 태도로 바뀐다. 더 이상 공부의 주체가 '나'가 아니게 되면서 호기심과 배움의 즐거움이 서서히 사라진다. 주입식 교육이 문제인 이유다.

오늘날 학생들이 받는 주입식 교육은 잘못된 방식이다. 이는 학교라는 시스템이 처음 만들어진 유래를 보면 이유를 알 수 있다. 예전 산업혁명이 시작되었을 때에는 수요가 폭발적으로 늘어났다. 이에 맞춰 노동력을 단기간에 키워 내야 했다. 학교 교육은 숙련된 공장 노동자를 빠르게 키워 내는 것을 목적으로 탄생했다. 노동강도가 높은 공장에서 끝없이 일하게 하려는 수용소가 만들어진 것이다. 현재의 교육 시스템은 공장 노동자 양산이 목적이었던 시스템에 뿌리를 두고 있다.[10] 개개인의 성장보다는 단일화적인 교육을 주입하는 데 더 초점이 맞춰져 있다. 이로 인해 학생들이 본인만의 생각과 개성을 점차 잃어버리는 것이다.

한국은 전쟁의 폐허에서 급성장을 이룬 몇 안 되는 국가 중 하나다. 그 배경에는 선진국의 발달된 기술과 지식을 모방하는 '추종 전략'이 있었다.[11] 단기간에 암기형 인재를 만들기에는 주입식 교육이 가장 효과적이었다. 그러나 암기형 인재는 '내 생각'하는 법을 잃어버린다. 내 생각을 키울 자리에 다른 사람의 생각이 먼저 들어와서 자리를 차지한다. 그뿐만 아니라 암기에만 집중하면 시험이 끝나고 공부한 내용 대부분을 잊어버린다.

성장을 위한 장기적인 꿈을 갖지 않고, 눈앞에 있는 성적만을 좇게 된다. 대입과 좋은 직장을 얻는 것만이 나의 목표가 된다. 주입식 교육이 원래 의도한 대로 말 잘 듣는 회사원을 기르는 과정을 그대로 따라가는 것이다.

문제는 주입식과 떠먹여 주는 공부에만 의존한 채 대학교에 입학하고, 사회에 나왔을 때다. 대학에서는 더 어려운 전공 과목을 스스로 공부해야 한다. 사회에 나와서는 전공과 직업이 같더라도 아무것도 모르는 사람처럼 처음부터 배워야 하는 것들이 많다. 하지만 이때는 스스로 생각하고, 문제를 해결하는 능력을 이미 잃어버린 상태다. 이제부터라도 혼자서 시도해 보지만 어디서부터 시작해야 하는지 감이 잘 안 온다. 스스로 도전하고 실패를 극복하는 경험을 다 큰 어른이 되어서 한다. 이때는 어렸을 때와 다르게 몸과 마음이 유연하지 못해 조금만 넘어져도 크게 다친다. 그러다 보면 다시 남이 떠먹여 주는 것만 찾는다. 나에게 주어진 것에만 의존하기 시작한다. 새로운 도전은 나와 멀게 느껴지고, 계속 수동적인 삶을 살게 된다.

공부는 다른 사람을 위한 것이 아닌 온전히 '나'를 위한 것이다. 그러므로 공부를 하는 이유도 '나'를 위한 것이어야 하고, 공부하는 주체도 '나'여야 한다. 공부는 나를 한 단계 더 성장시키고, 앞으로 살아갈 인생을 준비하는 과정이다. 안타깝게도 현재 교육 시스템은 나를 수동적으로 만들고, 다른 사람들과 똑같은 사람이 되도록 만든다. 모두가 다 같은 교육을 받더라도 우리는 호기심과 배움의 즐거움을 계속해서 지켜 나가야 한다. 공부의 진짜 재미는 내가 발전하고, 모르는 것을 배워가는 과정 속에 있다. 내가 공부의 주체가 되어 배움의 즐거움을 꼭 느껴보길 바란다.

4

관점을 바꿔야 공부가 쉬워진다

일본 도쿄대학교 교수 사토 마나부는《교사의 도전》에서 공부와 배움의 차이점을 이렇게 설명한다. 공부는 무리해서 행하는 일, 주어진 과제를 하나하나 처리해 가는 작업이다. 반면 배움은 주체적으로 행하는 일, 언제나 시작을 준비하는 작업이다. 공부는 일방적이지만, 배움은 내가 주체가 되어 궁금한 것에 해답을 찾기 위해 더 깊게 묻고 알아가는 것이다.[12] 이렇게 단어 하나만 다르게 생각해도 우리는 다른 의미와 해석을 떠올린다. 지금까지 공부는 지겹고 재미없는 것으로 생각했다면, 이제는 공부의 관점을 바꿔 보자. 공부를 대하는 자세와 태도가 바뀔 때 '진짜 공부'가 시작된다.

공부는 새로운 지식을 배우고,
내 것으로 만드는 과정이다

공부에 대한 관점을 바꿔야 한다. 공부는 온전히 나를 위한 것임에도 공부라는 단어를 떠올리면 지겹고 하기가 싫다. 공부가 나에게 좋은 건 알겠지만, 막상 시작하려고 하면 귀찮고 막막하다. 이를 해결하기 위해선 공부에 대한 관점을 바꿔 보자. 대부분은 공부를 생각하면 '교과서나 책을 보는 시간' 또는 '수업이나 강의를 듣는 것'을 떠올린다. "너 얼마나 공부했어?"라고 물어보면 몇 시간이나 몇 장으로 대답한다. 공부의 뜻을 책상 앞에 앉아 있는 시간과 내가 읽은 책의 양으로 생각하기 때문이다. 그러다 보니 공부를 떠올리기만 해도 벌써부터 스트레스가 쌓이고, 머리가 아프기 시작하는 것이다.

공부의 뜻을 다르게 해석하자. 국어사전에 나와 있는 공부의 정의는 '배우고 익힘'이다. '배움'은 새로운 지식을 습득하는 것을 말한다. 어제는 몰랐던 영어 단어를 새로 알게 되는 것도 배움이다. 피아노나 바이올린 같은 새로운 악기를 연주하는 것도 배움이다. 관점을 다르게 하면 수많은 배움은 늘 우리 주위에 있다. '익힘'은 배운 내용을 내 것으로 만드는 과정을 말한다. 새로 배운 지식을 직접 사용해 보고, 누군가에게 설명할 때 우리는 배운 걸 내 것으로 소화한다. 책상 앞에 앉아 있는 시간이 공부의 기준이 아니다. 새로운 지식을 배우고, 내 것으로 만드는 것이 '진짜 공부'다.

오래 공부했다고 생각해도 실제로는 하나도 공부를 안 한 것일 수도 있다. 수업을 듣더라도 집중하지 않아서 내용이 기억나지 않는다면, 이건 공부한 게 아니다. 반대로, 밖에 나가 놀더라도 모든 시간을 공부로 채울 수도 있다. 친구들과 대화하거나, 인터넷으로 글과 영상을 볼 때도 계속해서 새로운 지식을 배우고 익힌다면 이 모든 것은 공부가 된다. 새로운 지식을 끊임없이 흡수하고, 내 것으로 만들려고 노력하면 된다. 성장을 위한 기회는 언제나 있다. 관점을 바꾸면 모든 순간이 공부가 된다. '나는 지금 무엇을 배우고 익혔지?'라는 시선으로 보면 일상생활의 모든 순간을 공부로 만들 수 있다. 이것이 공부의 진짜 묘미다.

질문을 바꾸면 공부의 관점이 바뀐다. 여태까지는 공부의 기준이 '내가 몇 시간 동안 수업을 들었지?', '얼마나 책을 읽었지?'였을 것이다. 지금부터는 공부의 기준을 바꾸자. '내가 지금 뭘 새로 알게 되었지?', '새로 배운 것을 어디에, 어떻게 사용할 수 있을까?'라고 자신에게 물어야 한다. 수업을 듣고 교과서를 볼 때는 물론, 지금 이 책을 읽으면서도 자신에게 물어보자. 이 책을 읽음으로써 나는 무엇을 새로 알게 되었는지, 앞으로 이것을 어디에, 어떻게 사용할 것인지 말이다. 이렇게 스스로 질문하고, 대답을 찾으려고 할 때 우리는 진정한 공부의 의미를 알게 된다. 공부의 관점을 바꿔 나의 성장에 초점을 맞출 때 '진짜 공부'가 시작된다.

공부의 관점을 바꿔 공부 스트레스를 줄여라

대한민국 청소년 사망 원인 1위는 11년째 자살이다. 통계청이 발표한 '아동·청소년 삶의 질 2022' 보고서에 따르면, 국내 청소년 자살률은 2021년 기준 10만 명당 0~17세 2.7명, 12~14세 5.0명, 15~17세 9.5명이다.[13] 2000년대 들어서 가장 높은 수치다. 청소년 10명 중 1명은 심각하게 자살을 생각한 적이 있고, 학년이 올라갈수록 그 비율이 높아진다고 한다. 통계에서도 알 수 있듯이, 학년이 올라갈수록 실제 자살률은 늘어난다. 공부가 더 어려워지고, 학업에 대한 압박도 더 심해지기 때문이다.

자살의 원인은 우울증, 부모나 친구와의 대인관계도 있지만, 학업 스트레스가 가장 크다. 학기 초나 시험 기간같이 학업에 대한 압박과 스트레스가 많아지는 시기에 자살률이 더 높았다. 반면 방학 기간에는 감소하는 경향을 보였다. 요즘 대부분의 학생들은 매일 학교가 끝나면 학원으로 가 저녁 늦게까지 공부한다. 그러나 공부 시간이 길다고 그 시간 전부를 공부했다고 할 수 없다. 내 것으로 만들지 못했다면 이건 제대로 공부한 게 아니다. 그럼에도 많은 학생이 학원 개수만 더 늘리고, 늦게까지 공부하는 것이 최선이라고 생각한다. 그러다 보니 학업 스트레스는 더욱 늘어날 수밖에 없다. 극단적인 생각을 하는 청소년들이 늘어나고, 우울증에 걸리는 이유다.

공부의 관점을 바꾸면 공부 스트레스를 줄일 수 있다. 특히 공부 스트레스 중 하나인 '시간에 대한 압박'에서 벗어날 수 있다. 우리는 공부를 너무 오래 하는 것이 문제다. 책상 앞에는 오래 앉아 있지만, 실제로는 공부를 하나도 안 하는 경우가 많다. 이렇게 되면 시간은 계속 흘러만 가고, 스트레스는 더 쌓인다. 그러나 오랫동안 공부하는 것은 중요한 게 아니다. 공부 시간에 대한 강박을 버려야 한다. '오늘은 꼭 3시간을 공부해야지'라고 생각하는 대신, '1시간을 공부해도 이 시간을 전부 배우고 익히는 데 활용해야지'라고 생각해야 한다. 같은 시간을 공부해도 모든 내용을 내 것으로 만드는 게 진짜 공부다. 이런 습관을 먼저 들인 다음, 공부 시간을 조금씩 늘리는 것이 실력을 키우는 방법이다.

공부의 압박감에서도 벗어날 수 있다. 공부의 압박감은 보통 남과 비교하는 성적과 등수에서 온다. 남보다 더 잘해야 한다는 강박관념이 나를 더 짓누른다. 공부의 관점을 바꾸면 나를 위한 공부가 시작된다. 보통 학생들은 경쟁에서 이기기 위해 좋은 성적을 받고 싶어 한다. 하지만 시험의 진짜 목적은 내 실력이 어느 정도인지 파악하는 것이다. 70점을 받았다면 '내가 해야 하는 공부의 70%만 했구나. 나머지 30점을 위해 더 노력해야겠다'라고 생각하자. 관점을 바꿔야 시험 성적을 온전히 내 실력 점검을 위한 도구로 활용한다. 내가 공부했던 과정을 돌이켜보면서 부족한 부분을 찾아 보완한다. 80점으로 점수가 오르면 '이번에는 내가 10% 더 알게 되었구나'라고 생각하며 스스로 발전한 정도를 파악한다. 핵심은 내 실력 향상에 초점을 맞추는 것이다.

공자의 가르침을 모은 《논어》는 "배우고 이를 익히면 즐겁지 아니한가?"라는 말로 시작한다. 공부는 원래 재미있어야 한다는 뜻이다. 그럼에도 공부를 괴로운 것으로 생각했다면 이제는 공부를 바라보는 관점을 바꿔 보자. 공부를 바라보는 관점을 바꾸면 공부를 대하는 태도가 바뀐다. 공부의 압박과 스트레스를 줄이기 위해선 온전히 자신의 성장에 초점을 맞춰야 한다. 나는 오늘 무엇을 배웠고, 이것을 어떻게 활용할지를 고민하자. 이것이 진짜 공부다. 모든 순간을 배움과 성장의 기회로 바라볼 때 즐겁게 공부할 수 있는 마음가짐과 자세가 만들어진다.

5

평생 공부의 시대,
공부 마음을 키워라

세상은 점점 빠르게 변화하고, 새로운 정보도 끊임없이 나오고 있다. 심지어 1400년대에 살던 보통 사람이 평생 얻었을 정보를 우리는 단 하루에 접한다고 한다.[14] 이렇게나 빠르게 변화하는 세상에 적응하기 위해선 '평생 공부'가 필요하다. 평생 공부를 하려면 공부를 대하는 마음가짐부터 바꿔야 한다. 마음가짐에 따라 내 열정과 각오가 달라지기 때문이다. 이 책에서 여태까지 배운 모든 것들은 공부에 대한 올바른 마음가짐을 기르기 위한 기초였다. 올바른 '공부 마음'을 키우는 것이 평생 공부 시대에서 성공하는 비법이다.

평생 배우려는 마음은
필수다

　이제는 평생 공부의 시대다. 지식의 유효 기간은 갈수록 짧아지고 있다. "18세기 유럽의 지식인들이 알고 있는 지식의 총량은 요즘 〈뉴욕타임스〉 주말판보다 적다."라고 말할 정도다. 사회학자인 지그문트 바우만Zygmunt Bauman의 말이다.[15] 이처럼 지식과 기술이 빠르게 발전하면서, 새롭고 더 정확한 정보가 기존 지식을 대체하는 시간이 짧아지고 있다. 이제는 배움을 멈추면 '다른 것'이 아니라 '틀린 것'이 되어 버린다. 평생 공부가 필수인 이유다.

　새로운 것을 끊임없이 배우려는 자세를 가져야 한다. 대학교에 입학하거나 취업을 하면 더는 공부를 안 해도 된다고 생각하는 사람이 많다. 대입과 취직이 공부의 목적이었기 때문이다. 이런 사람들은 내신과 수능 점수가 공부의 전부라고 생각한다. 대학에서 좋은 학점을 받아 좋은 직장을 얻는 것이 '내 인생의 마지막 공부'라고 생각한다. 그러나 대학 입학과 직업을 찾는 것은 공부의 끝이 아니라 시작점에 선 것이다. 100세 시대에 10대와 20대 초반에 쌓은 지식만으로 남은 80년 인생을 잘 사는 건 불가능하다. 심지어 전문가들은 우리가 앞으로 평생에 걸쳐 적게는 10번, 많으면 20~30번의 직업을 바꿀 것으로 예측한다.[16] 변화하는 환경에 적응하려면 새로운 지식을 계속해서 배워야 하는 건 이제 피할 수 없다.

평생 공부는 생존의 문제다. 학교에서 배운 지식만으로는 빠르게 변화하는 세상을 따라갈 수 없다. 끊임없이 새로운 것을 받아들여야 한다. 기술 발전과 맞물려 많은 직업이 빠르게 없어지고 생기는 시대가 되었다. 세계경제포럼 창립자이자 《4차 산업혁명》 저자인 클라우스 슈밥Klaus Schwab은 "예전에는 큰 물고기가 작은 물고기를 잡아먹었던 시대라면, 미래에는 빠른 물고기가 느린 물고기를 잡아먹을 것"이라고 말했다.[17] 빠르게 변화하는 시대에 맞춰 적응하는 사람이 승자가 될 것이란 얘기다. 반대로 말하면, 계속 공부하고 변화하지 않으면 점차 도태되고 밀려난다는 뜻이다. 평생 공부를 하며 자신을 끊임없이 발전시켜야 성공할 수 있다.

평생 공부하려는 마음을 가지기 위해서는 공부가 즐거워야 한다. 공부가 즐거워야 꾸준히 오래 할 수 있기 때문이다. 지금까지 공부를 '억지로 하는 것', '하기 싫은 것'이라고 생각했다면 공부를 바라보는 관점을 바꾸도록 하자. 공부는 '온전히 나를 위한 것', '성장을 위해 배우고 익히는 과정'이라고 생각해야 공부에 대한 압박과 부담을 덜어낼 수 있다. 공부를 대하는 자세와 태도를 바꿔야 공부를 즐기면서 더 오래 배울 마음이 생긴다. 인간은 공부하고 싶은 마음이 생기면 누가 시키지 않아도 스스로 공부한다. 그만큼 마음가짐이 공부의 가장 기초가 된다.

배움의 길에 들어가면서 우리는 '공부 마음'을 다져야 한다. 배우려는 자세를 가진 사람은 인생의 어려움을 만나도 스스로 극복할 지혜를 찾는다. 마음의 근력을 키워 놓았기 때문에 도전에 실패하더라도 그 과정에서 배우고 다시 일어난다. 모르는 건 새로 배우면 된다고 생각하며 끊임없이 성장하려고 마음먹는다. 발전하는 자신의 모습을 보면서 자신감을 얻고, 무엇이든 해낼 수 있다는 믿음이 생긴다. 이러한 믿음은 내가 쓰러져도 이를 견뎌낼 힘을 준다. 이처럼 올바른 마음가짐을 가지면 공부뿐만 아니라 삶의 두려움마저도 극복할 수 있다.

마음가짐에 따라 나는 천재가 될 수도, 바보가 될 수도 있다

마음가짐은 결과의 차이를 만든다. 심리학자 게리 맥퍼슨Gary McPherson은 악기 연주를 배우는 어린이 157명에게 악기를 얼마나 할 것인지 물어봤다. 아이들의 대답은 크게 세 그룹으로 나뉘었다. 첫 번째 그룹은 1년만 배울 것이라 했고, 두 번째 그룹은 고등학교 졸업할 때까지만, 세 번째 그룹은 평생 할 것이라고 대답했다. 1년 후 그룹 사이에 실력 차이가 명확하게 드러났다. 평생 연주할 것으로 생각한 그룹은 1년만 할 것으로 생각한 그룹보다 무려 4배 더 실력이 좋았다. 연습 시간과 다른 조건들도 비슷했지만, 마음가짐의 차이가 실력의 차이를 낸 것이다.[18]

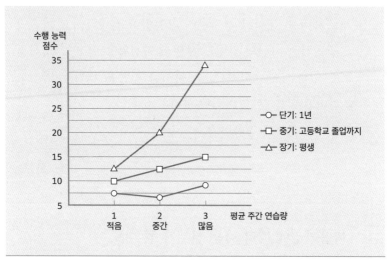

마음가짐에 따른 성취 결과의 차이

　목적에 따라 마음가짐이 바뀐다. 평생 연주를 하며 살 것이라고 대답한 아이들은 마치 훌륭한 음악가가 된 것처럼 상상하며 연습했다. 악기 연주를 계속하고 싶다고 생각할 만큼 좋아하는 마음이 생겨 연습을 즐겼다. 강한 내적동기가 나와 연습하는 동안에도 높은 집중력을 유지할 수 있었다. 결과적으로 실력도 훨씬 향상했다. 이처럼 내가 어떤 목적을 가지느냐에 따라 행동하는 마음가짐과 태도가 바뀐다. 대충 시간만 보내려고 억지로 공부하는 것이 아닌, 온 마음을 다해 충실히 공부하려는 마음을 가져 보자. 마음가짐에 따라 시간의 밀도가 달라진다. 같은 시간을 공부해도 훨씬 높은 성과를 얻을 수 있다.

평생 공부를 하고자 하는 사람의 마음가짐은 눈앞에 있는 것만 좇으려는 사람과 다르다. 평생 공부하려는 사람의 마음가짐에는 열정이 있다. 자기가 관심 있는 분야를 찾으려고 노력한다. 관심 있는 분야다 보니, 하기 싫은 공부가 아닌 진정으로 즐기기 위한 공부를 한다. 반면 당장 눈앞에 있는 것만 좇으려는 사람은 시험 성적과 대입을 위해 공부한다. 대학이 목표다 보니 대학 '입학'과 동시에 공부는 반대로 '졸업'해 버린다. 더 이상 스스로 배우려고 하지 않으니 인생을 살면서 마주치는 문제를 해결할 힘도 없다. 나에게 기회가 오더라도 준비가 되어 있지 않다. 눈앞의 목표는 이뤘을지 몰라도 정작 인생에 중요한 기회들은 놓치게 되는 것이다.

공부를 평생 할 것으로 생각하면 마음의 여유를 가질 수 있다. 평생이라고 생각하면 지금이 아니어도 좋은 결과를 만들 기회는 넘쳐 난다. 당장 좋은 결과를 내야 한다는 강박에서 벗어날 수 있다. 실수가 허용되기 때문에 실수에 대한 부담감을 줄일 수 있다. 도전하려는 용기와 힘이 생겨 오히려 더 좋은 결과를 만든다. 도전과 실패를 반복하면서 마음의 근력을 더 키운다. 실패를 발판삼아 더 높이 뛰어오른다. 마음을 단련했기에 인생을 살아가면서 어떤 고난과 역경이 와도 다시 일어날 힘이 있다. 이처럼 공부에 대한 마음가짐을 바꾸면 공부뿐만 아니라 인생에 필요한 것도 배울 수 있다.

공부에 대한 마음가짐을 바로잡아야 공부를 더 잘할 의지가 생긴다. 마음에서부터 시작된 공부가 아니라면 지속하기가 어렵다. 공부하다가 마음대로 잘 안 되더라도 남을 탓하지 않고, 나 자신을 더 발전시키려고 마음먹어야 한다. 불평불만을 해 봤자 나한테 득이 되는 건 아무것도 없다. 마음가짐을 바꾸기 위해서는 일상에서 쓰는 단어부터 바꾸자. 마음가짐과 언어는 서로 연결되어 있다. 나의 마음가짐은 내가 사용하는 언어에 의해 만들어지고, 내가 사용하는 언어는 내 마음가짐에서 만들어진다. 제대로 노력하지도 않고서 '못 한다', '안 된다' 같은 말을 쓰지 말자. 대신 '나는 언제나 해내는 사람이다'라고 말하자. 나를 믿는 마음을 가지는 순간부터 나는 공부를 더 잘할 수 있게 된다.

공부는 머리로 하는 노동이 아니다. 공부는 내 몸과 마음을 다스리는 수련의 과정이다. 앞으로의 내 인생을 잘 살기 위해 기초를 다지는 과정이다. 그렇기에 눈앞의 목표보다는 긴 호흡으로 내 인생을 위한 공부를 해야 한다. 마음의 여유를 갖고, 나를 믿는 자세를 가져야 한다. 역사상 가장 빠르게 변화하는 시대에서 이제 평생 공부는 필수다. 평생 공부를 하기 위해선 배움의 즐거움이 있어야 한다. 공부를 바라보는 자세와 태도를 바꾸면 '공부 마음'이 커진다. 그러니 평생 배우려는 마음을 잃지 말자. 도전과 실패를 통해 나를 더 단련시키자. 올바른 '공부 마음'을 키우면 공부뿐만 아니라 앞으로의 인생을 대하는 올바른 마음가짐 또한 생겨난다.

질문 속에 내 생각이 들어 있다

"자 여러분, 오늘부터 토론식으로 수업을 진행할게요. 1명씩 자신의 생각을 맘껏 얘기해 보세요."

내일 당장 학교에서 선생님이 이렇게 말한다고 생각해 보자. 친구들과 둘러앉아 내 생각을 말해야 하고, 내가 말하는 동안 모두가 나를 쳐다본다. 1명씩 다음 사람으로 넘어가면서 내차례가 다가올 때면 심장은 점점 더 요동친다. '내 생각이 틀리면 어쩌지', '친구와 생각이 달라서 우리 사이가 틀어지면 어쩌지' 등등 별의별 걱정이 다 든다. 내일 당장 이런 수업을 시작한다면 당신은 의견을 바로 얘기할 수 있을까?

한국에서도 점차 주입식보다는 토론식 수업을 확장하는 추세다. 기존 주입식 교육의 문제점들에서 벗어나 학생들끼리 토론을 하며, 자유롭게 자기 생각을 표현하는 게 미래인재를 기르는 핵심이라고 생각한다. 토론식 수업을 잘하기 위해서는 '내 생각'을 알아야 한다. 토론은 자신의 생각을 표현하고, 다른 사람의 생각을 듣고 왜 그렇게 생각했는지 이해하며, 잘못됐다고 여겨지는 생각에 관해 논쟁하는 것이다. 지금처럼 선생님이 가르쳐 준 것만 공부하다가 갑자기 토론식으로 넘어가면 분명 막막할 것이다. 이해한다. 나도 처음 미국에 가서 제일 힘들었던 부분이 토론식 수업이었다.

　　내 생각을 발견하고 표현하는 가장 좋은 방법은 책 읽기와 글쓰기다. 너무 진부한 얘기라고? 원래 세상 진리에 가까운 것일수록 간단한 법이다. 예를 들어, 건강해지는 방법은 더도 말고 좋은 영양소를 섭취하고, 운동하는 것이다. 운동도 안 하고 음식도 나쁘게 먹으면서 몸에 좋다는 보조제를 먹는 사람보다, 그냥 좋은 음식 먹고 운동하는 사람이 더 건강하다. 하지만 누구나 다 아는 사실이기 때문에 우리는 쉽게 무시해 버린다. 분명 더 좋은 방법이 있을 거라고 생각한다. 간단할수록 '에이 설마, 정말 이것밖에 없겠어?'라고 생각하며 실천하지는 않는다. 장담하는 데 책 읽기와 글쓰기를 꾸준히 하면 내 생각을 발견하는 것뿐만 아니라, 사고력의 확장도 경험할 수 있다.

　　내 생각은 정답 속에 있지 않다. 질문 속에 있다. 이미 나와 있는 지식을 외우는 과정에는 내 생각이 들어 있지 않다. 내 생각을 알려면 자신에게 내 생각은 무엇인지 물어봐야 한다. 자신의 생각을 끄집어내기 위해서는 '왜'라는 질문을 던지는 것이 가장 기본적이다. '왜'라는 질문에 대한 대답이 결국 내 생각이기 때문이다. 그렇다면 어떤 방식으로 '왜'라는 질문을 던져야 할까? 정답은 다른 사람이 쓴 책을 읽으며 질문을 던지는 것이다. 책을 읽으면 그 안에 다른 사람의 생각이 들어 있다. 책을 읽으면서 다른 사람은 '왜' 이런 생각을 했는지, 자신은 이 내용에 대해 어떻게 생각하는지 스스로 질문해 보자. 이때 진정한 내 생각은 무엇인지 발견할 수 있다.

'내 생각'이라고 해서 거창할 것 없다. 나도 미국에서 처음 토론식 수업을 할 때 뭔가 멋진 말을 해야 하는 줄 알았다. 하지만 다른 친구들이 자신의 생각이라고 말하는 것들은 그저 평범했다. 명언같이 대단한 말을 해야 하는 것이 아니라, 같은 책을 읽어도 사람마다 바라보는 관점이 다르니 그저 자신의 의견을 말하는 것뿐이었다. 책을 읽고 느낀 점으로 "나는 왜 이렇게 생각했고, 나라면 어떻게 행동했을 것이다." 정도만 말해도 충분했다. 다른 사람과 의견이 다르면 소신 있게 "나는 이런 관점에서 봤을 때 너와 다르게 해석할 수 있어."라고 말하는 것이었다. 이 정도 수준의 의견을 말하기 위해서는 앞서 말했듯이, 책을 읽으면서 단지 조금 더 캐묻는 습관을 들이면 된다.

사실 우리 안에는 질문하는 본능이 들어 있다. 아기들을 보면 부모님에게 항상 "왜요?"라고 묻는다. 집요하게 물고 늘어지고, 부모님이 지치고 힘들어질 때까지 물어보는 경향이 있다. 아이가 '왜요? 병'에 걸렸다고 말하기도 한다. 이처럼 우리 모두는 한때 지적 호기심이 폭발하면서 '왜'를 달고 살았다. 그러니 우리 안에 있는 본능을 조금만 자극하면 된다. 그 자극을 주는 것이 바로 책이다. 책을 읽다 보면 내 지식이 확장되는 동시에 궁금한 것들이 떠오른다. 다른 생각들로 뻗어 나가면서 '왜'라는 의문이 생긴다. 새로 알게 된 지식이 뇌를 자극하며 더 알고자 하는 욕구가 생긴다. 지적 호기심이 생기는 것이다.

이렇게 생긴 생각들을 글로 써 보면 내 생각을 정확하게 정리할 수 있다. 책을 읽고 독후감을 쓰는 것이다. 독후감이란 것 자체가 책을 읽은 내용에 대한 내 감상과 평가를 나만의 논리와 생각으로 정리하는 글이다. 그렇게 하나씩 생각을 넓혀 나가다 보면 자신의 생각을 알게 되어 토론할 때 더 다양한 생각을 얘기할 준비가 된다. 글쓰기를 통해 나만의 무기가 만들어졌기 때문이다. 그렇게 글로 내 생각을 쓰는 게 바로 '에세이'다. 미국에서는 중간고사와 기말고사를 에세이 형식으로 제출한다. 그만큼 자신의 생각을 담은 글쓰기가 성적에서 가장 중요하다고 보는 것이다.

원래 처음 글을 쓸 때는 많이 막힌다. 처음부터 잘하려 하지 말고, 계속 시도해 보면서 점점 실력을 쌓아야 한다. 나는 심지어 처음으로 쓴 에세이가 0점이었다. 이게 내가 F를 받은 이유였다. 성적에서 가장 배점이 높은 파이널 에세이에서 0점을 받은 것이다. 이처럼 처음에는 다 서툴고 어렵다. 하지만 계속 내 생각을 표현하고 꾸준히 글을 쓰다 보면, 자신의 생각을 말할 수 있는 순간이 분명 찾아온다. 내 안에는 이미 '왜'라고 묻는 습관도 있고, 내 생각도 숨어 있다. 다만 이 숨어있는 생각들은 아무도 끄집어내 주지 않는다. 스스로 끄집어내야 한다.

　나는 책을 읽고 짧게라도 독후감을 써 보는 습관을 만드는 것을 추천한다. 사람은 원래 주도적으로 뭔가를 할 때 재미를 느낀다. 억지로 시켜서 강제로 해야 하는 건 금방 흥미를 잃어버린다. 독후감은 기본적으로 책을 읽고 내용을 정리하는 것이지만, 내 생각을 자유롭게 표현하는 행위이기도 하다. 새로 알게 된 내용, 자신은 어떻게 생각하는지, 느끼는 감정 등을 쓰다 보면 진짜 내 생각을 만날 수 있다. 자유롭게 쓰는 것이기 때문에 누가 시켜서 한다고 생각할 필요도 없고, 부담을 느낄 필요도 없다.

　자유롭게 쓰되, 1가지 사항은 되도록 지키는 것이 좋다. 에세이 형식처럼 서론, 본론, 결론으로 나눠서 쓰는 것이다. 서론에는 소재와 주제를 정해 도입부를 쓴다. 본론에는 책에서 배운 내용, 느끼는 감정, 그리고 내 생각을 정리한다. 중요한 것은 '정보와 생각'의 균형이다. 한쪽으로 너무 치우치면 정보성 글이 되거나, 근거 없이 내 생각만 쓰기 때문이다. 마지막 결론에는 앞에서 쓴 내용을 정리하며 내 생각을 덧붙여 최종적으로 하고 싶은 말을 쓴다. 이렇게 쓰면 자유로운 형태로 쓰는 것보다 더 구조가 잡혀 있다. 자신이 주장하는 말의 이유와 근거를 차근차근 쌓으면서 왜 이런 생각을 했는지 스스로 생각해 볼 수 있다. 사실과 근거를 바탕으로 쓴 객관적인 글을 써야 내 생각도 알 수 있고, 사고력도 확장한다.

앞으로는 내 생각을 표현해야 하는 시대다. 이제 간단한 정보와 지식은 인터넷과 핸드폰으로 다 해결된다. AI(인공지능)가 사람보다 훨씬 더 빠르고 다양한 정보를 내놓는다. 주입식처럼 단순히 지식을 더 많이 외우는 것은 가면 갈수록 장점이 사라지고 있다. 다가오는 미래를 준비하기 위해 우리에게 필요한 것은 생각하고 질문하는 힘이다. 이러한 능력은 책을 읽고, 글쓰기를 통해 내 생각을 확장해 나갈 때 생긴다. 하루아침에 얻을 수 없는 능력이니 지금부터 꾸준히 내 생각을 키워 나가 보자.

2장

작심으로 가는
8가지 로드맵

1

효율적으로 공부하라

공부와 근력 운동은 비슷하다. 처음에는 방법에 상관없이 운동만 해도 근육이 붙는다. 그러나 일정 수준 이상 근육을 늘리기 위해서는 올바른 방법으로 꾸준히 운동해야 한다. 단백질을 충분히 먹어야 근육이 붙지만, 단백질만 과도하게 먹는다고 근육이 더 생기지 않는다. 공부도 마찬가지다. 초반에는 공부하기만 해도 실력이 는다. 그러나 공부를 잘하기 위해선 '제대로' 된 방법으로 '꾸준히' 공부해야 한다. 공부를 잘하려면 충분한 시간이 필요하지만, 시간만 지나치게 오래 쏟는다고 실력이 더 늘지 않는다. 오히려 소화 가능한 시간 동안 '효율적'으로 공부하는 것이 더 중요하다. 이번 장에서는 효율적으로 공부하는 방법들을 알아보려고 한다.

왜 '제대로' 된 방법으로
'꾸준히' 공부해야 하는가?

학습 전략이 IQ(지능지수)보다 중요하다. 공부를 열심히 했음에도 원하는 결과가 나오지 않으면, 자신의 머리가 좋지 않다고 생각할 수 있다. 같은 학교, 학원, 선생님에게 배웠는데 나만 실력이 늘지 않으면, 나는 잠재력이 없다고 실망할 수도 있다. 그러나 미국의 인지심리학자 스콧 배리 카우프만Scott Barry Kaufman 박사는 학업 성취를 예측하는 데 IQ보다 학습 전략이 더 중요하다고 말한다.[19] 그동안 원하는 결과가 안 나오는 이유는 자신의 IQ나 노력의 문제가 아닐 확률이 높다. 학습능력을 최대한 끌어내는 방법을 쓰지 않으면, 쏟아부은 시간과 노력보다 결과가 안 나오는 게 당연하다. 올바른 학습 전략만 세워도 내가 노력한 만큼 충분히 결과를 얻을 수 있다.

'제대로' 된 연습을 '꾸준히' 하면 누구나 천재가 될 수 있다. 《재능은 어떻게 단련되는가?》의 저자 제프 콜빈Geoff Colvin은 천재와 일반인의 차이를 연구했다. 그 결과 우리가 천재라고 생각하는 사람들도, 타고난 재능보다 올바른 연습 방법 덕분에 뛰어난 성과를 냈다는 사실을 발견했다. 우리는 모차르트를 음악의 신동으로 알고 있다. 그러나 그의 초창기 때 음악 실력과 작품은 형편없는 졸작이 대부분이었다. 그는 이후 제대로 된 방법으로 꾸준히 훈련을 받아 세계적인 음악가가 되었다. 콜빈은 모차르트가 올바른 방법으로 연습하지 않았다면 평생 평범한 음악가에 머물렀을 거라고 말한다.[20]

제대로 된 연습의 기본은 '집중, 피드백, 수정'이다. 콜빈은 이를 "의식적인 연습Deliberate Practice"이라 말한다.[21] 연습에 집중하기 위해선 목표를 자신의 실력보다 조금 더 높게 설정해야 한다. 너무 높게 설정하면 자신감을 잃어버리고, 너무 낮게 설정하면 쉽게 달성하고 안주한다. 자신의 실력보다 조금 더 높은 목표는 도전하고 싶은 마음을 자극하고 성취감을 준다. 그다음, 결과에 대한 피드백이 필요하다. 결과를 객관적으로 평가해야 자신의 부족한 점을 보완할 계획을 세운다. 시험 성적은 자신의 진짜 실력과 내가 모르는 부분이 무엇인지 파악하게 도와주는 가장 좋은 수단이다. 그러니 시험의 이유를 점수 자체보다 실력을 더 쌓는 데 초점을 맞추자. 마지막으로, 상황에 맞춰 목표를 재수정하고 다시 도전한다. 이렇게 자신의 한계를 뛰어넘는 연습을 반복하면 실력은 자연스레 오를 수밖에 없다.

꾸준히 연습하는 것의 핵심은 '인내와 끈기'다. 의식적인 연습은 '선택과 집중'이 필요한 노력이다. 정신력에 상당한 부담을 준다. 이 때문에 의식적인 연습을 지속할 수 있는 시간은 한 번에 최대 60~90분, 하루 최대 4~5시간 정도다.[22] 또한 의식적인 연습은 지루하다. 자신의 부족한 부분을 계속 연습하고, 새로운 약점을 찾아 또 연습해야 한다. 고통스러운 과정을 반복하기 때문에 재미가 없다. 콜빈은 의식적인 연습이 결코 쉽고, 즐거운 일이 아니라고 강조한다. 대신, 자신을 의심하지 않고 꾸준히 노력하는 사람은 무엇이든 원하는 결과를 얻을 수 있다고 말한다. 인내와 끈기가 있는 사람만 힘든 과정을 견디고 꾸준히 노력할 수 있다.

왜 효율적인 공부를 해야 하는가?

우리는 비효율적인 공부를 하고 있다. 국제기구 PISA는 국가별로 청소년들의 학업성취도를 분석했다. 한국은 OECD 국가 중에서 핀란드에 이어 2위를 차지했다. 그러나 두 국가에는 큰 차이점이 있었다. 한국은 공부에 대한 흥미도와 행복도가 최하위권이지만, 핀란드는 최상위권이었다. 더 큰 문제는 공부 시간이었다. 한국 학생의 평일 학습 시간은 평균 약 8시간이었다. 핀란드 학생들보다는 2시간, 다른 OECD 국가들 평균보다는 3시간 가까이 더 많았다. 일주일에 공부하는 시간도 평균 약 50시간으로 가장 높았다. OECD 평균에 비하면 15시간 이상 많았다.[23] 한마디로, 한국 학생은 시간을 과하게 들여 성적을 얻는 효율적이지 못한 공부를 하고 있던 것이다.

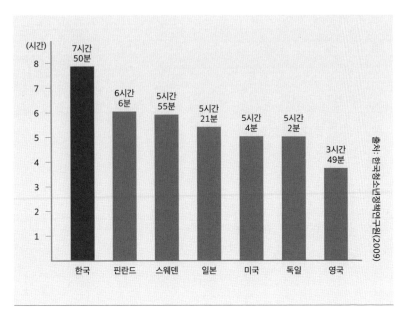

출처: 한국청소년정책연구원(2009)

OECD 청소년 공부 시간 비교

   비효율적인 공부는 공부의 흥미를 잃어버리게 한다. 공부에 대한 착각 중 하나는 공부 시간이 많으면 공부를 많이 했다고 생각하는 것이다. 이렇게 생각하는 사람들은 효율적인 공부를 하기보다 오래 앉아 있는 시간에 초점을 맞춘다. 그러나 단순히 책상 앞에 오래 앉아, 억지로 지식을 주입한다고 공부가 되는 것은 아니다. 배운 지식을 이해하고, 소화해야 진정한 내 공부가 된다. 또한 지나치게 많은 시간을 들여 비효율적으로 공부하면 공부에 대한 흥미를 잃는다. 아무리 좋아하는 음식이어도 소화할 수 없는 양을 억지로 계속 먹는다면 싫증이 나는 법이다. 비효율적으로 공부만 너무 오래 하면 공부에 대한 스트레스만 쌓이고, 하루 종일 공부만 하는 자신이 불행하다고 느낀다.

효율적으로 공부해야 공부의 목적을 달성한다. 효율적으로 공부해야 하는 이유는 단지 성적을 올리기 위해서가 아니다. 효율적으로 공부하면 시간과 에너지를 적절히 분배할 수 있다. 해야 하는 공부를 마친 후에도 시간과 에너지가 남는다. 여유 시간을 활용해 자신이 좋아하고, 잘하는 걸 찾을 기회가 생긴 것이다. 실제로 하고 싶은 일을 찾은 사람들은 시간과 에너지를 효율적으로 사용한다. 해야 하는 일을 마친 후, 자신이 좋아하는 것을 찾으려고 노력한다. 자신이 좋아하는 것을 찾은 사람은 더 즐겁게 공부한다. 공부가 재미있다 보니 누가 시키지 않아도 열심히 노력한다. 이때 실력도 훨씬 더 좋아진다. 나에 대해 조금씩 알아가면서 앞으로 어떤 인생을 살고 싶은지 자연스럽게 깨닫는다. 이렇게 공부의 진짜 목적을 달성한다.

제대로 된 방법으로 공부하는 게 효율적으로 공부하는 것이다. 잘못된 방법으로 공부하면, 쏟은 시간과 노력보다 실력이 늘지 않는다. 별다른 생각 없이 100시간 공부하면 마음은 뿌듯할지 몰라도, 성취는 크지 않다. 오히려 10시간을 공부해도 제대로 된 방법으로 연습하는 게 더 효율적이다. 한국 학생들은 이미 충분히 열심히 공부하고 있다. 그러니 제대로 된 방법을 배우면 앞으로 훨씬 더 좋은 성과를 낼 수 있다. 물론 방법을 알아도 목표를 이뤄 나가는 과정은 험난하다. 뛰어난 성취를 달성하기 위해서는 필사적인 각오가 필요하다. 중간에 넘어지더라도 자신을 믿고, 다시 도전하는 사람은 분명히 지금보다 더 큰 성취를 할 것이다.

사람마다 자신에게 맞는 공부법이 따로 있다. 공부를 잘하는 학생의 공부법만 따라 한다고 갑자기 공부를 잘할 순 없다. 그럼에도 모두에게 적용되는 '공부 잘하는 방법들'은 존재한다. 2장에서는 이러한 방법들을 소개할 것이다. 전부 과학적으로 증명된 방법들이며, 각자의 스타일이 달라도 모두에게 적용될 수 있다. 중요한 건 이 방법들을 배우기만 하지 않고, 직접 실천해야 한다는 것이다. 방법은 책을 통해 배울 수 있지만, 결과를 만들어내는 건 자신만 할 수 있기 때문이다. 나만의 공부법을 찾는 것은 평생 쓸 수 있는 무기를 얻는 것과 같다. 앞으로 배울 방법들을 기초 삼아 자신만의 무기를 개발하길 바란다.

2

기억의 메커니즘으로
학습력을 올리다

    기자 조슈아 포어Joshua Foer는 미국에서 진행한 기억력 대회를 취재했다. 그가 인터뷰한 참가자들은 암기 원리를 배우기 전까지는 자신의 기억력이 평범했다고 말했다. 포어는 기억력이 운동 기술처럼 훈련할 수 있음을 깨달았다. 1년간 기억력 훈련을 마친 포어는 다음 대회에 참가자로 돌아왔다. 그렇게 그는 1년 만에 기억력 챔피언이 되었다.[24] 기억력은 공부에서 가장 중요한 기초이자 토대다. 열심히 공부해도 기억에 남지 않는다면 소용이 없다. 다행히도 기억은 단련할수록 더 강해지고, 더 많이 저장한다. 기억의 메커니즘과 몇 가지 기술을 배우고 활용하면 공부에 필요한 기억력을 키울 수 있다.

기억의 핵심은
연상이다

기억에 대해 알아보기 전에 간단한 기억력 테스트를 해 보자. 30초간 다음 단어들을 보고, 기억나는 만큼 종이에 적으면 된다.

사자	핸드폰
야자수 나무	바구니
거인	닭
앵무새	보름달
치약	휴지

일반적으로는 '사자, 야자수 나무, 거인, 앵무새, 사자, 야자수 나무, 거인, 앵무새...' 이렇게 머릿속에 남을 때까지 반복한다. 반복해서 외우는 방법은 가장 흔하게 쓰이지만, 사실 비효율적인 방법이다. 전부 외우는 데도 오래 걸릴 뿐만 아니라 금방 까먹는다. 지금까지 이런 방식을 사용했다면 기뻐하자. 기억하는 방법을 조금만 알아도 기억력은 훨씬 좋아질 수 있다.

기억은 '부호화 → 저장 → 인출' 과정으로 생성된다.[25] 부호화는 시각, 청각, 촉각 같은 감각기관을 통해 얻은 정보를 뇌에 저장 가능한 조각으로 전환하는 일이다. 작게 쪼개진 조각들은 깔끔하게 정리되지 않은 채, 뇌의 여러 영역에 분산되어 따로 저장된다. 예를 들어, 동영상을 뇌에 저장한다면 화면, 자막, 음향이 각각 분리되어 저장된다. 인출은 저장한 기억을 다시 불러오는 것을 말한다. 기억을 불러오면서 뇌는 신경 곳곳에 흩어진 정보를 다시 찾아와서 재구성한다. 따로 저장된 기억의 조각들을 불러내 연기로 재연해 보여 주는 것과 같다. 이 때문에 같은 경험에도 사람마다 기억이 다르고, 시간이 지나면서도 달라지는 것이다.

오래 기억하기 위해서는 부호화된 정보들끼리 서로 연결해야 한다. 아까 본 10개의 단어를 이렇게 외운다면 몇 개나 기억할 수 있을까? '사자가 길을 걷다 야자수 나무를 발견했다. 나무를 타고 올라가니 저 멀리에 거인이 보였다. 거인의 머리 위에는 앵무새가 있었다. 앵무새는 치약을 들고 춤을 추고 있었다. 신기한 모습을 찍으려고 핸드폰을 꺼내다가 실수로 떨어트렸다. 다행히도 아래에 바구니가 있었다. 그 순간, 옆을 지나가던 닭이 바구니를 물어 갔다. 닭은 그대로 보름달을 향해 도망갔다. 사자는 아쉬워하며 휴지를 엮어 나무에서 내려왔다' 이런 식으로 기억할 정보들끼리 연관 지어 기억하면 훨씬 오래 기억할 수 있다.

기억이란 신경세포(뉴런)끼리 연결되는 것을 의미한다. 뇌는 기억의 정보를 그대로 보관하지 않는다. 새로운 정보는 이미 알고 있는 정보와 연결되어야만 기억으로 남는다. 이를 '연상(연관 짓기)'이라고 한다.[26] 우리는 모르는 사이에 매번 연상을 사용하고 있다. 사과를 떠올리면 무엇이 생각나는가? 빨간색, 과일, 둥근 모양, 달콤함, 씨 등이 떠오른다. 관련된 정보끼리 서로 묶어놓으면 뇌가 기억을 검색하기가 쉬워진다. 뇌 속에 저장한 정보를 다시 꺼내고 싶을 때는 연상만 떠올리면 내용이 줄줄이 딸려 나온다. 이처럼 기억의 핵심은 연상이라는 것을 잊지 말자. 효율적으로 공부하려면 내가 기존에 알고 있던 지식을 최대한 활용해야 한다.

뇌는 이미지로 기억하는 것을 좋아한다. 뇌의 뉴런 중 약 30%는 시각에 사용된다. 반면 촉각에는 8%, 청각에는 고작 3%만 사용된다.[27] 우리는 주로 이미지로 생각한다. 이 때문에 '거인 머리 위의 앵무새'와 같이 아무 상관 없는 단어들이어도, 관계를 설정해 이미지로 만들면 기억하기 쉽다. 앞에서 본 이야기가 오래 기억 남는 이유는 머릿속에서 상상의 이미지를 만들었기 때문이다. 이처럼 기억하기 어려운 공부가 있다면 자신만의 이야기로 만들어 보자. 처음에는 무작정 외우는 방법보다 시간과 노력이 더 필요할 수도 있다. 그럼에도 이렇게 외우는 것을 훨씬 오래 기억한다. 아는 지식과 연결하고, 이야기로 상상하는 것이 효율적인 기억법이다.

공부에 필요한 기억력은
작업기억이다

공부를 잘하기 위해서는 '작업기억'을 키워야 한다. 일반적으로 알려진 기억의 종류는 '단기기억'과 '장기기억'이다. 과학자들은 오랜 연구 끝에 작업기억이라는 것을 발견했다. 작업기억은 단기기억과 비슷하다. 짧은 시간 동안 정보들을 기억한다. 차이점은 정보를 처리하는 과정에 있다. 단기기억은 정보가 유지되는 시간만을 뜻한다. 작업기억은 단순히 정보만 저장하는 게 아니라, 이를 처리하고 작업하는 모든 과정을 말한다. 예를 들어, '22 × 7'을 그대로 기억해서 옮겨 적는다면 단기기억만 사용한 것이다. 문제를 시각화하고, 숫자들을 곱하고, 암산하는 모든 과정에는 작업기억이 사용된다. 작업기억은 학습의 기초가 되는 중요한 능력이다.[28]

작업기억의 핵심은 주의력이다. 작업기억은 정보를 제일 먼저 받아들인다. 그다음 정보를 버릴지, 저장할지 결정한다. 작업기억의 정보는 주의를 기울이는 동안에만 유지된다. 주의를 집중하지 않으면 뇌는 중요하지 않은 것으로 판단해 정보를 버린다. 우리가 상대방의 이름을 잘 기억하지 못하는 이유도 정신을 이름에 집중하지 않기 때문이다. 중요한 정보를 기억하고 싶으면 정신을 초집중해야 한다. 작업기억을 키우려면 배경 지식이 많아야 한다. 저장된 지식이 많을수록 새로운 정보를 더 쉽게 연결한다. 단어를 모른 채 어려운 책을 읽으면 이해가 떨어지고, 오래 집중할 수 없는 것과 같다. 결국, 공부를 잘하기 위해서는 공부를 많이 하는 수밖에 없다.

작업기억이 소화해야 정보가 내 것이 된다. 작업기억에는 한계가 있다. 동시에 유지할 수 있는 정보의 개수가 평균 4~5개다. 628719425238이라는 긴 숫자를 외운다면 과연 몇 개나 외울 수 있을까? 6287, 1942, 5238과 같이 나눠서 외우는 게 훨씬 효과적이다. 이처럼 복잡한 문제는 단순화해서 기억해야 한다. 악기를 배워도 한 번에 곡 전체를 연습하는 것보다, 부분부분 연습해서 마지막에 전체 곡을 연주하는 게 더 효율적인 이유다.[29] 한꺼번에 많은 내용을 공부하면 뇌에 과부하가 온다. 공부에 집중하지 못하고, 내용을 이해하지 못한다. 이럴 땐 학습 템포를 조금 늦추고, 공부의 내용을 쪼개서 이해하는 게 훨씬 효율적이다.

자신만의 기준으로 묶어서 기억하자. 관련 있는 정보들끼리 묶어서 외우는 것을 '청킹 Chunking'이라고 한다.[30] 청킹은 뇌의 과부하를 줄일 수 있는 대표적인 방법이다. 앞에서 배운 이야기로 예를 들면 이렇게 구분한다. '동물: 사자, 앵무새, 닭', '생활용품: 치약, 핸드폰, 바구니, 휴지', '흔하지 않은 것들: 야자수 나무, 거인, 보름달'. 덩어리로 외운 지식은 서로 연결되어 하나의 기억으로 저장된다. 청킹을 활용하는 가장 좋은 방법은 키워드로 묶어 기억하는 것이다. 연관된 내용끼리 키워드로 묶으면 효율적으로 기억할 수 있다. 새로운 지식을 배워도 관련 키워드에 묶어 암기하면 더 쉽게 기억할 수 있다. 지식을 꺼낼 때도 키워드만 생각하면 관련된 지식들이 같이 딸려 나올 것이다. 이것이 키워드로 묶어서 외워야 하는 이유다.

오래 기억하기 위해선 시간 간격을 둔 복습이 필요하다

공부한 내용을 장기기억으로 만들어야 진정으로 내 것이 된다. 오랫동안 학습을 반복하면 공부한 내용이 장기기억에 저장된다. 장기기억에 저장할 수 있는 용량의 제한은 없다. 심지어 몇 년까지도 보관한다. 그럼에도 우리는 왜 모든 것을 기억하지 못할까? 그 이유는 우리가 기억한 것을 시간이 지나면서 잊어버리기 때문이다. 독일의 심리학자 헤르만 에빙하우스Hermann Ebbinghaus는 사람이 언제부터 기억을 잊어버리는지 연구했다. 연구 결과, 학습 후 10분부터 망각을 시작하고, 1시간 뒤에는 50%, 하루 뒤에는 70%, 한 달 뒤에는 80% 정도를 잊어버렸다.[31] 따라서 우리는 공부한 내용을 잊어버리기 전에 다시 복습해야 망각의 속도를 늦추고, 더 오래 기억할 수 있다.

장기기억으로 만들기 위해서 복습은 필수다. 단기 기억력이 좋은 학생은 수업이 끝나고도 수업내용을 잘 기억한다. 복습하지 않아도 오래 기억할 것이라고 착각한다. 그러나 시간이 지나면 누구나 예외 없이 배운 내용을 잊어버린다. 복습이 없다면 절대로 장기기억으로 가지 않는다. 이때 주의해야 할 것이 있다. 바로, 연속적인 반복 학습이다. 공부한 다음 이어서 복습, 복습, 복습하는 식으로 반복 학습하면, 내용을 다 내 것으로 소화했다는 생각이 든다. 아쉽지만 이것 또한 착각이다. 연속적인 반복 학습은 장기기억에 도움이 되지 않는다. 시간이 좀 지난 후 복습한 내용으로 시험을 보거나, 설명하려고 하면 공부한 만큼 결과가 안 나온다.

시간을 두고 복습하는 것이 가장 효율적이다. 에빙하우스는 기억력을 높이는 방법도 연구했다. 상관없는 단어 100개를 하루 만에 암기하려면 68회의 반복이 필요했다. 3일에 걸쳐 암기했더니 38회 만으로 충분했다. 단시간에 여러 번 반복하는 것보다, 일정한 시간 간격을 두고 복습하는 게 더 효과적이었다. 그는 정기적으로 복습하면 학습한 내용을 잊어버리는 속도가 줄어든다고 말했다.[32] 즉, 효율적인 복습 방법은 공부한 다음에 연속해서 복습하는 것보다, 일정한 시간 간격을 두고 복습하는 것이다. 예를 들어, 학습 당일에 1차 복습하고, 그다음은 3일 후, 1주 후, 2주 후, 1달 후로 나누어 복습하는 것이 가장 효과적이다. 망각의 속도가 줄어들면 복습 간격을 늘려 한두 달에 한 번 복습해도 대부분 기억할 수 있다.

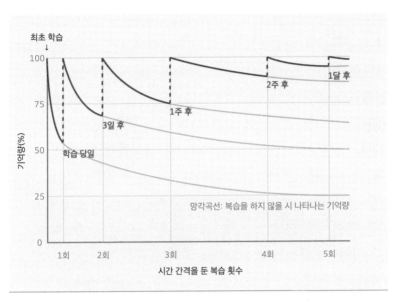

간격을 둔 반복 학습의 효과

　공부한 내용을 이해해야 오래 기억한다. 이해하지 못한 내용을 달달 외우는 것은 비효율적인 방법이다. 공부한 내용을 제대로 이해하지 못하면 뇌는 어디에 정보를 저장할지 모른다. 많은 시간을 들여 공부해도 기억으로 남지 않는다. 시간이 조금 더 걸리더라도 차근히 기초를 쌓으면서 내용을 이해하는 게 훨씬 더 중요하다. 이해력과 암기력을 높이기 위해 '라이트너 학습법Leitner System'을 활용해 보자.[33] 시간 간격을 두고 복습하기 좋은 기억력 훈련 도구다. 라이트너 학습법을 오답 노트에 적용하면 틀린 문제의 정답률을 높일 수 있다. 영어 단어에 사용하면 암기율을, 헷갈리는 개념이나 전체적인 주제를 카드로 만들어 복습하면 이해도를 높일 수 있다.

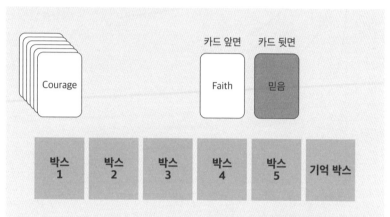

① 6개의 박스(1, 2, 3, 4, 5, 기억 박스)와 영단어 플래시 카드를 준비한다.
   카드의 앞면에는 자신이 외우고자 하는 단어를, 뒷면에는 정답을 쓴다.

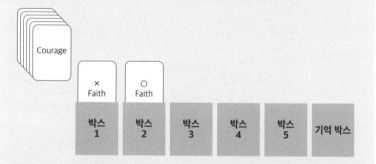

② 모든 플래시 카드를 박스 1에 넣는다. 앞에서부터 차례로 카드를 보면서
   정답을 맞히면 박스 2에 넣고, 틀리면 다시 박스 1에 넣는다.

박스 2의 카드를
또다시 복습

③ 틀린 카드를 모아둔 박스 1을 계속 복습한다. 복습하다 보면 박스 1에 들어
있는 카드는 얼마 남지 않는다. 그러면 이제 박스 2에 있는 카드를 복습한다.

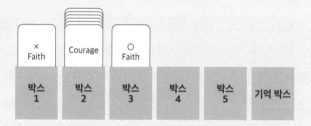

④ 이번에는 정답을 맞히면 박스 3으로 보내고, 틀리면 다시 박스 1로 되돌려
보낸다.

⑤ 1~4단계를 반복하면 어느덧 박스 3에 카드가 찬다. 이제는 박스 3의 카드를
복습하면서 맞히면 박스 4에 넣고, 틀리면 다시 박스 1에 넣는다.

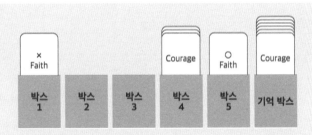

⑥ 위 시스템을 반복하면서 정답을 맞히면 다음 박스로, 틀리면 다시 박스 1로
되돌려 보낸다. 그렇게 모든 카드가 기억 박스까지 도달하게 된다.

⑦ 이런식으로 시간 간격을 두면서 여러 번 반복하다 보면 자연스레
장기기억으로 넘어간다. 영어 단어 뿐만 아니라 오답 노트, 연습문제,
수학 공식, 한자, 외우고 싶은 개념 등 다양하게 응용할 수 있다.

라이트너 학습법 활용 방법

　　기억의 메커니즘을 알면 평범한 사람도 기억의 천재가 될
수 있다. 아직도 의심이 가는 사람이 있다면 아까 만든 이야기
를 '거꾸로' 떠올려 보길 바란다. 반대로도 쉽게 외울 수 있음에
놀랄 것이다. 대부분은 단순히 기계적으로 외운다. 이렇게 하면
오랜 시간을 썼음에도 금방 잊어버린다. 반면 간단하게 만든 이
야기는 한 번도 복습하지 않아도 오랫동안 기억에 남는다. 이
것이 영리하게 공부하는 방법이다. 기억의 핵심은 연상이다. 새

로운 정보는 기존의 정보와 연결해야만 기억으로 남는다. 이미 지화, 청킹과 같은 방법은 정보끼리의 연결을 도와준다. 간격을 둔 복습을 해야 공부한 내용을 최대한 오래 기억한다. 이렇게 기억의 용량을 키워 공부하기 위한 기초 체력을 만들자. 기억력은 내 노력으로 충분히 키울 수 있다.

3

머리에 넣지 말고 꺼내라

기억이 생성되는 과정은 '부호화 → 저장 → 인출'이다. 부호화와 저장은 뇌에 정보를 '담는' 과정이다. 인출은 정보를 '꺼내서 쓰는' 작업이다. 기억의 핵심은 연상이지만, 기억을 완성하는 건 인출이다. 아무리 많이 공부해도 인출과정을 거치지 않는다면 배운 지식을 쓸 수 없다. 인출은 배우는 과정보다 더 어렵다. 보통은 공부한 다음, 배운 내용을 설명하려고 하면 기억이 잘 나지 않는다. 다행인 것은 인출하려고 노력하는 것만으로도 기억을 강화한다. 인출은 자신이 모르는 것을 파악하게 도와주기도 한다. 인출하다가 막히는 부분을 집중적으로 공부하면 실력을 꾸준히 늘릴 수 있다. 인출은 공부한 내용을 내 것으로 만들기 위해 꼭 필요한 과정이다.

No Pain, No Gain
어렵게 공부하면 어렵게 잊는다

효율적으로 오래 기억하려면 반복 학습보다는 인출해야 한다. 세인트루이스 워싱턴대학교의 헨리 뢰디거Henry Roediger 교수는 최고의 공부법을 찾기 위한 실험을 했다. 학생들을 두 그룹으로 나누어 7분간 지문을 외우게 했다. 이후 두 그룹에 다른 공부법을 제시했다. 한팀은 똑같은 지문을 다시 외웠다. 다른 팀은 외웠던 것을 종이에 쓰도록 했다. 5분 뒤 두 팀 모두 시험을 봤다. 반복 학습한 팀의 평균 점수가 종이에 쓴 팀보다 높았다. 일주일 뒤 같은 시험을 다시 보았다. 이번에는 두 팀의 결과가 반대였다. 종이에 쓴 팀의 성적이 훨씬 높았다. 반복 학습한 팀의 점수는 일주일 전에 비해 크게 떨어졌지만, 종이에 쓴 팀은 거의 똑같았다.[34]

인출이 장기기억을 만드는 핵심이다. 우리 뇌는 무한한 용량을 가지고 있다. 그러나 필요 없는 기억은 굳이 오래 보관하지 않는다. 뇌는 얼마나 자주 쓰는지에 따라 기억의 여부를 판단한다. 자주 쓴다고 생각되는 지식은 중요하다고 판단해 장기기억으로 만든다. 뇌가 기억을 자주 사용하게 만드는 방법은 인출, 즉 뇌에서 끄집어내는 것이다. 뢰디거 교수의 실험에서도 알 수 있듯이, 반복 학습으로 당장의 시험을 잘 볼 순 있다. 그러나 이렇게 공부하면 장기적인 학습에는 도움이 되지 않는다. 물론 시간 간격을 두고 반복 학습하면 망각의 속도가 느려진다. 그럼에도 자주 인출하는 방법이 장기기억으로 만드는 데 가장 효과적이다.

어렵게 공부한 것은 어렵게 잊는다. 캘리포니아-로스앤젤레스대학교의 로버트 비요크Robert Bjork 교수는 '바람직한 어려움Desirable Difficulty' 이론을 밝혀냈다. 이 이론은 저장과 인출 능력이 서로 역의 상관관계를 나타낸다고 말한다. 쉽게 저장한 기억일수록 인출이 어렵다. 반대로, 힘들게 저장한 기억이면 쉽게 인출한다.[35] 책을 반복해 읽을 때는 스스로 공부가 잘된다고 생각한다. 밑줄 친 문장의 다음 문장까지도 기억난다. 그러나 정작 시험 때는 기억이 나지 않고, 막막했던 경험이 누구나 있을 것이다. 반복해서 읽는 방법은 두뇌가 힘을 많이 쓰지 않기 때문이다. '저장'만 하는 공부는 상대적으로 쉽기 때문에, '인출' 하기는 어렵다.

꺼내는 공부가 진짜 공부다. 공부는 배우고 익히는 과정을 말한다. 지식을 뇌에 저장한다고 끝나는 게 아니다. 저장한 지식을 다시 꺼내 쓸 수 있어야 제대로 공부한 것이다. 이를 위해 평소에도 지식을 자주 꺼내 보려고 노력하자. 예를 들어 쉬는 시간이나 길을 걸을 때도 배운 내용을 계속 머릿속에 떠올리는 것이다. 꺼내는 연습을 하면 뇌는 중요한 정보라고 판단해 장기기억으로 만든다. 처음에는 기억이 흐릿해서 떠올리기 힘들 수 있지만, 기억에서 꺼낼 때 어색한 느낌이 드는 만큼 더 오래 기억할 것이다. 어렵게 공부할수록 뇌는 더 오래 기억한다. 어려움을 느껴도 자주 인출해야 공부한 내용을 내 것으로 만든다.

메타인지가 높은 사람이 공부를 잘한다

공부 잘하는 학생은 자신이 무엇을 알고, 모르는지 구분할 줄 안다. EBS 〈학교란 무엇인가〉 제작팀은 수능 성적 상위 0.1%의 학생들과 평범한 학생들을 대상으로 실험했다. 이들에게 3분 동안 연관성 없는 단어 25개를 외우게 했다. 결과는 의외였다. 두 그룹 모두 평균 8개로 기억하는 개수가 비슷했다. 두 그룹의 차이는 자신이 몇 개의 단어를 쓸 수 있는지에 대한 예상치에 있었다. 상위 0.1% 학생들은 자신이 몇 개를 기억할지 정확하게 예측했다. 반면 일반 학생들은 자신이 몇 개의 단어를 쓸 수 있을지 예측하지 못했다.[36] 상위 0.1% 학생과 평범한 학생의 기억력은 비슷했다. 둘의 차이는 자신의 실력을 객관적으로 볼 수 있는 안목이었다.

메타인지가 높아야 효율적으로 공부한다. 메타인지는 '자신이 아는 것을 객관적으로 파악하는 능력', '실제로 아는 것과 안다고 착각하는 것을 구분하는 능력'을 말한다. 메타인지가 높으면 '선택과 집중'의 공부를 할 수 있다. 아는 내용은 넘어간다. 안다는 확신이 있어 자신감이 있다. 모르는 내용만 어떻게 공부할지 계획한다. 부족한 부분만 공부하기 때문에 학습 효율이 높다. 메타인지를 키워야 장점은 극대화하고, 단점은 최소화한다. 또한 아는 것을 계속 공부하면 다 안다는 착각을 한다. 사실 실력은 제자리에 있다. 공부한 시간에 비해 성적이 낮은 이유다. 실력을 올리려면 모르는 부분을 공부해야 한다. 간혹 "아는 문제인데 틀렸다."라고 말하는 사람이 있다. 메타인지가 부족한 대표적인 사례다. 자신이 안다는 착각을 한 것이다.

인출은 메타인지를 높인다. 컬럼비아대학교의 메타인지 전문가 리사 손Lisa Son 교수는 메타인지를 키우는 방법을 발견했다. 바로 공부한 내용을 뇌에서 꺼내는 것이다. 누군가를 가르쳐보거나, 내용을 요약하거나, 연습문제를 풀어보면 자신이 무엇을 알고, 무엇을 모르는지 정확하게 파악할 수 있다. 자신이 모르는 부분은 설명할 수 없기 때문이다. 손 교수는 배운 내용을 수시로 테스트해봐야 한다고 강조한다.[37] 처음 인출을 시도하면 막막하다. 다 알고 있다고 생각했던 것도 설명하기 쉽지 않다. 그러나 인출을 잘하기 위해선 인출하는 연습을 자주 하는 수밖에 없다. 자주 인출하려고 노력하는 과정 전부가 학습의 일부다.

이해해야 공부가 내 것이 된다. 아인슈타인이 말했다. "쉽게 설명할 수 없으면, 제대로 이해한 것이 아니다."[38] 내용을 이해하지 못한 사람은 설명하지 못한다. 대충 이해했다면 장황하게 설명하지만, 명확하지 않다. 반면 제대로 이해한 사람은 내용을 쉽게 풀어서 설명할 수 있다. 근본적인 핵심을 파악했기 때문이다. 공부의 목표는 배운 지식을 필요할 때 사용하는 것이다. 공부한 내용을 이해해야 활용할 수 있다. 이해하지 못하면 쓸모없는 지식이 된다. 암기만 하는 공부를 하면 눈앞의 성적은 잘 받을지도 모른다. 그러나 장기적으로 나에게는 도움이 되지 않는다. 긴 호흡으로 보면 이해하는 공부가 훨씬 더 중요하다. 배운 지식을 이해하려면 인출하는 연습을 자주 해야 한다.

인출 활용 공부법 4가지: 자주 인출할수록 기억에 더 오래 남는다

첫 번째, 가르치는 공부를 하자. 미국 행동과학연구소NTL가 발표한 학습 피라미드에 따르면, 다른 사람을 가르치며 학습할 때 공부한 내용의 90%까지 기억에 남는다고 한다. 반면 수업 듣기는 5%, 읽기는 10%밖에 기억하지 못한다.[39] 가르치는 방법으로 1시간 공부한 것과 같은 효과를 보려면, 읽기 9시간, 강의 18시간이 필요하다. 그만큼 가르치는 방법이 공부를 이해하는 데 효과적이다. 만약 다른 사람을 가르치기 어려운 상황이면 자기 자신을 가르쳐 보도록 하자. 공부한 내용을 정리해서 자신에게 말로 설명하는 것이다. 이때 꼭 직접 말로 해봐야 효과를 볼 수 있다. 처음부터 차근히 말로 설명하다 보면 중간에 자신이 설명할 수 없는 부분이 나온다. 아직 내가 정확하게 이해하지 못한 부분이다. 이렇게 하나씩 찾아 공부하면 모르는 부분을 없애면서 실력을 꾸준히 쌓을 수 있다.

두 번째, 시험과 연습문제를 활용하자. 시험과 연습문제는 자신의 위치를 스스로 진단하도록 도와준다. 시험과 연습문제의 목적은 정답을 찾는 게 아니다. 자신이 얼마나 이해했는지 확인하는 것이 더 중요하다. 시험과 연습문제를 두려워하는 학생들이 많다. 열심히 공부했는데 자신이 들인 노력과 시간만큼 결과가 안 나올까 봐 걱정한다. 이럴수록 시험을 바라보는 관점을 바꿔야 한다. 시험을 '기억 인출 훈련'이라고 생각해 보자. '이해도를 높이는 훈련', '모르는 것을 파악하게 도와주는 훈련'이라고 생각하면 부담이 훨씬 덜하다. 시험과 연습문제를 피하면 부족한 부분을 알 길이 없다. 공부는 현재 자신의 위치와 실력을 파악하는 것에서부터 시작한다.

세 번째, 백지 테스트를 하자. 주관식 시험을 친다고 생각하고, 백지에 공부한 내용을 써보는 것이다. 암기가 아직 완벽하지 않아도 괜찮다. 배운 내용을 꺼내 보려고 노력하는 것만으로도 기억을 강화한다. 자주 꺼내는 시도를 하는 게, 배운 내용을 다시 읽는 것보다 더 오래 기억한다. 백지 테스트는 내가 모르는 부분을 파악하도록 도와준다. 내 말로 풀어서 쓰다가 막히는 부분이 생기면, 그 부분을 집중적으로 공부하면 된다. 이렇게 모르는 부분을 채워 나가면서 전체적인 퍼즐을 맞추는 연습을 해야 한다. 그러니 백지 테스트를 자주 활용하자. 지금 백지에 쓰지 못한다면, 실제 시험장에 가서도 기억이 안 날 확률이 높다.

네 번째, 목차를 외우자. 목차 외우기는 교과서를 통째로 암기할 수 있는 사기급 스킬이다. 교과서 내용을 글자 하나 안 틀리고 외우자는 게 아니다. 목차를 키워드로 활용하면 모든 내용을 한눈에 파악하고, 쉽게 이해할 수 있다. 백지에 목차를 적은 다음, 목차 안에 있는 중요한 내용을 기억만으로 쭉 적어 보자. 목차를 활용하면 전체적인 큰 그림이 보인다. 어느 부분이 핵심인지, 내가 부족한 부분은 어디인지 알 수 있다. 목차 안에 있는 부제목이나 세부 내용으로 더 잘게 쪼개서 암기하면, 더욱 효율적으로 공부할 수 있다. 목차 암기법은 실제 시험에서도 유용하게 쓰인다. 필요한 내용의 목차를 생각하면 키워드에 연상되는 공부 내용이 쉽게 생각날 것이다.

인출은 기억을 완성하는 핵심 역할을 한다. 공부한 내용을 끄집어내는 일은 어렵지만, 그만큼 더 오래 기억에 남는다. 또한 배운 것을 인출해야 메타인지가 높아진다. 실제로 아는 부분과 안다고 착각하는 부분을 구별할 수 있도록 도와준다. 인출을 자주 연습하려면 틀리는 걸 두려워하면 안 된다. 지금 모르고 틀려도 괜찮다. 앞으로 무엇에 집중해야 할지 아는 것이 더 중요하다. 모르는 내용을 공부해야만 효율적으로 내 실력을 키울 수 있다. 지금 틀리는 것이 실제 시험에서 틀리는 것보다 낫다. 그러니 실수와 실패의 두려움을 극복하고 도전하자. 틀리고 실수하면서 배우는 공부가 기억에 오래 남는다. 잊지 말자. 어렵게 공부하면 잊기도 어렵다.

4

공부를 성공으로 이끄는
학습 방법

　　예습, 복습, 반복 학습은 공부에서 빼놓을 수 없다. 공부를 잘하려면 이 3가지를 반드시 해야 한다. 사실 대부분은 이미 3가지 모두를 실천하고 있을 것이다. 만약 그럼에도 결과가 마음에 들지 않는다면, 효율적이지 않은 방법을 사용하고 있을지도 모른다. 아인슈타인이 말했다. "똑같은 방법을 반복하면서, 다른 결과를 기대하는 것은 바보 같은 짓이다."[40] 공부한 시간에 비해 실력이 늘지 않는다면, 과감하게 공부하는 방법을 바꿔야 한다. 심리학자, 인지과학자, 뇌과학자 등 많은 사람이 연구를 통해 효율적인 방법들을 찾아냈다. 예습, 복습, 반복 학습의 원리와 효율적으로 하는 방법들을 살펴보자.

예습은 공부의
시동을 건다

우리 뇌는 해결하지 못한 문제를 계속해서 생각한다. 러시아 심리학자 블루마 자이가르닉Bluma Zeigarnik은 식당에서 바쁘게 일하는 종업원들이 많은 양의 주문을 효율적으로 기억하는 것을 발견했다. 그러나 이들은 손님에게 음식을 가져다 준 이후에는 그 주문을 잊어버렸다. 자이가르닉은 이 현상을 연구했다. 연구 결과, 인간의 뇌는 진행 중인 일을 끊임없이 생각하게 만들어서 잊지 않으려는 사실을 밝혀냈다. 이를 '자이가르닉 효과', '미완성 효과'라고 한다.[41] 드라마가 대표적인 예시다. 이야기를 완성하지 않은 채로 드라마를 끝내서 시청자들이 계속 생각하게끔 만드는 것이다.

예습은 수업 시간을 효율적으로 사용하게 한다. 예습은 말 그대로 배우지 않은 내용을 미리 공부하는 것이다. 예습만으로 모든 내용을 다 이해할 순 없다. 그러나 예습을 통해 자신이 무엇을 모르는지는 알 수 있다. 궁금증이 해결되지 않아 수업 전까지 뇌는 끊임없이 공부할 내용을 생각한다. 자이가르닉 효과다. 무엇을 모르는지 알기 때문에 수업 시간에는 궁금증에 대한 해답을 찾으려고 한다. 모르는 내용이 해결되지 않는다면 선생님께 질문할 수도 있다. 예습하지 않고 수업을 들었다면 자신이 무엇을 모르고, 궁금해하는지 알 방법이 없다. 간단한 예습 덕분에 모르는 부분을 집중적으로 공부할 기회가 생긴 것이다.

예습은 준비운동이다. 예습하면 기존에 알고 있던 지식을 불러내서 앞으로 공부할 내용을 추측해 본다. 실제 수업 도중에는 추측했던 내용과 비교하면서 능동적으로 공부한다. 이를 '점화 효과Priming Effect'라고 한다. 장기기억에 있는 연관 지식이 점화 현상으로 일어나면서, 새로운 내용이라도 비슷한 정보로 인지한다. 덕분에 새로운 내용을 더 빠르고, 쉽게 받아들인다. 새로 배운 내용과 기존의 지식이 '연상'지어진 채 저장되기 때문에 함께 장기기억으로 넘어간다. 예습하는 것은 마치 준비운동이나 스트레칭으로 운동 효과를 극대화하는 것과 같다.[42]

큰 그림 위주로 파악하자. 대부분 예습을 피하는 이유는 시간과 양에 대한 부담감 때문이다. 예습을 너무 구체적으로 하려는 것보다 전체 흐름 정도를 파악한다고 생각하자. 과목당 5~10분 정도면 충분하다. 목차와 학습 목표 등을 읽으면서 수업에서 배울 핵심적인 주제와 내용만 보면 된다. 큰 그림만 파악한 후, 세부 내용은 수업 시간에 채우도록 하자. 짧게 예습하는 것만으로도 누릴 수 있는 장점이 많다. 수업에 더 적극적으로 참여할 수 있어 집중력이 올라간다. 전체 내용보다 중요한 부분 위주로 필기해 효율적이다. 중요한 내용을 놓치는 일이 줄어든다. 공부는 아는 만큼 보이는 것이다. 부담되지 않는 선에서 짧게라도 꼭 예습하길 바란다.

끊어서 복습하는 게
더 효율적이다

복습은 원래 재미없다. 새로운 내용을 공부하면 동기부여 물질인 '도파민'이 나온다. 복습할 때는 도파민 분비가 적어 처음 배울 때보다 의욕이 떨어진다. 우리가 같은 영화를 두 번 볼 때 재미가 떨어지는 것과 같은 원리다. 그러나 복습 없이 공부를 잘할 순 없다. 복습을 자주 해야 공부한 내용이 장기기억으로 가기 때문이다. 여러 번 복습하면 뇌의 신경회로에 '미엘린Myelin'이라는 물질이 다닥다닥 들러붙는다. 복습할수록 미엘린이 두꺼워지면서 기억이 새어 나가지 않게 한다. 지식이 도망가지 못하게 막는 것이다. 네다섯 번 이상 복습하면 우리 뇌는 중요한 정보라고 판단해 장기기억으로 옮긴다.[43] 재미없는 복습 과정을 이겨 내야만 공부한 내용을 내 것으로 만들 수 있다.

포모도로 기법을 사용하자. 여러 연구에 의하면 인간의 집중력은 10~40분 사이에 자연스럽게 떨어진다고 한다. 프란체스코 시릴로Francesco Cirillo는 인간의 집중력이 떨어지는 걸 고려해 '포모도로 기법Pomodoro Technique'을 만들었다.[44] 한 가지 일을 25분간 하고, 5분간 휴식하면 최고의 생산성을 낼 수 있다. 타이머를 25분에 맞추고, 이 시간 동안에는 오롯이 공부에만 집중하자. 25분 후에는 반드시 5분간 휴식을 한다. 이렇게 4세트를 진행하면 2시간이 지난다. 4세트 후에는 15분간의 긴 휴식을 통해 뇌가 충분히 쉴 수 있게 도와준다. 포모도로 기법으로 복습하면 집중력이 떨어지지 않고, 최고의 효율을 유지하며 공부할 수 있다.

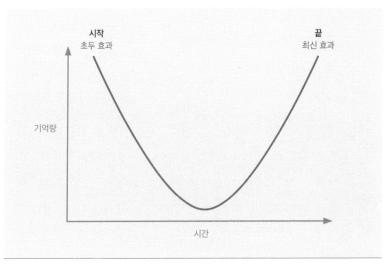

초두 효과와 최신 효과

끊어서 공부해야 효율적으로 기억한다. 포모도로 기법이 효율적인 이유는 '초두 효과Primacy Effect'와 '최신 효과Recency Effect' 때문이다.[45] 초두 효과는 공부 초반에 습득한 내용을 더 잘 기억하는 현상이다. 최신 효과는 마지막에 공부한 내용이 더 잘 기억되는 현상이다. 예를 들어, 2시간 동안 쉬지 않고 책을 읽는다면 처음 20분 동안 읽었던 내용은 기억이 난다. 집중력이 떨어지면서 중간에는 기억이 잘 안 나다가 마지막에 읽었던 내용이 다시 기억난다. 만약 중간에 휴식을 취하면 더 많은 초두 효과와 최신 효과가 나타난다. 끊어서 공부할 때 같은 공부 시간 대비 훨씬 더 많이 기억할 수 있다.

백지 테스트를 활용하자. 포모도로를 사용할 때는 타이머를 이용하는 것이 좋다. 정확한 시간을 재고, 25분간 내용을 최대한 흡수하자. 이후 타이머가 울리면 배운 내용을 적어 본다. 25분이라는 짧은 시간이었지만, 의외로 전부 기억해 내기 힘들 것이다. 하지만 능동적으로 기억을 꺼내 보려는 시도만으로도 배운 내용을 더 오래 기억할 수 있다. 이런 식으로 자주 꺼내 보는 습관을 만들면 기억을 더욱 강화한다. 그 후에는 반드시 휴식을 취하자. 타이머를 사용하는 이유는 고정적으로 휴식을 해서 이후의 집중력을 당겨쓰지 않게 하기 위해서다. 오늘 컨디션이 좋다고 휴식을 미루지 말자. 잠시라도 스트레칭, 심호흡, 명상을 하자. 휴식을 취해야 더 오랫동안 최상의 집중력 상태를 유지한다.

효율적인 반복 학습이
공부를 완성한다

휴식은 공부 효율을 높인다. 한 번에 몰아서 공부하는 것보다, 중간에 휴식을 취하면서 여러 차례 공부하는 것이 더 효과적이다. 이를 '간격 효과Spacing Effect'라고 한다. 독일 막스 플랑크 연구소의 피터 골드스틴Pieter Goltstein 박사 연구팀은 간격 효과를 실험으로 입증했다.[46] 연구팀에 의하면 단기간에 연속적으로 학습하는 경우, 뇌는 새로운 뉴런을 계속 사용한다. 반면 간격을 두고 휴식을 취할 경우, 처음 학습할 때 활성화된 뉴런을 다시 사용한다. 같은 뉴런을 사용하면 뉴런 간의 연결이 강화되어 공부한 내용을 오래 기억한다. 즉, 4시간 연속으로 공부하는 것보다, 1시간 공부를 휴식하면서 네 번 하는 게 더 효과적이다.

시간 간격을 두고 공부하자. 연속으로 공부하면 단기기억이 주로 일을 한다. 내용을 이해한 듯 보이지만, 실제로는 장기기억으로 가지 않는다. 간격을 두고 복습하면 공부하자마자 바로 복습할 때보다는 약간의 어려움을 겪는다. 어려움을 겪는 만큼 우리는 뇌를 적극적으로 활용한다. 장기기억으로 갈 확률이 높아진다. 또한 기억의 메커니즘 상 간격을 두고 복습하면 망각의 속도도 느려진다. 다시 복습할 때는 이전에 기억하지 못했던 정보에 더 집중하자. 간격을 두고 복습하면, 그사이에 뇌가 학습한 내용을 소화할 시간이 생긴다. 다시 복습하면서 기억을 더 정교하게 만든다. 이 때문에 이전에 공부할 때보다 이해가 더 잘 된다. 처음 공부한 내용과 나중에 배운 지식이 합쳐지면서 시너지를 내는 것이다.

교차학습을 하자. 여러 과목을 번갈아 학습하면 장기기억에 도움이 된다. 이를 '교차 효과'라고 한다. 같은 과목을 연속해서 공부하면 뇌는 비교적 쉽다고 느낀다. 교차로 공부하면 뇌가 더 어렵게 공부한다. 뇌의 신경섬유 연결이 더 활성화되어 더 오래 기억한다.[47] 이때 '자이가르닉 효과'도 함께 일어난다. 아직 끝내지 못한 채 다음 과목으로 넘어가면서 이전 공부에 대한 기억이 더 오래 남는 것이다. 또한 교차학습은 과목마다 변화를 준다. 한 과목만 오래 공부할 때보다 지루함을 덜 느끼고, 부담감도 줄일 수 있다. 책을 50쪽 읽을 생각하면 벌써 머리가 아프지만, 10쪽만 읽는다고 생각하면 해 볼 만하다는 생각이 드는 것과 같다. 짧은 호흡으로 여러 과목을 동시에 공부하면 높은 긴장감과 집중력을 계속 유지할 수 있다.

비슷하지 않은 과목끼리 묶어야 한다. 비슷한 내용을 연달아 복습하면, 뇌에서는 공부한 내용들이 서로 뒤엉켜서 기억을 방해한다. 이를 '유사 억제'라고 한다. 예를 들어, 국어를 공부한 다음 영어를 공부하면, 뇌는 같은 '언어' 영역으로 인식한다. 공부한 내용끼리 서로 간섭해 기억을 방해한다.[48] 교차 학습할 때는 공부하는 내용이 겹치지 않도록 과목의 순서를 정해야 한다. '국어-영어-수학-과학' 순서보다는, '국어-수학-영어-과학' 순으로 공부해야 유사 억제 현상을 피한다. 만약 비슷한 과목끼리 연달아 공부해야 한다면, 과목 사이에 휴식을 해서 이를 해결하자. 휴식하기 전에 공부한 내용을 백지에 써 보면 기억이 오래 유지된다.

배운 내용을 정리해 보겠다. 포모도로를 사용해 25분으로 잘라서 공부한다. 짧은 호흡으로 빠르게 치고 나가야 공부한 내용을 최대한 많이 흡수한다. 5분 휴식 전에 공부한 내용을 백지에 적어 보자. 적는 것만으로도 인출과정을 거치고, 기억을 강화한다. 그 후 꼭 휴식을 취하자. 쉬어야 '간격 효과'를 본다. 포모도로 2세트 정도 한 후, 다른 과목으로 넘어간다. '교차 효과'를 최대한 사용하기 위해서다. 이때 '유사 억제'를 생각해 관련이 적은 과목을 공부하자. 새 과목도 2세트를 하면, 합쳐서 총 4세트를 한 것이다. 잠시 긴 휴식을 취한 다음, 방금 한 방법으로 다시 공부하자. 이렇게 하면 같은 시간 대비 최대한 많은 내용을 효율적으로 복습할 수 있다. 이러한 복습 과정을 시간 간격을 두고 하자. 간격을 두고 자주 복습할수록 장기기억을 강화한다.

공부를 잘하기 위해서는 예습, 복습, 반복 학습이 꼭 필요하다. 이 3가지가 공부의 핵심 전부라고 해도 과언이 아니다. 이번 목차에서는 최대한 효율적으로 공부하는 방법을 배웠다. 배운 내용을 기초로 삼아 자신에게 맞는 공부법을 찾아내 보자. 기본 개념들을 응용하면 자신만의 스타일을 찾을 수 있다. 아무리 효율적인 방법을 알았다고 해도 노력 없이는 아무것도 이룰 수 없다. 공부는 결국 노력하는 만큼 결과를 얻는다. 공부를 잘하는 사람은 공부 시간이 많은 사람이 아니다. 얼마나 많이 공부하는 것보다 어떻게 공부하는 것이 더 중요하다. 자신에게 맞는 효율적인 공부법을 찾아 원하는 목표를 전부 이루길 바란다.

5

스스로 공부하는 시간을 만들어라

하루에 혼자 공부하는 시간이 얼마나 되는가? 사실 혼자 공부하는 시간을 만든다는 건 대단한 의지력이 필요하다. 하루 종일 학교와 학원에 있다 보면 어느새 에너지는 바닥나 있다. 이런 상황에서 추가로 공부를 결심하는 건 쉽지 않다. 그러나 혼자 공부하는 시간이 없으면, 하루 동안 배운 걸 내 것으로 만들지 못한다. 수업과 강의만 들으면 많이 배운 것처럼 보이지만, 정작 기억으로 남는 건 많지 않다. 수동적으로 공부해서 뇌가 활성화되지 않았기 때문이다. 공부한 내용을 내 것으로 만들기 위해서는 반드시 혼자 공부하는 시간이 필요하다.

실력을 키우려면
이해하는 공부를 해야 한다

공부 잘하는 학생은 혼자 공부하는 시간을 확보한다. EBS 〈학교란 무엇인가〉 제작팀은 메타인지 외에 1가지를 더 조사했다. 바로 수능 성적 상위 0.1%와 평범한 학생들의 공부하는 시간이었다. 제작팀은 상위 0.1% 학생들의 공부 시간이 더 많을 것으로 예상했다. 공부를 잘하는 비결이 시간에만 있지는 않지만, 공부는 잘하기 위해서는 더 많은 노력을 해야 하기 때문이다. 결과는 의외였다. 두 그룹 모두 총 공부 시간은 비슷했다. 두 그룹의 큰 차이는 혼자 공부하는 시간이었다. 상위 0.1% 학생들은 평소에도 혼자 공부하는 데 많은 시간을 썼다. 공부한 내용을 내 것으로 만들기 위해 더 노력한 것이다.[49]

학원에만 의존하면 안 된다. 많은 학생이 학원에서 수업 듣는 것을 공부라 생각한다. 그러나 정작 문제를 풀고, 설명한 건 선생님이다. 학생들은 그걸 보거나 받아 적는 게 전부다. 아직 내 실력이 된 게 절대 아니다. 이건 마치 아르바이트생을 고용해 몸짱이 되려는 것과 같다. 내가 직접 운동하지 않고, 아르바이트생이 대신 운동한다면 아르바이트생만 몸짱이 된다. 내 몸은 그대로다. 학원에 다니는 것이 나쁘다는 게 아니다. 학원만 많이 다니면서 내가 공부를 많이 했다고 착각하는 것이 문제다.

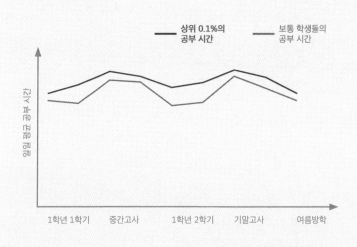

고등학생의 평균 공부 시간

상위 0.1%의
공부 시간

보통 학생들의
공부 시간

월별 평균 시간

1학년 1학기   중간고사   1학년 2학기   기말고사   여름방학

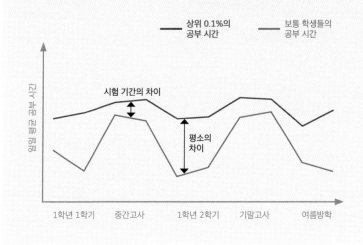

혼자 하는 공부 시간

상위 0.1%의
공부 시간

보통 학생들의
공부 시간

월별 평균 시간

시험 기간의 차이

평소의
차이

1학년 1학기   중간고사   1학년 2학기   기말고사   여름방학

작심으로 가는 8가지 로드맵

상위 0.1% 학생들은 하루에 적어도 3시간은 개인 공부 시간을 갖는다고 한다. 학원을 많이 다녀서 혼자 공부할 시간이 없다면, 학원의 필요성을 다시 생각해 보는 것이 좋다.

혼자 공부하지 않으면 실력을 쌓을 수 없다. 상위 0.1%의 학생들이 메타인지도 높고, 혼자 공부하는 시간도 많은 건 우연이 아니다. 학원은 나의 이해 여부와 상관없이 진도를 나간다. 내가 아직 실력이 부족해도 선생님이 어려운 문제를 해결해 준다. 선생님의 풀이 과정만 보면서 느낌으로는 내가 많이 안다는 착각에 빠진다. 그러나 실제 내 실력은 그대로다. 혼자 공부하다 보면 내가 모르는 부분을 발견한다. 내가 무엇을 모르는지 알게 되면서 메타인지 능력이 올라간다. 나의 부족한 부분 위주로 공부하기 때문에 학습 효율이 높다. 혼자 공부하는 시간이 있어야 나의 약점을 찾고, 극복할 수 있다. 이때 진짜 내 실력이 올라간다.

이해해야 내 것으로 만든다. 상위 0.1% 학생들은 사교육을 전략적으로 활용한다. 학원을 습관적으로 가지 않고, 자신의 부족한 부분만 도움받으러 간다. 필요 없으면 학원에 가지 않고, 혼자 공부하는 시간을 더 확보한다. 공부한 내용을 이해하는 게 더 우선이기 때문이다. 이해하지 못한 채 진도만 나가는 것은 밑 빠진 독에 물을 붓는 셈이다. 시간과 에너지는 많이 쓰지만, 실력은 제자리다. 실력을 키우기 위해선 진도보다 이해가 먼저다. 이해하면서 공부하는 게 처음에는 더 오래 걸리고, 힘들 수도 있다. 그러나 올바른 방향으로 가야 원하는 목적지에 도착하는 것처럼, 공부를 이해하는 방법으로 꾸준히 노력해야 원하는 결과를 얻을 수 있다.

쉽게 설명할 줄 알아야
제대로 이해한 것이다

익숙함의 착각에 속지 말자. 같은 문제를 자주 복습하면 이해했다고 착각한다. 전에 봤던 내용이 얼핏 떠오르기 때문이다. 연습문제만 봐도 답이 B였다는 사실이 떠오르는 건 문제 풀이를 암기한 것이지, 실제로 내가 이해한 것과는 별개다. 이것은 시력 검사표를 외워서 시력 2.0을 받는 것과 같다. 2.0을 받았다고 해서 실제 내 시력이 좋은 건 절대 아니다. 또한 모의시험이나 연습문제를 풀면서 조금만 막히면 정답부터 찾는 것도 마찬가지다. 방법을 고민하지 않고, 풀이 과정만 보면 문제를 풀 수 있다고 착각한다. 그러나 제대로 이해하지 못한 상태로는 문제가 조금만 변형되어도 어려움을 느낄 수밖에 없다. 혼자 하는 공부의 목적은 더 많은 문제를 풀고, 맞히는 게 아니다. 배운 내용을 정확하게 이해했는지 확인하는 것에 집중해야 한다.

'파인만 학습법'으로 이해도를 높여 보자. 노벨물리학상 수

상자인 리처드 파인만Richard Feynman은 이 방법으로 무엇이든 배우고, 이해할 수 있다고 말했다. 파인만 학습법은 4단계로 구성된다. 1단계, 이해하고 싶은 개념 선택하기. 2단계, 자신보다 두 학년 아래를 가르친다 생각하고 설명 적기. 이때 교재에 적힌 내용을 외워서 그대로 쓰지 않아야 한다. 꼭 자기 말로 바꿔 설명해야 한다. 3단계, 설명하다가 어렵거나 막히는 부분을 다시 공부하기. 해당 부분을 막힘없이 설명할 때까지 반복한다. 4단계, 전체 정리하기. 나만의 언어로 정리하면서 최대한 단순하게 설명해 보자. 일상적이고 평범한 단어를 쓸수록 설명은 단순해진다. 쉽게 설명해야 더 명확하게 기억할 수 있다.[50]

　　파인만 학습법의 핵심은 '내 말'로 '쉽게 설명하기'다. 단순히 지식을 외우기만 하면 쉽게 설명할 수 없다. 쉽게 설명하려면 내용 전체를 이해해야 한다. 설명하다가 막히는 부분은 다시 공부하면 된다. 하나씩 점검하며 이해 안 가는 부분을 공략하는 것이다. 이렇게 차츰차츰 이해를 넓혀 나가면 내용 전체를 내 것으로 만들 수 있다. 이때 내 말로 쉽게 풀어서 설명하면 오래 기억할 수 있다. 설명, 예시, 비유를 나만의 방식으로 재구성하며 내 안에 있는 기존 지식과 연결한다. 나만의 지식으로 재생산되어 장기기억에 함께 저장된다. 이처럼 내 말로 쉽게 설명하는 과정은 공부한 내용을 제대로 이해하고, 오래 기억하게 도와준다.

　　질문이 이해를 돕는다. 질문을 이용하면 나만의 논리로 지식을 연결할 수 있다. 예를 들어, 2008년 세계 금융 위기를 공부한다면 '무엇이 원인이었는가?'에서부터 시작한다. 대답이 '서브프라임 모기지 사태'였다면, '서브프라임 모기지는 무엇인가?', '왜 문제가 되었는가?' 등 질문을 이어 나간다. 질문하는 과정에서 답이 막히는 부분이 내가 아직 잘 모르는 부분이다. 이 부분을 공부하면서 빈틈을 채워 나가자. 질문을 이용하면 금융 위기에 대한 복습뿐만 아니라 주요한 사건, 영향을 미친 요소들까지 공부한다. 지식을 하나의 흐름으로 이어 나가면서 전체적인 그림을 완성한다. 하나의 흐름을 만들면 함께 저장되기 때문에, 나중에 인출하기도 쉬워진다.

독서로 나만의 무기를 만들어야 한다

평생 공부 시대에 독서는 필수다. 새로운 지식이 빠르게 나오면서 기존 지식은 금방 낡아 버린다. 수명은 늘어나고 있지만, 지식의 유효 기간은 점점 짧아지고 있다. 이제는 새로운 지식을 스스로 배우지 않으면 점차 뒤처진다. 독서를 통해 새로운 무기를 스스로 개발할 줄 알아야 한다. 독서를 할 때는 다양한 분야의 책을 읽는 게 좋다. 처음에는 모르는 내용이 많아 더 고생할지도 모른다. 그러나 배경지식이 쌓이면 점차 '눈덩이 효과'가 일어난다. 아는 게 점점 많아지면서 새로운 지식을 더 빠르고, 쉽게 흡수한다. 연상 지을 내용이 더 많아졌기 때문이다. 이렇게 여러 분야의 지식이 통합되면 나만의 막강한 무기가 탄생한다.

목적을 가지고 책을 읽자. 일반적으로 독서 하면서 집중, 이해, 기억이 떨어지는 이유는 질문을 충분히 하지 않기 때문이다. 책을 읽기 전에 자신에게 질문하면, 뇌가 해답을 찾기 위해 활성화된다.[51] '왜 이 책을 읽어야 하는가?', '얻고자 하는 지식은 무엇인가?', '배운 것을 어떻게 활용할 수 있는가?', '언제 활용할 것인가?'와 같이 질문을 생각하면서 책을 읽자. 목적을 가졌을 때 뇌는 원하는 정보를 더 빨리 찾는다. 인간은 무언가를 의식하면 더 쉽게 눈에 들어오기 때문이다. 이를 '컬러 배스 효과Color Bath Effect'라고 한다. 1가지 색깔에 집중하면 그 색 물건만 눈에 띄는 현상이다.[52] 목적이 생기니 관련 정보가 보이기 시작하는 것이다.

큰 그림을 생각하면서 읽자. 독서광인 일론 머스크Elon Musk는 큰 그림을 먼저 생각하고 읽어야 한다고 강조한다. 그는 '의미의 나무Semantic Tree'를 활용한다고 한다. 첫째, 핵심 키워드나 메시지를 나무의 큰 몸통으로 생각한다. 그다음, 목차를 통해 가지를 만든다. 마지막으로, 중요한 내용을 나뭇잎으로 구성한다. 머스크는 "큰 그림이 없으면 끝까지 매달려 있는 나뭇잎은 하나도 없을 것"이라고 말했다.[53] 책의 내용을 잊어버리는 이유는 조각난 상태로 받아들이기 때문이다. 지식의 조각들을 큰 그림에 연결해야 한다. 잊지 말자. 기억은 연상으로 저장된다. 책의 내용을 나만의 방식으로 재구성해야 오래 기억하고, 언제든 필요할 때 꺼내 쓸 수 있다.

책의 내용을 글로 정리하자. 마크 트웨인Mark Twain이 말했다. "당신에게 가장 필요로 하는 책은 당신이 가장 많은 생각을 하게 만든 책이다."[54] 독서의 최종 목적은 '생각하는 힘'을 키우는 것이다. 글쓰기는 생각의 확장을 도와준다. 기존에 알고 있던 정보와 새로운 지식을 통합하면서 나만의 생각을 만든다. 전에는 하지 못했던 생각들이 떠오른다. 글쓰기를 통해 사고력이 올라갔기 때문이다. 또한 글쓰기를 할 때 책만 읽는 것보다 장점이 훨씬 더 많다. 독서 전에 생각해둔 질문의 답을 글로 적을 것이라고 생각하면, 읽으면서 더 집중할 수 있다. 글을 쓰면서 능동적으로 생각을 꺼내기 때문에 기억에 더 오래 남는다. 글쓰기를 통해 생각을 정리하면서 책의 내용을 쉽게 내 것으로 만들 수도 있다.

빠른 길보다 바른길로 가는 게 더 중요하다. 아무리 좋은 사교육을 받고, 유명 강사가 가르쳐도 정작 내 것으로 만들지 못하면 아무 소용이 없다. 반드시 혼자 공부하면서 내 것으로 소화해야 한다. 수많은 시간을 쏟아붓고 노력해도, 올바른 방법으로 공부하지 않으면 원하는 결과를 만들기 어렵다. 그러므로 내가 배운 내용을 잘 이해하고 있는지 꼭 확인하면서 공부하자. 내 말로 쉽게 풀어서 설명할 수 있는 내용만이 내가 확실히 이해한 부분이다.

평생 공부 시대에서 독서는 필수가 되었다. 책을 읽을 때는 목적과 큰 그림을 생각하고, 읽은 후에는 내 생각을 글로 정리해 보자. '생각하는 힘'이 커지면서 나만의 강력한 무기가 만들어진다. 공부를 잘하는 최고의 방법은 멀리에 있지 않다. 내 것으로 만들면서 공부하는 게 느려 보여도 가장 빠른 방법이다.

6

시간 관리의 중요성

그리스어에는 시간을 부르는 명칭 2개가 있다. 크로노스Chronos와 카이로스Kairos다.[55] 크로노스는 시계에 표시된 흘러가는 시간이다. 카이로스는 목적을 가진 사람이 누리는 기회 같은 시간이다. 아무 생각 없이 하루를 살면 인생은 크로노스로 채워진다. 넋 놓고 있는 사이에 시간이 감쪽같이 사라져 결국 후회만 남게 된다. 반면 시간을 기회라고 생각하는 사람에게는 카이로스가 찾아온다. 카이로스에 사는 사람들은 시간을 주도적으로 통제해 시간의 주인이 된다. 원하는 목표를 이루기 위해 시간을 낭비하지 않고 산다. 인생은 하루하루가 쌓이면서 만들어 낸 결과물이다. 시간을 다스릴 줄 아는 사람이 원하는 미래도 얻을 수 있다.

하루를 지배하는 사람이
인생을 지배한다

　공부를 잘하는 학생은 시간을 효율적으로 쓴다. 하버드대
학교 교육학의 리처드 라이트Richard Light 교수는 15년간 하버드
대 학생 1,600명을 인터뷰했다. 하버드대 학생 중에서도 성적
이 우수한 학생들의 학습 비결은 시간 관리였다. 이들은 절대
시간을 낭비하지 않았다. 자신의 목표와 일의 중요도에 따라 시
간을 적절히 분배하고 효율적으로 사용했다. 그날 하루의 계획
은 물론, 주간, 월간 계획을 세워 공부했다.[56] 시간은 철저하게
계획해서 관리하는 게 중요하다. 시간이 아무리 많아도 효율적
으로 쓰지 못하면 낭비되기 때문이다. 시간을 잘 관리하는 습관
이 공부를 잘하는 지름길이다.

　To-do list를 만들어 하루를 관리하자. 미국 최고의 비즈니
스 강사 브라이언 트레이시Brian Tracy가 말했다. "일을 시작하기
전 10%의 시간을 들여 먼저 계획을 세운다면, 나머지 90%의
시간 효율을 대폭 끌어올릴 수 있다."[57] 아침에 공부를 시작하
기 전, 하루 동안 무얼 공부할지 계획해 보자. To-do list를 만
들어 공부할 과목, 범위, 얼마나 공부할 것인지(공부 시간), 언제
실행할 것인지, 우선순위 등을 적으면 된다. 달성 가능한 목표
를 구체적으로 적을수록 하루를 성공적으로 마칠 확률이 높아

진다.[58] 이때 꼭 종이에 쓰도록 하자. 한눈에 들여다볼 수 있는 목표여야 꼼꼼하게 지킬 수 있다. 시간 관리의 기본은 하루 계획을 달성하는 것이다.

우선 순위	To-do List	공부 시간	공부 타이밍
1	영어 단어 20개 외우기	30분	방과 후 학원가기 전
2	수학 문제집 3장 풀기	1시간	저녁 먹기 전
3	다음날 학교 숙제	1시간	저녁 먹고 나서
4	독서: 책 10장 읽기	30분	잠들기 전

하루 계획표: To-do List

　　타임시트는 시간을 철저하게 관리할 수 있도록 도와준다. To-do list가 공부'할' 목록이면, 타임시트는 공부'한' 목록을 말한다. 타임시트는 공부 중간에 적어놓는 시간기록표다. 하루를 보내면서 30분~1시간 단위로 내가 한 일들과 사용한 시간을 전부 적는 것이다.[59] 이렇게 기록해 놓으면 오늘 내가 한 일들과 사용한 시간을 정확하게 파악할 수 있다. 작은 시간이라도 줄줄 흘려보낸 시간을 보면 아깝다는 생각이 든다. 다음번에는 최대한 시간을 아끼려는 마음이 생긴다. 낭비된 시간이 많다면 원인을 분석해 앞으로 관리하자. 누구나 실수에서 가장 많이 배우는 법이다. 스스로 피드백하면서 시간에 대한 책임감을 키워 나가야 한다.

스톱워치는 집중력을 끌어올린다. 스톱워치로 내가 진짜 집중한 시간만 재보도록 하자. 집중하다가 잠시 딴생각이 들거나, 화장실에 갈 때는 잠시 꺼둔다. 다시 공부에 집중하기 전에 스톱워치를 킨다. 이렇게 하면 하루 동안 내가 얼마나 제대로 집중했는지 파악할 수 있다. 3시간을 공부했어도, 실제로 집중한 시간은 훨씬 짧을 수도 있다. 내가 집중한 시간을 정확하게 파악해야 미래에 어떻게 집중력을 높일지 계획한다. 몰입한 상태를 '상, 중, 하'로 나눠서 타임시트에 함께 적어 보자. 타임시트에 기록하면 하루에 몰입도는 어땠는지 한눈에 파악할 수 있다. 눈으로 직접 봐야 의식적으로라도 더 많은 '상'을 만들기 위해 더 집중하게 된다.[60]

데드라인은 집중력과 생산성을 높인다

데드라인이 없으면 시간을 낭비한다. 영국의 역사학자 시릴 파킨슨Cyril Parkinson은 어떤 일이든 주어진 시간이 끝날 때까지 늘어지는 현상을 발견했다. 이를 '파킨슨의 법칙'이라고 한다. 어떤 업무를 하루 안에 완성해야 한다고 말했더니, 담당자는 어떻게든 시간 안에 업무를 끝냈다. 같은 업무를 2주의 시간을 주자, 담당자는 시간을 최대한 활용하면서 일을 마쳤다. 똑같은 업무인데도 주어진 시간만큼 늘어지는 것이다. 사람은 시간이 충분하다고 안도감을 느끼면 시간을 필요 이상으로 더 오래 쓰거나, 미루다가 마감 전에 간신히 마친다. 결국 작업을 마치는 시간이 주어진 시간과 같아지는 것이다.[61]

데드라인은 적절한 긴장감과 몰입도를 준다. 마감 시간이 다가오면 뇌에서 '노르아드레날린'이라는 물질을 분비한다. 단기 집중력을 위한 신경전달물질이다. 우리가 흔히 알고 있는 아드레날린이 심장과 근육 쪽에 영향을 미친다면, 노르아드레날린은 뇌와 신경계를 중심으로 활약한다. 데드라인에 가까워질수록 노르아드레날린이 분비되어 멍하니 있던 뇌를 깨운다. 긴장감을 높이고, 강력한 집중력을 발휘하여 일의 효율을 끌어올린다. 다만, 노르아드레날린은 스트레스를 받는 상황에서 나오는 물질이다. 장기적으로 지속되면 피로가 누적되어 오히려 역효과가 난다. 공부 계획 사이에 휴식 시간을 반드시 넣어 뇌가 재충전할 시간을 꼭 주어야 한다.

목표를 세분화하자. 목표를 세우면 언제, 무엇을 해야 하는지 정확하게 알 수 있다. 낭비되는 시간을 최대한 줄이게 된다. 목표는 관리하기 쉬운 작은 단위로 쪼개는 것이 중요하다. 압도당하는 느낌을 피하고, 집중력을 유지하기 쉬워진다. 예를 들어, '6개월간 영어 실력 높이기' 보다는, '주중에는 매일 30분씩 영어 공부, 주말에는 1시간씩 영어 문제지 풀기'와 같이 구체적으로 계획하는 것이 좋다. 목표가 구체적일수록 시간을 효율적으로 써 달성 확률을 높인다. 중장기 목표도 마찬가지다. 목표 달성에 필요한 사항들을 세부적으로 계획해야 한다. 중요도와 데드라인에 따라 순서를 정하고, 작은 목표들을 하나씩 이뤄 나가면 어떤 목표도 달성할 수 있다.

현실적인 시간 계획이 필요하다. 현실적인 데드라인과 목표를 세우기 위해서는 내가 얼마만큼의 시간이 필요한지 아는 게 중요하다. 달성하지 못할 계획을 세우면 실패했다는 생각에 동기부여만 줄어든다. 과거 자신이 썼던 시간을 되돌아보면서 얼마만큼의 시간이 필요한지 파악하자. 정확하게 아는 만큼 구체적으로 계획할 수 있다. 인간은 하루에 쓸 수 있는 에너지 총량이 정해져 있다.[62] 공부를 시작하기 전에 친구들과 놀고, 핸드폰부터 한다면 정작 공부에 쓸 에너지가 없다. 따라서 시간 계획도 자신의 에너지양을 생각하면서 짜야 한다. 아무리 현실적으로 계획을 세웠다고 해도 이미 에너지가 바닥나 버리면 학습 효율이 떨어질 수밖에 없다. 원하는 목표를 이루려면 상대적으로 덜 중요한 것들은 포기할 줄도 알아야 한다.

우선순위,
중요한 일이 급한 일보다 우선이다

공부 성과의 80%는 집중하는 시간 20%에서 나온다. 이탈리아 경제학자 빌프레도 파레토Vilfredo Pareto는 원인의 20%가 전체 결과의 80%를 만든다는 것을 발견했다. 이를 '파레토 법칙'이라고 한다.[63] 사람마다 집중력을 최대로 발휘하는 시간대가 다르다. 어떤 사람은 아침 일찍일 수도 있고, 늦은 저녁인 사람도 있다. 파레토 법칙에 의하면 하루 종일 책을 붙잡고 있는 것보다, 집중이 잘되는 시간에 중요한 공부 하는 게 더 효율적이다. 집중력이 떨어지는 시간에는 운동이나 집안일 같이 상대적으로 머리를 덜 써도 되는 일을 하자. 집중이 잘 되는 시간을 효율적으로 활용하면 전체 공부의 80%를 마칠 수 있다.

우선순위를 정해야 한다. 적은 시간으로 최대의 효율을 만들기 위해서는 일의 우선순위를 파악하는 게 중요하다. 미국의 34대 대통령 드와이트 아이젠하워Dwight Eisenhower는 '긴급성'과 '중요성'을 기준으로 우선순위를 나누라고 말한다. 이를 '아이젠하워 매트릭스'라고 한다. '급한 일'은 즉시 해야 하는 것으로, 기한 안에 처리하지 못하면 명확한 결과가 나타난다. '중요한 일'은 당장 하지 않아도 되지만, 장기적인 목표에 도움이 되는 일이다.[64] 이때 머리로만 생각하지 말고, 종이에 꼭 적어 보

자. 눈으로 직접 봐야 어떤 일에 시간을 써야 하는지 파악할 수 있다. 하루나 1주일로 기간을 정해서 다시 계획하면 시간을 더 효율적으로 사용할 수 있다.

	급한 일	급하지 않은 일
중요한 일	**1. 먼저 한다** 오늘 끝내야 할 숙제 배운 내용 혼자 공부하기 내일 수업 준비 및 예습	**2. 계획한다** 운동하기 간격을 둔 복습 이번 학기 필독서 읽기 방학 프로젝트 하기
중요하지 않은 일	**3. 도움을 받는다** 쇼핑하기 음식 만들기 집안 청소하기 선생님께 파일 보내기	**4. 하지 않는다** SNS 및 인터넷 보기 친구들과 노는 약속 단순한 시간 때우기

아이젠하워 매트릭스

급한 일보다는 중요한 일에 시간을 써야 한다. 1번과 4번은 크게 걱정할 필요 없다. 시험공부같이 중요하고, 급한 일은 누구나 제일 먼저 한다. 중요하지도, 급하지도 않은 일은 우선 순위에서 가장 마지막이다. 문제는 2번과 3번이다. 대부분은 급한 일을 처리하느라 중요한 일을 미룬다. 급한 불부터 끄다 보니, 미뤄뒀던 중요한 일이 다시 급한 일로 찾아온다. 매일 쫓기듯 일을 처리하기 때문에 생산성이 떨어진다. 이처럼 2번에 더 집중해야 미래에 1번 항목이 줄어든다. 3번은 급하지만, 덜 중요한 일이다. 대부분 내가 직접 하지 않아도 되는 것일 확률이 높다. 그러니 3번 항목들은 다른 사람의 도움을 받도록 하자. 그 시간에 나는 중요한 일들을 해결하자. 중요한 일이 말 그대로 나에게 더 중요하다.

목표를 달성하려면 중요한 일을 해야 한다. 대부분은 시간이 남으면 중요하지 않은 일을 하는 경우가 많다. 예를 들어, 배운 내용을 복습하거나 독서보다는 인터넷이나 핸드폰을 하는 것이다. 보통 중요하지 않은 일들이 더 쉽고, 재미있다. 당장 나에게 쾌락과 보상을 준다. 반면 중요한 일들은 시간과 에너지를 많이 써야 한다. 결과도 바로 보이지 않는다. 그러나 궁극적인 목표 달성과 행복은 중요한 일을 하느냐에 달려 있다. 남는 시간 동안 중요한 일에 더 집중한 사람과 그렇지 않은 사람의 차이는 계속해서 더 벌어질 수밖에 없다. 지금 당장 결과가 눈으로 보이지 않아도 실력은 분명 쌓이고 있다. 나의 경쟁력은 중요한 일을 하면서 생긴다.

시간은 공평하다. 누구나 하루에 같은 24시간이 주어진다. 더 원한다고 가질 방법도 없다. 같은 조건임에도 목표를 이루는 사람과 그렇지 못하는 사람이 있다. 이들의 차이는 주어진 시간을 어떻게 사용했느냐다. 시간을 낭비하면 당장은 별거 아닌 것 같이 보인다. 시간을 효율적으로 쓴 사람 사람과도 별로 차이가 없어 보인다. 그러나 이런 차이가 매 순간 누적되어 하루가 되고, 결국 내 인생이 만들어진다. 다행히도 우리에게는 매번 인생을 바꿀 기회가 찾아온다. 내가 다르게 살기로 마음먹고, 실천하기만 하면 된다. 지나간 시간은 되돌릴 수 없지만, 앞으로의 시간은 내가 선택할 수 있다. 내게 주어진 앞으로의 시간을 어떻게 사용하느냐에 따라 미래의 내 인생이 바뀐다. 하루를 소중히 다루면, 시간도 나에게 은혜로 보답할 것이다.

7

스트레스와 부정적인 생각을 지워라

인간의 뇌는 부정적인 생각을 하도록 만들어졌다. 우리가 하루 동안 하는 수많은 생각 중 무려 80%가 부정적인 것들이라고 한다. 그러나 부정적인 생각은 공부에 나쁜 영향을 미친다. 연구에 의하면 공부할 때 얻은 정보와 그 당시의 감정도 함께 기억된다고 한다. 부정적 감정인 상태로 공부하면 스트레스호르몬이 나와 장기기억으로 저장하는 과정을 방해한다.[65] 살면서 스트레스나 부정적인 감정이 드는 건 내가 선택할 수 없지만, 이를 내 의지로 다스릴 수 있는 방법은 존재한다. 부정적인 생각을 흘려보내야 공부에 더 집중하고, 학습 효율을 높일 수 있다. 이번 목차에서는 마음에 여유 공간을 만들고, 긍정적인 생각으로 채우는 방법을 배워 보려고 한다.

명상:
마음을 다스리는 데 가장 효율적인 방법

명상은 뇌를 업그레이드한다. 오리건대학교 심리학과의 마이클 포스너Michael Posner 교수팀은 명상이 뇌 구조를 변형시킨다는 사실을 발견했다. 80명을 대상으로 검사한 결과, 일주일 동안 명상한 사람의 경우 전측 대상피질의 활동이 증가했다. 전측 대상피질은 두뇌에서 주의 집중력과 자기 조절력 기능을 담당한다. 한 달째에는 전측 대상피질의 백색질 구조가 변형되었다. 명상을 통해 뇌가 물리적으로 변화한 것이다. 명상은 근육 운동같이 하면 할수록 감정과 통증을 조절하는 뇌 부위를 강화한다. 신경세포(뉴런)에 붙어있는 '미엘린'이 두꺼워지면서 신경 신호를 더 빠르고, 안정적으로 전달한다. 자기조절을 담당하는 뇌 부위의 신경을 더 강화하고, 안정화하면서 스트레스가 줄어들게 된다.[66]

명상은 삶을 바꾸는 힘을 가지고 있다. 우리 뇌는 항상 바쁘게 돌아간다. '이제는 무슨 일을 해야 하지?', '이번 시험은 정말 잘 봐야 하는데' 등 끊임없는 생각과 걱정이 머릿속에 가득하다. 보통은 생각하고 있다는 사실조차 모르고 하루를 보낸다. 알게 모르게 에너지를 계속해서 쓰고, 피로가 회복되지 않는다. 명상은 생각을 내려놓고 뇌를 쉬게 한다. 지친 뇌가 쉬면서 머리가 맑아진다. 이로 인해 머리가 쉽게 피로해지지 않아 집중하는 시간이 길어진다. 시간을 더욱 효율적으로 사용할 수 있게 되고, 판단력 또한 좋아진다. 실수가 줄어들고 감정에 휘둘리지 않게 되어 불필요한 스트레스를 줄인다. 좋은 결과를 만들 확률이 높아지는 것이다.

성공한 사람 대부분이 명상한다. 《타이탄의 도구들》의 저자로 유명한 팀 페리스Tim Ferriss는 세계 최고의 성공을 거둔 사람 200명을 인터뷰했다. 이들의 공통점 1위는 '명상'이었다. 자기 분야에서 최정상에 오른 사람의 80% 이상이 매일 아침 자신만의 방식으로 명상을 실천했다. 페리스는 인간의 모든 능력을 키우는 데 명상이 큰 역할을 한다고 강조한다.[67] 명상은 스트레스나 압박감이 심한 상황에서도 평정심을 유지할 수 있도록 도와준다. 명상하고 나면 스트레스가 사라지고, 판단력이 올라간다. 중요한 결정을 해야 하는 상황에서 창의력을 발휘해 새로운 가치를 만들어 낸다. 성공한 사람들이 명상을 빠지지 않고 하는 이유다.

명상은 꾸준히 해야 효과를 본다. 대부분 명상을 시도하지만 끝내 자신의 것으로 만들지 못한다. 그 이유는 결과를 단숨에 보고 싶어 하기 때문이다. 조금은 마음을 가라앉히고, 하루에 5분이라도 꾸준히 하는 것이 좋다. 명상은 정신 근육을 단련하는 것과 같다. 꾸준히 실천하지 않으면 좋은 효과를 계속 누리지 못한다. 명상이 쉽게 느껴지는 날도 있지만, 어렵게 느껴질 때도 있다. 매번 어떤 느낌이 들든지 상관하지 않고 그대로 받아들이는 것이 중요하다. 명상이 당장 기분을 확 바꿔줄 거란 기대가 오히려 명상과 멀어지게 한다. 그러니 의심하지 말고 짧은 시간이라도 꾸준히 하자. 몸과 마음의 변화는 분명히 일어나고 있다.

명상법: 호흡에 집중하며 감정 다스리기

명상의 기본은 호흡이다. 우선 편한 자세를 한 채 눈을 감고, 자신의 호흡에 의식을 집중한다. 숨을 들이마셨을 때 숨이 몸의 어느 부위로 들어가는지 느껴 보자. 가슴, 어깨, 횡격막, 또는 배일 수도 있다. 특별한 호흡법에 신경 쓰지 않고, 그저 내 호흡에만 의식을 집중한다. 몸은 이미 편하게 숨 쉬는 법을 알고 있다. 이렇게 1~3분간 점점 더 깊어지는 호흡을 관찰한다. 호흡에 집중하면 '지금 여기'에 의식을 집중할 수 있다. 호흡에 집중해야 하니 잡념을 잠시 내려놓을 수밖에 없다. 머릿속에 다시 생각들이 떠오르면 이를 알아차리고, 호흡에 다시 의식을 집중하자. 평소에도 이렇게 원하는 만큼 호흡을 가다듬으면 뇌가 휴식을 취하게 된다.

호흡에 집중하기 위해 '소함' 명상법을 사용하자. 간단하다. 숨을 들이쉬면서 '소~', 내쉬면서 '함~'이라는 말을 호흡에 맞춰 마음속으로 반복하는 것이다. 호흡에 집중하려고 해도 자꾸 다른 생각이 들 때 사용할 수 있는 유용한 방법이다. '소'는 숨을 마실 때 나는 소리, '함'은 내쉴 때 나는 소리와 비슷하다. 호흡에서 나오는 소리와 유사한 '소함'은 호흡에만 집중하도록 도와준다. 명상 중에 다른 생각이 나는 것을 알아차리면, '소함'을 생각하며 호흡에 다시 의식을 집중하자. '소함'은 고대 인도어인 산스크리트어로 '모든 것은 나'라는 뜻이다. 마음속으로 '소함'을 말하는 것은 '태양, 하늘, 대지, 우주 등 모든 것들이 나와 하나로 연결되어 있다'라고 말하는 것과 같다.[68]

명상은 짧게는 3분에서 길게는 20분 정도 한다. 시간과 집중이 허락하는 만큼 하면 된다. 명상이 끝나면 몸과 마음이 느끼는 감정과 기분을 음미하는 시간을 가져 보자. 10초 정도여도 된다. 바쁜 하루를 보내면서 평소 느껴보지 못한 여유와 차분함이 온몸을 감싼 기분이다. 그 기분을 유지하려고 하면 하루를 더욱 풍요롭게 살 수 있다. 명상 후 이런 시간을 가져야 다시 명상하고 싶은 마음이 커진다. 방금 한 명상을 '좋았다, 나빴다'라고 평가하지 말자. 결과와 기대에 집착하지 않아야 더 좋은 효과를 얻는다. 명상 후의 상태를 공부, 일, 인간관계, 일상생활에 적용하면 명상의 효과를 더욱 누릴 수 있다.

심신의학의 일인자 디팩 초프라Deepak Chopra 박사는 명상

전에 3가지 질문하기를 추천한다. '나는 누구인가?', '내가 진정으로 원하는 것은 무엇인가?', '내 인생의 목적은 무엇인가?' 이렇게 질문한 다음 명상하는 것이다.[69] 명상 중에는 질문의 답을 찾으려고 노력하지 않아도 된다. 그때그때의 상황에 맞는 대답이 자연스럽게 찾아올 것이다. 매일 대답이 달라져도 괜찮다. '오늘은 이런 답이 왔구나'하고 그저 받아들이면 된다. 우리는 보통 바쁜 하루를 살아가느라 삶의 목적을 잊고 산다. 명상 전에 질문을 하면, 삶의 목적과 잊고 지내던 소중한 것들을 다시 떠올릴 수 있다. 목적과 함께 살아가는 듯한 감정과 기분이 들어 본질을 추구하는 삶을 살아갈 수 있다.

긍정적인 생각이 긍정적인 결과를 만든다

결과는 선택에 따라 바뀐다. 세계적인 심리치료사 앨버트 엘리스Albert Ellis 박사는 일어난 사건의 결과가 자기 생각에 따라 바뀌는 현상을 발견했다. 이를 'ABC 모델'이라고 한다. A는 선행 사건Activating Event, B는 신념Belief, C는 결과Consequence를 의미한다. 예를 들어, 시험을 망친 두 학생이 있다고 가정해 보자. 이때 한 학생은 '나는 공부 머리가 없나 봐. 열심히 노력해도 안 되네. 여기까지가 한계일지도 몰라'라고 생각한다. 다른 학생은 '내가 주의 깊게 공부하지 않았나 봐. 많이 공부했다고 생각했는데, 정작 시험에서는 생각이 안 나네. 다음번에는 제대로 공부해야겠다. 그럼 더 좋은 성과를 낼 수 있을 거야'라고 생각한다.[70] 두 학생 중 결국 공부를 잘하게 될 학생은 누구일까?

두 학생 모두 시험을 망쳐 괴로운 건(A) 같으나, 결과(C)는 정반대다. 첫 번째 학생은 부정적인 감정(B)으로 인해 자신도 모르게 자포자기했다. 열심히 공부해도 안 된다는 생각에 다음번 시험도 망칠 가능성이 크다. 반면 두 번째 학생은 비록 원하는 결과는 못 얻었지만, 상황을 긍정적으로 해석했다(B). 자신의 공부 방법을 지적하고, 다음번엔 더 잘할 수 있다는 자신감을 얻었다. 다음 시험에서 정말로 더 나은 성과를 만들어 낼 확률이 높다. 이처럼 결과(C)는 선행 사건(A) 때문이 아니라 가치관이나 태도와 같은 신념(B)에 따라 바뀐다. 아무리 어려운 상황이어도 긍정적으로 생각하고, 적극적으로 행동하면 반전의 기회를 만들어 낼 수 있다. 우리가 해야 할 것은 긍정적인 시각과 마음가짐을 '선택'하는 것이다.

아무리 긍정적으로 생각하려고 해도 부정적인 생각을 떨치기 어려운 상황이 있다. 이때 엘리스 박사는 'D'를 제안한다. D는 논박Dispute이다. 부정적인 생각에 대해 합리적으로 반박하는 것이다. 예를 들어, 이번 시험을 망치면 '인생 끝'이라고 생각하는 학생이 있다고 하자. 이 학생의 경우, '정말로 '인생 끝'

인가? 시험을 못 보면 기분은 안 좋겠지만, '인생 끝'이라는 생각은 너무 심했다. 시험 한 번 망쳤다고 내가 정말 쓸모없는 사람인가? 아니, 누구나 실수할 수 있고, 다시 일어나 도전하면 된다. 오히려 이런 걱정이 내 공부를 더 방해하는걸? 지금 내가 할 수 있는 최선을 다하자'라고 이성적으로 반박하는 것이다(D). 이로 인해 스스로 문제를 지나치게 부풀려 자신을 겁주고 있었음을 깨닫는다.

인간은 본능적으로 부정적인 곳에 정신을 집중한다. 그러나 우리는 원하는 곳에 집중하도록 선택할 수도 있다. 정신을 부정에 집중하면 좌절을 만나지만, 긍정에 집중하면 성장의 기회를 만난다. 긍정적인 사람은 처한 상황을 얼마든지 극복할 수 있다고 믿는다. 마음의 여유를 가지고, 실패 경험에서 교훈을 얻어 자신을 더욱 성장시킨다. 그러니 공부하면서 만나는 어려움을 긍정적으로 바라보는 것이 필요하다. 어려움을 마주쳤다는 것은 오히려 성장할 기회를 만났다는 뜻이다. 자신이 성장했음을 느끼는 것만큼 보람차고, 재미있는 것은 없다. 어려움을 만나도 결과는 내 가치관과 태도에 따라 달라진다. 긍정적인 결과가 나올지, 부정적인 결과가 나올지는 내가 마음먹기에 따라 달려 있다.

인간의 잠재력은 무궁무진하다. 나의 잠재력을 가로막는 것은 오직 나 자신뿐이다. 내가 할 수 없다고 생각하면 정말 할 수 없게 된다. 반대로, 나 자신을 믿으면 결국엔 해낼 수 있다. 내가 어떤 생각을 선택하느냐에 따라 삶과 결과가 바뀐다. 부정적인 감정들은 나에 대한 불신만 키운다. 쓸데없는 걱정과 스트레스를 만들어 목표에서 더 멀어지게 한다. 부정적인 감정이 생기는 것은 내가 통제할 수 없지만, 그 감정을 어떻게 대처하는지는 내가 선택할 수 있다. 내 안의 잠재력을 끌어내려면 생각과 감정들을 다스리는 방법을 알아야 한다. 내 안에 긍정적인 생각과 감정이 가득 찰 때 행복한 삶과 좋은 결과가 따라온다.

8

공부할 수밖에 없는 환경을 만들어라

《손자병법》에는 '선승구전'이라는 말이 나온다. 이길 수 있는 상황을 만들어 놓고 싸우면 무조건 승리한다는 뜻이다. 공부와의 싸움도 마찬가지다. 공부에 유리한 상황을 만들면 무조건 승리할 수 있다. 인간의 절제력은 약하고, 하루에 쓸 수 있는 에너지양도 한정되어 있다. 이 때문에 절제력을 가장 현명하게 사용하는 방법은 아예 사용하지 않는 것이다. 절제력을 사용하지 않는 환경을 만드는 것이 매번 유혹과 싸우는 것보다 더 절제하기 쉽다. 이처럼 공부에 집중하는 환경을 만들면 참으면서 공부하는 것보다 더 쉽게 집중할 수 있다. 억지로 공부할 때보다 더 즐길 수 있다. 공부에 유리한 환경을 만드는 것이 공부와의 싸움에서 승리로 이끄는 열쇠다.

공부에 유리한 환경:
집중할 수 있는 환경

공부 잘하는 학생은 집중하는 환경을 만들고 공부한다. 하버드대학교 교육학의 리처드 라이트Richard Light 교수는 하버드대 학생 1,600명을 관찰했다. 그는 시간 관리 외에도 성적이 우수한 학생들의 공통적인 습관을 발견했다. 바로 공부에 방해받지 않는 환경을 만들고 공부하는 것이었다. 이들은 학교에서 돌아와 제일 먼저 전자기기부터 껐다. 2~3시간 동안 스마트폰과 TV를 끄고 자신만의 공부 시간을 가졌다. 운동이나 웹서핑 같은 과외활동은 공부 시간 이후에 했다. 최적의 공부 환경을 만드는 것이 공부 효율에 중요하기 때문이다.[71]

이전 목차에서 배운 내용을 활용하면 집중하는 환경을 만들 수 있다. 포모도로 기법은 정해놓은 시간 동안 최대한 집중하도록 도와준다. 데드라인을 세우면 파킨슨의 법칙에 따라 시간을 더욱 효율적으로 쓰게 된다. 인간의 뇌는 여러 가지를 동시에 할 때보다, 하나의 일에 몰입할 때 더 높은 효율을 낸다.[72] To-do list와 우선순위를 활용하면 내가 집중해야 하는 일을 명확하게 알 수 있다. 또한 스톱워치를 사용하면 매 순간 집중력이 올라간다. 이처럼 여태까지 배운 다양한 기법을 자유자재로 다루면서 자신에게 가장 적합한 공부 환경을 찾아보자. 자신이 어떤 환경에서 가장 집중할 수 있는지 알면 학습 효율을 쉽게 높일 수 있다.

공부하기 좋은 환경을 만들기 위해서는 집중을 방해하는 요소를 없애야 한다. 런던정경대학교의 루이스-필립 벨란드 Louis-Philippe Beland 교수는 영국 학생 13만 명을 대상으로 실험을 했다. 그는 스마트폰 사용 금지 전과 후의 시험 성적을 비교했다. 실험 결과, 스마트폰을 금지한 후 학생들의 성적이 6.4% 올랐다. 성적이 낮은 학생의 경우 무려 14%나 올랐다. 벨란드 교수는 "스마트폰 사용이 메시지나 게임, 채팅 등의 유혹에 따른 주의력 산만 등으로 학습에 유해하다."라고 말했다.[73] 또한 공부하는 도중에 스마트폰 알림을 받으면 몰입이 깨진다. 한 연구에 따르면 몰입이 한 번 깨지면 다시 몰입하는 데 20분 이상 걸린다고 한다.[74] 스마트폰 사용은 공부의 집중을 방해하고 학습 효율을 떨어트리는 가장 큰 원인이다.

스마트폰을 사용하는 행동이 공부에 방해가 된다면, 무음으로 가지고 있는 건 괜찮다고 생각할지도 모른다. 그러나 미국 럿거스대학교 연구팀에 의하면 그렇지 않다. 연구에 따르면 스마트폰을 가지고 수업을 듣는 것만으로도 성적이 5% 떨어졌다.[75] 실제 사용하지 않아도 연락이 왔을지도 모른다는 기대감에 뇌가 집중력을 잃어버리기 때문이다. 확인하고 싶은 생각이 들 때마다 절제하려고 노력하는 것만으로도 뇌는 정신 에너지를 사용한다. 몇 초도 안 되는 작은 행동이라고 생각할지 모른다. 그러나 이러한 행동 하나하나가 모여 결과의 큰 차이를 만든다. 처음부터 스마트폰 자체에 신경을 안 써도 되는 환경을 만드는 것이 중요하다.

전자기기 사용을 줄이기: 도파민 수치 조절하기

'도파민'은 목표를 이루는 데 가장 중요한 뇌의 신경전달물질이다. 도파민은 동기부여에 큰 영향을 끼친다. 우리가 즐거운 일이나 성취감을 경험하면 도파민이 분비되어 행복감을 느낀다. 뇌는 이 기분을 기억해 두고, 다시 느끼기 위해 행동을 반복한다. 이를 '보상회로'라고 한다. 도파민 덕분에 우리는 목표를 이루고 싶은 마음이 든다. 아무리 힘들어도 고생한 후에는 노력의 대가로 성취감이 기다린다는 것을 알기 때문이다. 어떤 보상이나 목표를 이루려면 인내하고 노력하는 과정이 필요하다. 그러나 요즘엔 별다른 노력 없이도 즉각적으로 도파민을 쉽게 얻는다. 이 때문에 고생 후에 얻는 성취감에 대한 동기부여가 점차 사라지는 것이다.

전자기기가 공부의 흥미를 떨어트리는 원인이다. 우리 뇌는 비정상적으로 높은 도파민에 매일 노출되어 있다. 메시지,

SNS, 게임 같은 활동들은 높은 도파민을 만든다. 높은 도파민에 계속 노출되면 뇌가 도파민에 중독된다. 더 많은 도파민을 얻기 위해 전자기기를 사용하고 싶은 욕구가 계속해서 생긴다. 실제로 알림이 오지 않아도 우리가 끊임없이 핸드폰을 확인하는 이유다. 알림이 왔을지도 모른다는 생각이 들면서 보상이 있을 거라고 기대하기 때문이다. 문제는 이러한 환경에 지속해서 노출되면 우리 뇌는 도파민에 대한 내성이 생긴다. 공부나 운동같이 상대적으로 낮은 도파민을 주는 활동들은 지루하다고 느낀다. 많은 시간과 노력을 들임에도 낮은 도파민을 주는 공부에 대한 흥미가 점차 사라진다.

도파민 수치를 정상으로 만들어야 공부가 재미있어진다. 다행인 점은 우리 몸은 균형을 이루려는 성질을 가지고 있다. 도파민이 과하게 분비되면 우리 몸은 다시 정상으로 돌아가려고 한다. 도파민 수치를 정상으로 만들기 위해서는 '도파민 디톡스'가 필요하다. 높은 도파민 활동들을 끊어야 한다는 뜻이다. 그러나 요즘 같은 시대에 전자기기를 아예 안 쓰고 살 수는 없다. 그 대신 일주일에 하루를 정해, 그날은 전자기기를 아예 끊는다면 도파민 수용체가 다시 회복된다. 높은 도파민을 주는 활동이 아닌 공부, 운동, 명상 등은 해도 된다. 그날은 살짝 지루하다고 느낄 것이다. 그게 핵심이다. 지루했던 일들이 다시 재미있다고 느껴질 정도가 되어야, 생산적인 활동들에 흥미가 다시 생긴다.[76]

도파민의 보상회로 시스템을 공부에 유리하게 활용하는 방법이 있다. 공부나 운동같이 힘든 일을 한 후에 자신에게 일종의 보상으로 높은 도파민 활동을 하는 것이다. 이때의 핵심은 하루를 마치고, 힘든 일을 다 한 후에 해야 한다. 높은 도파민 활동을 먼저 하면, 공부같이 낮은 도파민 활동을 하고 싶은 동기부여가 없어진다. 반면 힘든 일을 마친 후에 보상을 주면 뇌에서는 이 사실을 기억한다. 힘든 일 후에 보상이 따른다는 생각이 들어 다시 공부하도록 동기부여를 준다. 이처럼 도파민 자체는 나쁜 것이 아니다. 사용하기에 따라 목표를 이룰 수 있도록 동기부여를 주기도, 목표에 방해가 되기도 한다. 모든 건 내 선택에 달려 있다.

만다라트 기법: 목표 달성을 위한 환경 만들기

《당신의 뇌는 최적화를 원한다》의 저자 가바사와 시온은 도파민을 이용해 목표를 달성하는 방법을 7단계로 소개한다. 1단계, 명확한 목표를 세운다. 2단계, 목표를 이룬 자신을 구체적으로 상상한다. 3단계, 목표를 자주 확인한다. 4단계, 즐겁게 실행한다. 5단계, 목표를 달성하면 자신에게 상을 준다. 6단계,

즉시 '더 높은 목표'를 새롭게 세운다. 7단계, 1~6단계를 반복한다.[77] 우리 뇌는 도전을 좋아한다. 도전을 계획할 때와 달성할 때 도파민이 나와 행복감을 준다. 도전을 꾸준히 즐기려면 단기간에 이룰 수 있는 작은 목표들을 세워 자주 달성하면 된다. 쉬운 도전에서 시작해 조금씩 난이도를 높여 나가면 꾸준히 성장할 수 있다. 이 과정을 반복하면서 목표를 하나씩 달성하다 보면, 결국 원하는 목적지에 도착할 수 있다.

목표는 시각화하여 자주 봐야 한다. 우리 뇌는 과거의 '경험'과 미래의 '상상'을 구별하지 못한다. 목표를 자주 보고, 구체적으로 상상하면 미래의 일을 '상상'하는 게 아니라 '경험'하게 된다. 미래의 목표를 이미 이루었다고 뇌를 속이는 것이다. 뇌는 목표가 실제로 이루어졌을 때 생기는 신경 경로를 만들기 시작한다. 이렇게 만들어진 새로운 신경 경로는 실제 목표를 달성하는 데 도움을 준다. 또한 시각화로 목표를 자주 보면 뇌는 생존에 꼭 필요한 정보라고 판단한다. 목표에 관련된 이미지들을 장기기억으로 만들어 머릿속에 각인시킨다. 어느 순간, 목표를 이미 이룬 사람처럼 잠재의식을 바꾸고 행동하기 시작한다. 이로 인해 더 많은 자신감과 동기부여를 얻어 노력하는 과정을 즐기게 된다. 성공한 많은 사람들이 목표를 시각화하여 자주 봤다고 말하는 이유다.

만다라트 기법은 목표 달성을 유도하는 힘을 준다. 만다라트Mandalart는 '목표를 달성하는 기술'이라는 뜻이다. 이 기법은

몸 관리	영양제 먹기	FSQ 90kg	인스텝 개선	몸통 강화	축 흔들지 않기	각도를 만든다	위에서부터 공을 던진다	손목 강화
유연성	몸 만들기	RSQ 130kg	릴리즈 포인트 안정	제구	불안정함 없애기	힘 모으기	구위	하반신 주도
스태미너	가동력	식사 저녁 7숟갈 아침 3숟갈	하체 강화	몸을 열지 않기	멘탈을 컨트롤	볼을 앞에서 릴리즈	회전수 증가	가동력
뚜렷한 목표·목적	일희일비 하지 않기	머리는 차갑게 심장은 뜨겁게	몸 만들기	제구	구위	축을 돌리기	하체 강화	체중 증가
핀치에 강하게	멘탈	분위기에 휩쓸리지 않기	멘탈	8구단 드래프트 1순위	스피드 160km/h	몸통 강화	스피드 160km/h	어깨주위 강화
마음의 파도를 만들지 않기	승리에 대한 집념	동료를 배려하는 마음	인간성	운	변화구	가동력	라이너 캐치볼	피칭 늘리기
감성	사랑받는 사람	계획성	인사하기	쓰레기 줍기	부실 청소	카운트볼 늘리기	포크볼 완성	슬라이더 구위
배려	인간성	감사	물건을 소중히 쓰자	운	심판을 대하는 태도	늦게 낙차가 있는 커브	변화구	좌타자 결정구
예의	신뢰받는 사람	지속력	긍정적 사고	응원받는 사람	책읽기	직구와 같은 폼으로 던지기	스트라이크 볼을 던질 때 제구	거리를 상상하기

야구선수 오타니 쇼헤이의 만다라트 활용법

일본의 괴물 투수라 불리는 오타니 쇼헤이가 사용하면서 대중
화되었다. 오타니는 고등학교 시절 '8구단 드래프트 1순위'라는
꿈이 있었다. 그는 만다라트 기법을 이용해 꿈을 이루는 단계를

구체적으로 계획했다. 작은 목표들을 하나씩 달성하면서 자신의 꿈에 한 발 더 가까워졌다. 오타니는 한 인터뷰에서 지금처럼 야구를 할 수 있었던 이유는 만다라트를 항상 가지고 다니면서 목표를 계속 상기시켰기 때문이라고 말했다.[78] 그는 '멘탈', '인간성', '운'과 같은 마음가짐까지도 목표로 만들었다. 결국 실력과 인성을 모두 갖춘 세계적인 투수로 성장할 수 있었다.

만다라트 기법은 원하는 목표에만 집중할 수 있게 도와준다. 만다라트 기법은 작은 목표들로 구성되어 있어 실행에 대한 부담이 적다. 작은 성공을 자주 달성하기 때문에 할 수 있다는 자신감과 동기부여를 키울 수 있다. 또한 한눈에 볼 수 있다는 장점이 있다. 목표를 보면서 결심과 다짐을 자주 상기시켜 꾸준히 노력하게 만든다. 이미 달성한 목표들을 보며 성취감을 얻고, 실력이 늘고 있다는 것을 눈으로 직접 확인한다. 다음 목표를 눈으로 보기 때문에 어디에 집중해야 하는지 정확하게 알 수 있다. 이러한 과정이 반복되면 계획을 실천하는 습관이 생긴다. 습관이 한 번 자리 잡으면 의식하지 않아도 항상 목표 달성에 필요한 마음가짐과 행동을 한다. 딴생각하지 않고, 내가 나아가야 하는 방향을 계속 바라볼 수 있도록 도와주는 것이다.

동기부여 강연가 짐 론Jim Rohn은 말한다. "모든 사람은 2가지 고통 중 하나를 선택해야 한다. 절제의 고통 혹은 후회의 고통 중에서 말이다."[79] 미래의 내가 후회 속에서 고통받지 않으려면 현재의 내가 절제해야 한다. 하지만 인간의 절제력은 한정되어 있다. 절제를 도와주는 환경을 만드는 것이 매번 절제하는 것보다 더 현명하다. 오늘의 고통을 참고 노력하면 미래에는 원하는 목표를 반드시 이룰 수 있다. 반대로, 지금의 쾌락을 선택하면 미래에는 후회의 고통이 따라온다. '어제의 나'를 이기는 위대한 사람이 되려면 '지금의 나'는 절제할 줄 알아야 한다. 목표에 집중할 수 있는 환경을 만들어 '어제의 나'를 이기고, 원하는 꿈을 이루길 바란다.

지구상에 단 1명이라도 성공했다면
나라고 못 할 게 어딨나?

2장을 읽고 나면 이런 의문이 들지도 모른다. '좋은 내용인 건 알겠지만, 이걸 실제로 써먹을 수 있는 거 맞아?', '이 방법을 써도 실력이 안 늘면 어떻게 하지?' 그런 마음 충분히 이해한 다. 나도 예전에는 그냥 열심히만 공부하는 게 전부라고 생각했 다. 효율적인 공부법이 있어도 그저 이론적인 것이라고 생각했 다. 하지만 나는 2장의 내용을 실전에서 쓸 수 있다고 자신 있 게 말할 수 있다. 내가 직접 이 방법들을 사용해 CFA 자격증의 최연소 합격자가 될 수 있었기 때문이다.

처음 CFA 시험을 치기로 마음먹은 계기는 단순했다. 대학 시절, 싱가포르에서 온 친구가 말하길 예전에 어떤 사람이 군대 에서 CFA 1차 시험을 통과하고 학교로 복학했는데, 학교 전체 에서 '레전드'로 불렸다고 했다(싱가포르도 우리나라처럼 약 2년간 군 복무 생활을 한다). 그 어려운 시험을 군 복무하는 동안 미리 공부 해서 온다는 게 예사롭지 않은 일이었기 때문이다. 내가 군 복무하는 동안 나랑 같이 대학에 입학한 외국 친구들은 나보다 2년 더 먼저 사회생활을 할 것이었다. 나는 CFA를 공부해서 친구들과의 차이를 만회하고 싶었다. 어려운 시험이라곤 들었지만, '그도 나와 똑같은 사람인데, 나라고 못 할 것 있나? 지구상에 단 1명이라도 성공한 사례가 있으면 나도 꼭 해낼 수 있을 거야!'라고 생각했다. 그렇게 대학교 1학년을 마치고 군대에서 처음 CFA를 공부하기 시작했다.

하지만 난감했다. 처음 책을 편 순간 이건 도저히 내가 공부할 수 있는 수준이 아니었다. 우선, 3차까지 시험이 있는데 각 시험마다 기업 재무, 재무제표 분석, 주식, 채권 등 10개의 과목을 공부해야 했다. 단순히 10과목을 넘어 과목 1개의 수준이 대학교 수업 한 학기에서 1년 정도의 난이도였다. 대학교에 다닐 때도 하루에 2~3과목의 시험이 겹치면 너무 괴로움에 시달렸는데, 이건 시험 당일에 무려 10과목이나 알고 있어야 했다. 게다가 금융 전공을 선택했지만, 대학교 1학년 때는 필수 교양 과목만 들어서 금융과 관련된 지식이 하나도 없었다. 그런 상태로 매 시험마다 대학에서 총 2년 동안 공부해야 하는 양을 맨땅에 헤딩 식으로 처음부터 공부해야 했다. 그냥 평소처럼 공부해서는 절대 시험 통과가 어렵다고 판단했다. 그래서 어떻게 공부해야 제일 효율적이면서 합격 확률을 높일지 미친 듯이 찾아봤다.

나는 절대적으로 내가 '효율적인 공부법'을 사용했기 때문에 이 시험에 합격했다고 생각한다. 방대한 시험 내용을 다 공부하고, 외우고, 이해해서 최연소 합격자가 될 수 있었던 것은 효율적인 공부법 덕분이었다.

1. 목차별 큰 그림 파악하기: 전체 내용을 담은 노트 만들기

하나도 모르는 내용이라 혼자서 책으로 공부하기에는 어렵다고 판단해 인터넷 강의를 신청했다. 1과목당 대략 1시간짜리 영상을 20개나 봐야 해서 강의만 총 200개 정도 봐야 했다. 2~3과목 분량(40~60개의 강의)을 들은 다음에는 처음에 들었던 강의 내용이 기억나지 않았다. 낭패였다. 이대로 강의만 계속 들었다가는 시간만 낭비하고, 나중에 후회할 것 같았다.

나는 우선 전체 그림을 담고 있는 노트를 작성했다. 강의에서 말하는 것을 열심히 적으며 최대한 빠트리지 않게 신경 썼다. 그렇게 강의 내용을 전부 담고 있는 노트를 만들었다. 여전히 50개 정도의 다른 강의 영상을 보면 이전에 공부한 내용은 기억이 흐릿했다. 하지만 포괄적으로 적은 노트 덕분에 다시 노트를 복습하면 그때 공부한 내용이 기억이 났다.

2. 인출 활용법:
나만의 요약된 노트 만들기

전체적인 내용을 담은 노트를 완성했지만, 여전히 양이 너무 많았다. 이걸 전부 다 복습하는 데 한 세월이 걸리고, 절대로 다 외울 수 없을 것 같았다. 빼먹지 않고 내용을 적은 건 좋았지만, 내 머리에 모든 내용을 넣기에는 역부족이었다. 게다가 선생님이 한 말과 예시만 적다 보니 생소한 것들이 많았다.

내용을 압축한 버전이 필요했다. 그래서 새로운 노트에 내가 기억하고, 이해하는 내용을 전부 적었다. 각 장마다 아는 내용을 적고, 전체 노트와 비교하면서 빠진 내용 중에 꼭 필요한 내용만 추가했다. 내가 직접 적은 것들은 확실히 이해하고 있는 내용이었다. 내가 빠트린 중요한 내용들은 새로 적으면서 다음 번에는 까먹지 않기 위해 더 신경 썼다. 이렇게 나만의 언어로 만들어진 요약본 노트가 생겼다.

이렇듯 내 말로 다시 적는 건 중요하다. 개념을 이해하는 데도 도움이 됐지만, 일단 내 말로 적으니 개념, 예시 등이 내 방식으로 정리가 됐다. 빈 공책에 필기하던 기억이 나서 내용도 훨씬 더 오래 기억에 남았다.

3. 파인만 학습법과 백지 테스트:
나만의 말로 백지에 적으면서 나 자신을 가르치기

내용을 복습할 때는 요약된 노트에 적힌 내용을 백지에 최대한 적어 보려고 했다. 단어 토씨 하나 틀리지 않게 적기보다 내가 스스로 개념을 설명할 수 있는지, 문제를 이해하고 있는지 확인하려고 노력했다.

나는 보통 공부하면서 계속 중얼거리는 타입이다. 그래서 시험공부를 할 때는 항상 도서관보다는 방에서 하는 게 더 편했다. 내가 편하게 말을 할 수 있고, 나 자신을 가르치는 강연을 할 수 있기 때문이다. "자, 상우야, 이거 봐라.", "아이고, 너는 이것도 모르냐.", "그래, 잘했다." 등 혼자서 진짜로 다른 사람을 가르치듯 추임새도 넣었다. 나중에 들은 얘기지만 부모님은 내가 공부할 때마다 누구랑 통화하는 줄 알았다고 한다.

머리로는 다 안다고 생각했던 내용들도 직접 말로 꺼내 보면 확실히 막히는 부분이 있었다. 나를 가르친다 생각하고 백지 종이에 개념을 적고, 이걸 설명하고, 여기서 파생되는 주제를 적어 나갔다. 이렇게 설명하다가 막히는 부분을 찾으면 이 부분만 따로 적어 두고 공부했다. 그러면 나중에 다시 복습할 때 막힘없이 설명할 수 있었다.

여담이지만, 나는 시험을 준비하는 내내 백지에 적은 종이들을 따로 모아 뒀다. 처음에는 한두 장이었지만, 점차 모이니 탑처럼 쌓여갔다. 그걸 직접 보면서 스스로 '내가 이만큼 열심히 노력했구나'하고 느낄 수 있었다. 종이 탑이 점차 높아져 가면서 느끼는 희열은 말로 설명할 수 없을 정도다. 지금도 그때를 생각하면 아직도 잊을 수 없는 뿌듯함이 남아 있다.

4. 약점 파악:
연습문제와 모의고사

자격증 시험은 결국 문제를 풀어서 커트라인을 넘어야 한다. 연습문제와 모의고사를 풀지 않으면 현재의 내 실력을 절대로 알 수가 없다. 하지만 여느 시험이 그렇듯 시험은 대부분 매년 비슷한 유형을 띄고 있다. 그래서 나는 최대한 많은 연습문제와 모의고사를 풀려고 했다. 대신 이때 답만 외우려고 하지 않았다. 문제의 핵심을 이해하지 않은 채 답만 외우면, 문제가 변형되고 응용됐을 때 풀 수 없기 때문이다.

연습문제도 시험처럼 세트별로 나누어져 있었다. 한 세트를 다 풀고 틀린 문제는 별도로 표기해 두고 따로 공부했다. 해당 개념을 다시 공부하고, 이해가 안 가는 부분이 있으면 위에 적은 공부법 1~3번을 반복했다. 그렇게 틀린 문제만큼은 비슷한 유형이 나와도 다시 틀리지 않으려고 했다.

　나는 문제를 틀리면 오히려 기뻤다. 모르는 문제가 나오면 이 문제들만 잡아도 시험에 통과할 수 있었을 것 같았다. 실제 시험에서 틀리는 것보다, 지금 빨리 틀려 버리고 내가 모르는 내용을 내 것으로 만드는 게 더 중요하다고 생각했다.

5. 간격을 둔 복습: 방대한 내용을 내 것으로 만들기

　CFA 합격의 관건은 10과목이나 되는 방대한 양을 시험 당일에 다 알고 있어야 한다는 것이다. 대학교 시절에도 과목 2~3개의 시험이 같은 날에 있으면 공부하기 정신없었는데, 그것의 3~5배나 되는 양이었다. 복습하는 입장에서는 토가 나오는 양이었지만 나름 좋은 점도 있었다. 과목이 너무 많다 보니 '운이 좋게' 강제로 간격을 두고 복습할 수밖에 없었다.

　시험 2주 전부터는 여태까지 배운 내용 전체를 복습했다. 1과목이라도 구멍이 나면 그만큼 시험 합격에 불리하기 때문에 10과목 전부를 복습해야 했다. 아무리 복습하는 과정에서 내 말로 설명하고 적었어도, 10번째 과목을 복습하고 나면 다시 첫 번째 과목은 기억이 가물가물했다. 실전 시험 전이기 때문에 이번에는 개념 공부뿐만 아니라 그전에 풀어둔 기출 문제도 함께 공부해야 했다.

그래서 처음에는 하루를 전부 다 써도 2과목 정도밖에 복습하지 못했다. 그렇게 5일 정도 하면 내용 전체를 복습하는 사이클이 한 번 완성된다. 그런데 신기하게도 두 번째 사이클에 돌입할 때는 하루에 3과목 정도 복습할 수 있었다. 이전에 복습해둔 내용들도 다시 새록새록 기억에 남고, 아는 내용은 확실히 넘어가다 보니 복습의 진도가 빨라졌다. 그렇게 한 사이클이 더 채워지면 다시 처음부터 복습했다. 이때는 하루에 더 많은 과목을 복습할 수 있었다.

이렇게 2일에 걸쳐 10개 과목 전체를 복습할 수 있었을 때 나는 합격을 확신했다. 어떤 개념이나 문제가 나와도 무조건 통과할 수 있을 것이라는 자신감이 있었다.

이 밖에도 과목끼리 번갈아 가면서 복습하는 '교차 학습', 시간 관리를 효율적으로 하기 위해 사용한 '스톱워치', 핸드폰을 집에 두고 도서관 가기 등 2장에서 소개한 방법들을 고루 사용했다.

이쯤 되면 효율적인 공부법만 있으면 '이제 시험은 껌이겠네'라고 생각할지도 모른다. 그러나 필사적인 노력 없이는 목적을 이룰 수 없다. 나는 머리가 좋은 사람이 아니다. 금융에 대한 지식도 하나도 없었다. 그럼 어떻게 통과했냐고? 물론 시험날

'찍신'에 들린 것도 맞겠지만, 절대적인 노력이 있어서 통과할 수 있었다. 내 실력이 부족하니 그만큼 더 노력하면 되는 것이었다. CFA 협회에서는 각 시험마다 수험생들이 약 300시간 정도 공부할 것으로 예상한다. 하지만 나는 750시간 이상 공부했다. 남들보다 적어도 2.5배 더 노력한 것이다. 이처럼 효율적인 공부법을 사용하면서도 절대적인 노력도 많이 필요하다. 그럼에도 나는 효율적인 공부법이 내 시험을 성공적으로 이끈 핵심이라고 생각한다. 워낙 난이도가 높고 합격률도 낮다 보니, 나보다도 더 많은 시간을 쓰고도 통과하지 못하는 사람들이 훨씬 더 많았기 때문이다.

나는 결국 군대에서 복학하기 전까지 2차를 땄고, 대학교 2학년에는 마지막 3차를 통과했다. 워낙 어려운 시험이라 공부하는 게 쉬웠다고는 절대 말할 수 없지만, 돌아보면 분명 보람 있었던 시간이었다. 난이도가 높은 시험인 것을 알고 있었음에도 도전했다는 게 더 중요했다. 누가 강제로 시킨 것도 아니었기에 스스로 주도적으로 공부했고, 힘든 시간을 묵묵히 버틴 나 자신이 대견했다.

내가 이 이야기를 공유하는 이유는 이 책을 읽는 당신도 뭐든지 마음먹으면 할 수 있다는 걸 알려 주고 싶어서다. 지구상에 단 1명이라도 성공했다면 당신이라고 못 할 것은 무엇인가? 성공한 사람들도 당신과 똑같은 인간일 뿐이다. 전혀 특별하지 않다. 그러니 항상 할 수 있다는 자신감을 가지고 도전하는 마음을 가졌으면 한다. 2장에서 배운 내용을 자신의 무기로 만들기를 바란다. 앞으로 어떤 공부를 하든 손쉽고 효율적으로 공부할 수 있을 것이다. 분명 도움이 될 것이라 장담한다. 당신의 앞길을 응원한다.

공부의 중심으로 가는
14가지 방법

1

열등감과 결핍은 나를 변화시킬
최고의 기회다

《인간관계론》의 저자 데일 카네기Dale Carnegie는 이렇게 말했다. "인생을 바꿀 기회는 우리에게 보이지 않을 뿐 매 순간 찾아오고 있다. 좋은 기회를 만나지 못했던 사람은 하나도 없다. 그것을 포착하지 못했을 뿐이다."[80] 열등감과 결핍은 나를 변화시키기 위한 최고의 기회다. 자신의 부족함을 인정하는 순간 우리는 더 나은 자신을 갈망하고, 달라지고 싶어 하기 때문이다. 그러나 이러한 변화의 기회는 오직 준비된 사람만 잡을 수 있다. 기회는 간절히 원하는 사람한테 오지만, 준비된 자만 기회를 내 것으로 만들 수 있다. 우리는 앞으로 올 그 기회를 위해 미리 준비되어 있어야 한다. 3장의 주제인 '공부 그릇'은 기회가 찾아왔을 때 이를 잡을 수 있도록 도와주는 준비 과정이다.

열등감과 결핍을
이용하라

열등감은 우리가 가진 최고의 원동력이다. 프로이트, 융과 함께 심리학의 3대 거장인 알프레드 아들러Alfred Adler는 심리학에 '열등감'이라는 용어를 처음 쓴 사람이다. 그는 원래 안과의사였는데 눈이 나쁜 사람일수록 책을 더 많이 읽는 점을 발견했다. 자신에게 부족한 점이 오히려 강력한 동기부여가 된 것이다. 그는 "인간은 열등감을 느끼는 존재이다. 이 자체가 나쁜 것이라 볼 수 없고, 내가 어떻게 다루느냐에 따라 다르다. 열등감은 인간의 발전 동력이 된다."라고 말했다.[81] 인간에게 열등감은 자연스러운 감정이다. 이를 극복하겠다는 의지를 가진 사람은 성장한다. 반대로, 열등감으로 좌절에 빠진 사람은 우울해하며 자신을 불행에 빠트린다.

결핍은 내가 변화하고 싶다는 마음을 만든다. 절박한 동기가 되어 내 마음의 불씨를 만들어 준다. 배우지 못했기 때문에 더 열심히 공부하고, 가난했기에 더 열심히 일한다. '공부의 신'으로 유명한 강성태는 원래 열등감투성이였다. 못나서 무시당하고, 공부 때문에 차별받던 그는 열등감으로 공부를 시작해 '공부의 신'이 되었다. 가수 김종국은 허리 디스크 때문에 운동을 시작했다가 오히려 몸짱이 되었다. 《역행자》의 저자 자청은 자신이 가진 공부, 돈, 외모의 콤플렉스를 원동력으로 삼아 자기계발 분야의 최고가 되었다. 이처럼 공부 외에도 다양한 분야에서 열등감과 결핍을 원동력으로 삼아 자신을 변화시킨 사람이 많다.

열등감을 극복하기 위해선 나의 부족함을 인정해야 한다. 나의 부족한 점을 다른 사람 탓하지 않고 스스로 받아들여야만, 어떻게 부족한 부분을 채울지 길이 보이기 시작한다. 공부를 잘하는 사람을 보며 나의 부족함은 무엇인지, 어떻게 극복하면 좋을지 고민해 보자. 처음에는 열심히 노력해도 내 마음대로 안될 때도 있을 것이다. 그래도 포기하지 말자. 원래 처음부터 완벽할 수 없다. 나의 부족함을 극복하기 위해 두세 배 더 노력하다 보면 분명 해낼 수 있다. 포기하지 않겠다는 각오와 마음가짐만 있으면 열등감을 내 원동력으로 삼을 수 있다. 이 원동력은 지치지 않는 힘과 넘어져도 다시 일어날 용기를 준다.

열등감이 있는 사람은 뚜렷한 목표가 있다. 나의 열등감을 인정하면 이제 부족한 부분을 채우기만 하면 된다. '내 열등감과 결핍을 이겨 내 보자!'라는 목표를 정하고 그것에만 집중하면 된다. 목표가 뚜렷한 사람은 아무도 못 말린다. 나의 열등감과 결핍을 넘어서기 위해 포기하지 않고 꾸준히 노력하다 보면, 나도 모르는 사이 부족한 점을 극복하게 된다. '어느 정도 많이 왔겠구나'라고 생각해 뒤돌아보면, 오히려 목표 지점을 한참 뛰어넘은 자신을 발견한다. 열등감을 인정하고 극복하는 사람이 오히려 그 분야에서 뛰어난 성적을 거두는 이유다. 열등감과 결핍에 지지 않고, 이를 오히려 변화의 기회로 삼아야 한다.

준비된 자에게
기회가 온다

세계적인 지휘자 아르투로 토스카니니Arturo Toscanini는 원래 첼로 연주자였다. 그는 악보를 볼 수 없을 정도로 심한 근시였다. 이 때문에 그는 늘 악보를 미리 외워서 연주회에 나가야만 했다. 한번은 연주회 직전에 지휘자가 갑작스레 병원에 가야 한다고 퇴장하는 사태가 발생했다. 그중 유일하게 악보를 다 외우고 있던 토스카니니는 대리 지휘자를 맡게 되었다. 19살이라는 이른 나이에 큰 기회가 온 것이다. 이미 준비가 되어 있던 그는 실패할 뻔한 공연을 순식간에 성공적으로 이끌었다. 이날을 계기로 지휘의 거장 토스카니니의 신화가 시작되었다.[82]

기회는 누구에게나 온다. 기회가 안 온다고 불평하는 사람에게도 사실 여러 차례 기회가 왔을 것이다. 기회라는 건 눈에 보이지 않기 때문에 우리가 기회라고 느끼지 못하는 것뿐이다. 열등감과 결핍은 변화에 있어 더없이 좋은 기회다. 인간은 모든 면에서 완벽할 수가 없고, 부족한 것이 많다. 그래서 우리는 언제나 열등감과 결핍이 있다. 다만 이를 기회로 활용하려면 내가 부족하단 사실을 인정하고, 그런 나를 받아들여야 한다. 걱정할 필요 없다. 지금 부족하단 말은 앞으로 성장할 잠재력이 많이 남아 있다는 뜻이다. 지금까지의 실력보다 앞으로의 성장이 훨씬 더 중요하다. 지금 잘났다고 으스대는 사람이 오히려 앞으로 발전하지 못하고 점점 더 뒤로 밀려나는 법이다.

하지만 기회는 오직 준비된 사람만 잡을 수 있다. 기회는 쏜살같이 지나가기 때문에 내가 먼저 준비되어 있지 않으면 내 것으로 만들 수 없다. 열등감과 결핍을 기회로 삼은 사람들은 전부 준비가 되어 있었다. 누구나 처음 시도할 때는 많이 넘어진다. 이때 다시 일어날 힘을 길러온 사람은 다시 시도하고, 그런 힘이 없는 사람은 포기한다. 우리는 좋은 결과를 빨리 얻고 싶어 하기에 천천히 변화하는 모습에 조급함을 느낀다. 이때 인내심을 길러온 사람은 나를 믿고 다시 노력하고, 그렇지 않은 사람은 좌절한다. 이처럼 준비가 되어 있는 사람만 기회를 내 것으로 만들 수 있다. 그러니 우리는 미래에 올 기회를 잡기 위해 꾸준히 준비해야 한다.

'공부 그릇'은 나에게 기회가 왔을 때 이를 잡을 수 있도록 도와주는 기초 체력을 말한다. 공부 그릇을 키우면 공부에 대한 올바른 마음가짐을 갖는다. 뚜렷한 목표 설정과 몰입하는 법을 배워 원하는 결과를 얻을 수 있는 확률이 높아진다. 자신을 믿으면 정말 할 수 있는 사람이 된다는 걸 깨닫는다. 공부에 중요한 멘탈 관리를 하고, 긍정적인 생각을 유지할 수 있다. 물론 이 모든 걸 전부 다 깨우쳐야만 변화의 기회를 잡을 수 있는 건 아니다. 그러나 공부 그릇은 공부에 기초가 되고, 나를 성장시키는 소중한 재료들이다. 이렇게 쌓인 기초 체력은 인생을 변화시킬 계기가 찾아왔을 때 이를 기회로 만들어 줄 강력한 무기가 된다.

늦었다고 생각할 때가 가장 빠르다는 말이 있다. 변화하고 싶다는 독한 각오를 하면 필사적으로 되기 때문이다. 열등감을 이겨 내고 싶은 사람은 자신을 더욱 채찍질한다. 예전보다 두세 배 더 노력한다. 게다가 사실 그리 늦은 것도 아니다. '평생 공부'를 해야 하는 시대에 지금이라도 바뀔 수만 있다면 좋은 것 아닌가. 절실한 사람은 결국 강해진다. 그러나 이러한 변화의 기회는 오직 준비된 사람만 누릴 수 있는 특권이다. 우리가 공부 그릇을 키워야 하는 이유다. 현재의 그릇을 채우는 것에 집중하기보다, 그릇 자체를 먼저 키우는 것에 집중해야 한다.

2

공부의 기본은
마음가짐에서 시작한다

지구에 있는 모든 동물은 오롯이 선천적인 능력에 의해서 살아간다. 몸 안에 각인된 유전자와 본능의 틀 안에 갇혀 있다. 예를 들어, 철새는 기온이 변하면 번식을 위해 무조건 이동하게끔 되어 있다. 그저 본능이 시키는 대로만 행동하는 것이다. 그러나 인간은 다른 동물들과는 다르게 유전자와 본능을 거스를 수 있다. 인간은 선천적인 능력에 의해서가 아니라, 내가 믿고 노력하는 만큼 내 인생을 바꿀 수 있다. 인간의 뇌는 죽을 때까지 변화하고 성장하기 때문이다. 인간은 누구나 무한한 잠재력을 가지고 있다. 내가 가진 잠재력을 발현시키기 위한 첫 번째 단계는 나를 믿고, 나의 마음가짐을 바로잡는 것이다.

자존감을 키워야
공부를 잘한다

EBS 〈학교의 고백〉팀은 서울 꼴찌 고등학교의 최하위권 학생들을 대상으로 프로젝트를 진행했다. 변화를 꿈꾸고, 새 출발을 하고 싶은 학생들이 참가했다. 180일 동안 전문가들은 학생들에게 공부 기술, 마음을 다스리는 법, 그리고 자기 성찰하는 법을 가르쳤다. 처음 제대로 공부해 보는 탓에 중간에 포기하려는 학생들이 많았다. 이때마다 선생님은 학생들에게 용기를 북돋아 주었다. 프로젝트가 끝날 무렵 학생들의 성적이 많이 올랐다. 학생들의 성적보다 정작 더 중요한 것은 자존감 향상이었다. 자존감이 높아지면서 학생들의 공부 의욕이 상승했기 때문이다. 공부에 대한 좌절 경험이 많던 아이들이 자신을 믿으면 결국 성공할 수 있다는 마음을 얻은 것이다.[83]

'역전클럽 180' 프로젝트는 공부를 잘하도록 만들기 위한 프로젝트지만, 정확하게는 '자존감 회복' 프로젝트였다. 자존감만 회복해도 스스로 공부하려는 의지가 생겼다. 공부 자체보다 심리적인 부분이 공부에 더 큰 영향을 끼치기 때문이다. 사실 방송의 최하위권 학생들도 공부를 잘하고 싶은 마음은 있었다. 다만 기초가 없으니 수업이 재미없고, 구체적으로 어떻게 공부해야 하는지 모를 뿐이었다. 성적이 나쁘다 보니 '어차피 난 안 돼'라는 마음을 가지고 있었다. 자신감을 잃어버리면서 공부 의욕마저 상실한 것이다. 이런 학생들에게 가장 필요한 건 공부 자존감이었다. 공부 자존감을 회복하면서 학생들의 학업성취도 또한 크게 향상했다.

자존감을 키우면 나를 더 믿게 된다. 내가 마라톤을 뛰고 싶다고 해서 당장 완주할 수 있는 건 아니다. 그 전에 체력과 근력을 키워야 한다. 오랜 시간 동안 인내하고 꾸준한 노력이 필요하다. 공부 자존감은 나를 존중하고, 나를 믿는 마음이다. 이는 '공부 마라톤'에 있어 가장 기초가 된다. 공부의 기초 체력을 기르기 위해선 처음부터 좋은 성적을 내야 한다는 부담감을 덜어야 한다. 조금씩 배우면서 성취감을 느끼다 보면 나에 대한 믿음이 생기기 마련이다. 결국엔 내가 노력하면 원하는 것 무엇이든 이룰 수 있다는 사실을 깨닫는다. 자존감을 키워야 '내가 할 수 있을까?'라는 자기 의심을 '나도 노력하면 할 수 있다'라는 자기 확신으로 바꿀 수 있다.

공부 자존감을 키우려면 공부하는 이유가 나의 성장이어야 한다. 나의 성장에 집중하는 방법은 '이 공부를 함으로써 나에게 어떤 도움이 될까?'를 자신에게 질문하는 것이다. 예를 들어, 영어 공부를 해도 그 이유가 '성적을 올리기 위해서'보다는, 영어 공부로 '나는 앞으로 글로벌 인재가 될 수 있다', '번역이나 자막 없이도 영어로 된 책과 영상을 볼 수가 있다'라는 생각을 가져야 한다. 이렇게 공부의 이유를 나 자신에게서 찾을 때 공부의 결과가 온전히 나의 것이 된다. 공부한 만큼 실력이 높아져 앞으로의 인생을 살아가는 데 큰 힘이 된다. 공부하면 할수록 더욱 성장하는 자신을 보면서 자신감이 생기고, 발전하는 스스로의 모습이 더 좋아진다. 이처럼 나의 성장에 초점을 맞춰야 공부 자존감이 올라가고, 공부하고 싶은 마음도 더 생긴다.

우리에게는
무한한 잠재력이 있다

런던 뇌신경학자 엘리노어 맥과이어Eleanor Maguire는 런던 택시 운전사들의 뇌를 연구했다. 택시 운전사들은 면허 시험을 위해 런던 시내에 있는 2만 5천여 개의 도로와 광장을 외웠다. 이들의 뇌를 촬영해 봤더니 뇌에서 공간과 기억을 담당하는 부분인 '해마'가 일반인들보다 월등히 더 컸다. 게다가 택시 경력이 올라갈수록 해마가 더 커졌다. 뇌가 물리적으로 변화한 것이다. 런던 택시 운전사 연구는 학습과 새로운 경험으로 뇌가 자체적으로 변한다는 것을 보여 주는 사례다.[84]

"공부를 잘하려면 타고난 머리가 좋아야 한다."라는 말은 틀렸다. 과거에는 나이가 들면서 인간의 머리가 나빠지고, 굳어진다고 믿었다. 그러나 최근 여러 뇌과학 연구는 인간의 뇌가 죽을 때까지 변화하고, 성장한다는 사실을 증명했다. 이를 '뇌의 신경가소성Neuroplasticity'이라고 한다.[85] 연구에 의하면 뇌는 새로운 것을 배울 때마다 새로운 신경세포(뉴런)를 만들고, 이들을 서로 연결해 새로운 신경 경로(시냅스)를 만든다. 즉, 인간의 머리는 쓰면 쓸수록 계속해서 발전한다는 뜻이다. 그러니 나의 실력이 지금 당장 부족하다고 기죽을 필요 없다. 앞으로 공부하고 노력하면 우리는 언제든지 변할 수 있다.

우리에게는 무한한 잠재력이 있다. 뇌 가소성은 우리의 학습과 삶이 고정되어 있지 않다고 말한다. 뇌를 최적화하고 변형시킨다면 우리는 무엇이든 될 수 있고, 무엇이든 해낼 수 있다. 내가 원하는 대로 나의 뇌를 업그레이드할 수 있다. 여태까지 우리가 원하는 꿈을 이루지 못했던 이유는 스스로 한계가 있다고 믿었기 때문일지도 모른다. 그러니 자신의 잠재력을 가둬 놓는 생각을 깨 보자. 우리 안에는 엄청난 잠재력과 아직 개발되지 않은 힘이 있다. '나는 할 수 있다'라는 말을 진심으로 믿고 노력하면, 결국 해내는 사람이 된다. 우리 뇌는 나 자신을 믿고 노력하는 만큼 변화한다.

우리 모두 잠재력을 가지고 있지만, 이는 실천을 통해서만 발현된다. 많은 사람이 자신에게 잠재력이 있다는 걸 모르기 때문에 시도조차 안 한다. 그러나 뇌 가소성은 우리가 노력한다면 무엇이든 분명 이룰 수 있다는 사실을 뒷받침한다. 우리가 소위 '천재'라고 부르는 사람들도 대부분 자기 자신을 '노력파'라고 말한다. 선천적인 재능보다 노력으로 자신의 잠재력을 키웠기 때문이다. 사실 우리 모두가 천재급의 잠재력을 가지고 있다. 다만, 이는 노력과 실천하는 자만 꽃피울 수 있다. 뇌는 인간이 가진 최고의 무기다. 이를 어떻게 갈고 닦을지는 내 마음가짐과 의지에 달려 있다.

'성장형 마인드'를 가져야 한다

스탠퍼드대학교의 심리학자 캐롤 드웩Carol Dweck 교수는 학생들을 대상으로 문제를 풀게 했다. 결과에 대해 '지능'을 칭찬하는 그룹과 '노력'을 칭찬하는 그룹으로 나누었다. 그다음 두 그룹에게 다시 문제를 풀게 했다. 이번에는 쉬운 문제와 어려운 문제가 섞여 있었다. 지능을 칭찬받은 그룹은 어려운 문제를 만나자 풀 수 없다고 여겨 쉽게 포기했다. 반면 노력을 칭찬받은 학생들은 난이도와 상관없이 과정을 즐기며 끝까지 노력했다. 문제에 대한 새로운 접근을 발견하기도 했고, 일부는 문제를 풀어내기도 했다. 두 그룹 모두 지능과 기억력은 비슷했다. 유일한 차이점은 자신에 대한 믿음이었다.[86]

드웩 교수는 추가 연구를 통해 인간은 자신에 대해 2가지 믿음이 있다는 것을 발견했다. 바로 '성장형 마인드셋'과 '고정형 마인드셋'이다. 먼저, 고정형 마인드셋을 가진 사람은 지능과 능력이 바뀔 수 없는 것이라고 믿는다. 노력은 타고난 지능을 따라갈 수 없다고 생각한다. 따라서, 자신의 한계를 넘으려는 노력을 하지 않는다. 이들은 특히 시험을 두려워한다. 시험을 봤는데 만약 성적이 낮게 나오면 타고난 지능이 나쁘다는 증거가 되기 때문이다. 이러한 이유로 똑똑해 보이기 위해 쉬운 것만 찾게 된다. 쉬운 것만 찾으니 실력이 늘지 않는다. 실제로는 재능이 뛰어난 사람이었음에도 성장이 멈춰 점차 뒤처지게 된다.

반면 성장형 마인드셋을 가진 사람은 노력과 배움으로 지능과 능력을 바꿀 수 있다고 믿는다. 노력이 가장 중요하다고 믿는 사람은 성적보다 배움 자체를 더 중요시한다. 이들에게 성적은 자신의 똑똑함을 증명해 주는 것이 아닌, 학습 성과를 점검해 주는 도구다. 이 때문에 당장 성적이 잘 나오지 않아도 실망하지 않는다. 다음번에 두세 배 더 노력해서 만회하면 된다고 생각한다. 또한 이들은 실패를 두려워하지 않는다. 실패는 성공으로 가는 과정의 일부라고 생각하기 때문에 오히려 성장의 기회라고 본다. 실패에서 더 많이 배우고, 다음 도전에서 더 잘하기 위해 노력한다.

성장형 마인드셋은 타고나는 것이 아니라 선택하는 것이다. 나의 무한한 잠재력을 믿고, 변할 수 있다는 자신감을 가져야 한다. 먼저 말하는 방식과 태도부터 바꿔 보자. 고정형 마인드셋은 보통 말에서 드러난다. 이들은 일반적으로 "나는 머리가 나빠.", "나는 공부를 못해."라고 말한다. 이런 말 안에는 스스로 공부 능력이 더 나아질 수 없다고 믿는 마음이 포함되어 있다. 대신 "내가 아직은 잘하지 못해. 하지만 나는 노력하면 할수 있어. 나를 믿고 도전하자!"라고 말하자. 우리는 자신을 믿는만큼 더 성장한다. 공부뿐만 아니라 내가 변화하고 싶은 모든일에서도 말하는 방식을 바꿔야 한다. 내가 사용하는 언어가 나의 마음가짐과 태도를 결정한다.

어릴 때부터 말뚝에 묶여 자란 코끼리는 몸집이 커져도 계속 말뚝에 묶여 산다. 말뚝을 뽑을 힘이 충분히 있는데도 말이다. 힘이 없던 어린 시절에 아무리 애써 봐야 소용없음을 깨닫고 노력을 멈추기 때문이다. 우리 중 대부분은 이 코끼리처럼 행동한다. 한두 번 시도해 보고 실패를 경험하면 내 잠재력에대한 믿음을 제한한다. 하지만 사실 우리 안에는 무한한 잠재력이 있다. 이를 끄집어내기 위해선 나의 마음가짐과 태도를 바꿔야 한다. 나를 먼저 믿어 보자. 우리는 말뚝을 뽑을 힘이 충분히있다. 나를 공부 못하는 사람이라고 단정짓지 말자. 당신은 노력하면 무엇이든 할 수 있는 사람이다.

3

우리는 언제 공부하고 싶은
욕구를 느끼는가

인간은 본능적으로 3가지 심리 욕구가 있다고 한다. '자율성'은 자신의 삶을 통제하고 결정하기를 원하는 욕구다. '유능성'은 자신의 능력을 발휘하고 행동하려는 욕구다. 마지막으로 '관계성'은 타인과 의미 있고 긍정적인 관계를 맺고자 하는 욕구다. 저명한 심리학자 에드워드 데시Edward Deci와 리차드 라이언Richard Ryan은 3가지 심리 욕구가 충족되었을 때 '내적동기'가 생긴다고 주장한다. 이를 '자기결정성 이론Self-determination Theory'이라 한다.[87] 이번 목차에서는 '자율성'과 '유능성'에 대해 자세히 알아보려고 한다.

자율성이 부여되었을 때
내적동기가 생긴다

다큐멘터리 〈공부 못하는 아이〉 제작진은 12명의 아이를 데리고 실험했다. 처음 6명의 아이에게는 1시간 동안 시험문제를 다 풀어야 한다고 강압적으로 얘기했다. 20분이 지나고 아이들은 집중력을 잃었다. 문제를 다 풀기는 했지만, 모두 어려웠다고 답했다. 다음 6명의 아이에게는 문제를 다 풀 필요 없이, 자신이 원하는 만큼 문제를 풀 수 있는 '선택권'을 주었다. 문제를 풀다가 자유롭게 쉴 수 있는 '권한'도 주었다. 아이들은 문제를 풀다가 자신이 원할 때 쉬기도 했지만, 금방 다시 돌아와서 문제를 풀었다. 1시간이 다 될 때까지 아이들의 집중력이 사라지지 않았다. 아이들은 문제 풀이를 즐거워했고, 문제가 쉽다고 답했다. 6명 중 5명이 모든 문제를 풀었고, 시험 점수 또한 더 높게 나왔다.[88]

자율성은 '내적동기'의 핵심이다. 자율성은 스스로 의사결정을 하고, 내가 나의 삶을 주도하는 마음이다. 주체적으로 행동하는 과정에서 내 생각과 가치관을 만들고, 행동에 대한 책임감을 키운다. 다른 사람이 시켜서 하는 공부에는 자율성이 없다. 억지로 공부하기 때문에 스스로 공부하고 싶은 마음이 생기지 않는다. 반면 나의 성장을 위한 공부는 내가 주도적으로 한다. 공부하면 할수록 내 실력이 올라가기 때문에 스스로 공부할 마음이 생긴다. 인간은 모든 욕구가 충족되어도 의사결정에 대한 선택권이 없으면 기존 동기마저 잃어버린다. 반대로 자율성을 갖고 내가 진정으로 하고 싶은 마음이 들면, 어떤 목표도 이룰 수 있는 강한 원동력을 얻는다.

처음부터 내적동기로 공부하기 어려우면 '외적동기'를 이용하자. 공부를 계획대로 잘 실행하면 나에게 일종의 보상을 주는 것이다. 계획한 공부를 마친 후 만화책 보기와 같이 내가 좋아하는 것을 하면, 보상을 얻기 위해 공부에 대한 집중력과 효율성을 높일 수 있다. 이를 '프리맥의 원리Premack Principle'라고 한다.[89] 프리맥의 원리처럼 외적동기를 활용하는 것 자체는 나쁘지 않다. 다만, 공부하는 목적이 외적동기에 치우칠수록 공부를 지속하기 어렵다. 외부 보상이 없으면 공부에 대한 동기 또한 사라지기 때문이다.

외적동기가 동기부여라는 엔진의 시동은 켤 수 있으나, 엔진이 꺼지지 않고 돌아가게 해 주는 건 내적동기다. 처음에는 칭찬이나 성적, 하고 싶은 놀이와 같이 외부 보상을 얻기 위해 공부할 수 있다. 그러나 외부 보상이 사라져도 동기부여를 지속하려면 내적동기가 필요하다. 내적동기가 생기려면 공부의 이유가 나를 중심이어야 한다. 다른 사람이 억지로 시켜서 하는 공부가 아닌, 나한테 필요해서 공부하는 것임을 깨달아야 한다. 내 성장에 집중할 때 성취감과 내 안의 잠재력에 대한 믿음이 더 커진다. 다시 강조하지만, 공부는 온전히 나를 위한 것이다. 나의 성장을 위해 공부하기로 마음먹고 선택하는 순간, 우리는 내적동기로 더 뛰어난 성과를 만들어 낼 수 있다.

작은 성취가
자기효능감을 키운다

스탠퍼드대학교의 자넷 콜린스Janet Collins 연구팀은 '자기효능감'이 학습 동기에 결정적인 역할을 한다는 연구를 발표했다. 자기효능감은 무엇이든 성공적으로 할 수 있다는 자신의 능력에 대한 믿음을 말한다. 콜린스는 수학 성적이 낮은 학생, 중간 학생, 높은 학생 그룹으로 나누어 수학 문제를 풀게 했다. 문제 중에는 절대 풀지 못할 정도로 어려운 문제도 있었다. 콜린스는 각 그룹의 수학 능력에 대한 자신감도 조사했다. 결과는 흥미로웠다. 실제 수학 성적과는 상관없이, 수학에 자신 있어 하는 학생들이 어려운 문제에 더 많이 도전했다.[90] 자기효능감이 높을수록 실패를 두려워하지 않고, 더 높은 목표 달성을 위해 노력한 것이다.

인간은 유능하다고 느낄 때 행복하다. 공부의 재미는 보통 2가지에서 온다. 하나는 몰랐던 걸 알게 되면서 느끼는 배움의 즐거움이다. "아~ 이래서 그렇구나!"와 같은 감탄사를 할 때 우리는 새로운 걸 깨달으면서 희열을 느낀다. 또 하나는 능력 확장으로 느끼는 기쁨이다. 공부는 하면 할수록 머리를 계속 쓰게 되고, 스스로 더 좋아지고 있다는 것을 느낄 수 있다. 나날이 그 힘이 세지고, 능력이 확장되는 걸 알 때 우리는 만족감을 느낀다. 공부할수록 내가 더 잘할 수 있다는 자신감과 믿음이 생긴다. 자기효능감이 높아지는 것이다.

자기효능감은 작은 성취에서 시작된다. 세계적인 뇌과학자 이안 로버트슨Ian Robertson은 우리가 승리를 경험했을 때 뇌는 그때의 쾌감을 기억한다고 말한다. 승리 경험을 하면 자신감을 얻고, 다시 한 번 승리할 수 있다는 믿음이 생긴다. 승리 경험이 반복되면 뇌는 결국 '승자의 뇌'로 바뀌게 된다.[91] 승자의 뇌를 얻기 위한 첫걸음은 작은 성취다. 처음부터 높은 벽을 넘으려고 생각하면 압도당하기 쉽다. 대신, 내가 도전해 볼 만한 난이도로 시작하면 내 능력에 대한 자신감을 얻고, 결국 승리한다. 그 다음엔 조금 더 높은 난이도에 도전하고, 결국 또 승리한다. 이렇게 계속 승리 경험을 반복하다 보면 어느새 내 실력은 자연스레 향상되어 있고, 자신감도 계속해서 커진다.

내적동기를 강화하려면 공부에 대한 성취감을 느껴야 한다. 인간은 내가 하는 일을 잘하고 싶어 하는 욕구가 있다. 지난번보다 점수가 더 오르면, 저번보다 내가 더 알게 되었다는 성취감을 느낀다. 자연스럽게 다음번에 더 잘하고 싶은 욕구가 생긴다. 성취를 반복하다 보면 '나는 어떤 것이든 이룰 수 있는 유능한 사람'이라고 생각한다. 자신을 믿는 마음이 점점 더 커진다. 이처럼 승자의 뇌를 얻기 위해서는 작은 성취를 자주 경험하는 게 중요하다. 성공의 경험을 맛보면서 더 잘하고 싶어 하는 '내적동기'와 나도 할 수 있다는 '자신감'이 함께 커지는 것이다.

인간은 자신의 존재를 인정받기 위해 노력한다. 이는 자연스러운 본능이자 욕구다. 나의 가치를 계속해서 발전시키려면 내적동기가 필요하다. 내적동기의 핵심은 자율성이다. 자율성을 억압받으면 공부에 대한 흥미를 잃어버린다. 우리가 자기 주도적으로 공부해야 하는 이유다. 나의 성장에 초점을 맞출 때 우리는 주도적으로 공부하고, 성취감과 만족감 또한 경험한다. 자기효능감을 키우려면 처음부터 크게 잘하려는 욕심을 버리고, 작은 성취부터 해야 한다. 작은 성취로 인해 승리 경험을 반복하다 보면 자신감이 붙는다. 내적동기를 강화하고 공부를 더 잘하고 싶어 하는 욕구를 느낀다. 이런 선순환 구조가 만들어지면 나의 가치를 꾸준하게 발전시킬 수 있다.

4

공부할 때는 최대한 몰입하라

"공부는 엉덩이 힘으로 한다." 어느 정도는 맞고, 어느 정도는 틀린 말이다. 집중하지 않은 채 책상 앞에만 오래 앉아 있는 것은 공부에 도움이 되지 않는다. 하지만 집중에 들어가려면 일단 책상 앞에 앉아 있어야 한다. 말장난 같아 보이지만, 사실이다. 공부 의욕이 생기고 집중하려면 뇌의 '측좌핵'이라는 곳을 자극해야 한다. 측좌핵을 자극하는 방법은 일단 시작하는 것이다. 일단 앉아서 공부하다 보면 자연스럽게 측좌핵이 자극되고, 몰입 상태에 들어간다.[92] 몰입 상태일 때 우리는 최고의 효율을 내고 행복감을 느낀다. 공부에 자주 몰입하게 되면 우리 뇌는 공부에 대한 인식을 긍정적으로 바꾼다. 이처럼 몰입은 학습 효율뿐만 아니라 공부와의 관계까지도 바꾸는 힘이 있다.

공부에서 가장 중요한 것은
집중력이다

만약 매일 하루 종일 공부만 해야 한다면 어떨까? 며칠은 억지로 버틸 수 있겠지만, 이런 일상을 매일 반복한다면 우울하고, 행복할 수 없다. 집중력은 '공부 효율'과 관련이 있다. 공부 효율이 높으면 같은 시간을 써도 다른 사람들보다 2~3배의 공부 효과를 거둘 수 있다. 다르게 말하면, 같은 양을 공부해도 시간을 2분의 1에서 3분의 1만 써도 된다는 뜻이다. 해야 하는 공부를 일찍 마칠수록 쉴 시간이 생기고, 공부 외의 취미나 여가 생활을 즐길 시간이 생긴다. 이런 시간이 있어야 마음의 여유가 생기고, 다시 공부를 시작해도 공부에만 집중할 수 있다. 집중할수록 밀도 높은 공부를 하므로 결과도 훨씬 좋아진다.

공부에 집중하는 방법은 우선 공부를 시작하는 것이다. 정말 단순하다. '측좌핵'은 뇌에서 의욕을 담당하는 곳이다. 이 '행동 스위치'를 켜기 위해서는 자극이 필요하다. 일단 책상 앞에 앉아서 공부하다 보면 측좌핵이 자극되어 공부 의욕이 생긴다. 공부하고 싶은 의욕은 아무것도 안 하다가 갑자기 생기지 않는다. 측좌핵은 다른 행동들에도 적용된다. 한번 놀기 시작하면 측좌핵이 노는 데 자극을 받아 계속 놀고 싶은 욕구가 생긴다. 한참을 놀다가 '이제부터 집중해서 공부해야지'라고 마음먹는다고 해서 바로 공부에 집중할 수 없다. 책상 앞에 앉아 집중하는 척이라도 해야 공부에 집중할 기회가 생긴다.

집중력은 훈련으로 키울 수 있다. 집중력 분야의 권위자인 단다파니Dandapani는 사람들이 오래 집중하지 못하는 이유가 집중력 훈련을 하지 않아서라고 한다. 집중력은 1가지 일에 의식을 유지하는 능력이다. 그는 이 의식을 '빛나는 구슬'이라고 상상하라고 한다.[93] 집중력을 높이려면 빛의 구슬을 1가지 일에 오랫동안 잡아둘 수 있도록 훈련해야 한다. 처음에는 쉽지 않아도 의식적으로 훈련하면 집중력을 키울 수 있다. 예를 들어, 공부하다가 수업이나 책에서 의식이 멀어지고 있음을 알아차리면, 빛의 구슬을 다시 가져와 공부에 초점을 맞춰 보자. 내 집중이 흐트러짐을 알아차릴 때, 다시 내가 집중하려는 것만 생각하는 것이다.

집중을 오래 하다 보면 '몰입' 상태가 된다. 우리는 보통 재미있고, 좋아하는 일을 할 때 몰입하게 된다. 이때는 내가 집중하고 있다는 사실조차 잊는다. 나도 모르는 사이 시간이 훌쩍 지나가 있다. 몰입의 경험을 잘 활용하면 공부에 대한 인식을 바꿀 수 있다. 몰입 상태에 한 번 들어가면 긍정적인 호르몬이 나와 우리 몸은 행복감을 느낀다. 공부에 몰입하면 우리 뇌는 공부를 함으로써 즐거움을 느낀다고 생각하고, 공부를 조금씩 긍정적으로 인식한다. 그러니 당장은 공부가 하기 싫고, 지루하다고 느끼더라도 공부에 한 번 몰입해 보자. 자주 몰입할수록 공부가 더 재미있어진다. 집중력과 몰입은 학습 효율뿐만 아니라, 즐겁게 공부할 수 있도록 도와주는 중요한 공부 습관이다.

몰입은
강한 동기를 부여한다

'도파민'은 뇌의 보상화학물질로 성취감과 희열을 느낄 때 만들어진다. 코네티컷대학교의 행동신경과학자 존 살라모네John Salamone 교수는 도파민, 동기, 노력 사이의 관계에 대해 실험했다. 그는 쥐들 앞에 두 덩어리의 음식을 두었다. 하나는 쥐와 가까이에 있었지만 크기가 작았다. 다른 하나는 작은 장애물 뒤에 있었지만 크기가 2배였다. 도파민 수치가 낮은 쥐들은 모두 가까이에 있는 작은 크기의 음식을 선택했다. 살라모네는 "도파민 수치가 낮을 땐 열심히 노력할 가능성이 작다. 도파민은 쾌락 자체보다 동기부여와 비용-편익 분석Cost-Benefit Analysis에 더 깊은 관련이 있다."라고 말했다. 도파민 수치가 낮을수록 노력할 동기가 없다는 뜻이다.[94]

몰입은 강한 동기를 부여한다. 몰입에 들어가면 우리 뇌는 도파민을 포함한 여러 신경전달물질을 생성한다. 몰입을 통해 뇌가 줄 수 있는 강력한 화학적 보상을 받는 것이다. 이러한 이유로 몰입한 후에는 다시 몰입을 느끼고 싶어 하는 동기가 생긴다. 공부에 몰입하게 되면 우리 뇌는 공부할 때 얻는 성취감과 희열을 다시 느끼고 싶어 한다. 이 때문에 공부를 반복하도록 동기를 부여한다. 일반적으로 몰입을 다시 경험하려면 조금 더 높은 난이도에 도전해야 한다. 난이도를 더 높여서 공부하는 과정을 반복하다 보면 자연스레 실력이 올라가고, 도전에서 오는 성취감으로 인해 다시 또 공부하고 싶은 동기가 생겨난다. 이처럼 몰입은 동기부여와 실력 향상 간의 선순환 구조를 만든다.

몰입 이론의 창시자 미하이 칙센트미하이Mihaly Csikszentmihalyi 교수에 의하면 몰입하기 위해서는 3가지 조건이 필요하다.[95] 첫째, 뚜렷한 목표를 가질 것. 이루고자 하는 목표가 없으면 한곳에 집중하기 어렵고, 시간을 많이 써도 의미 있는 결과를 만들지 못한다. 둘째, 적절한 수준의 난이도를 가질 것. 나의 능력보다 너무 높은 목표를 세우면 금방 지치게 되고, 너무 낮은 목표를 세우면 지루해진다. 셋째, 결과에 대한 즉각적인 피드백을 받을 것. 자신의 실력을 정확히 파악해 잘한 점은 강화하고, 부족한 점은 개선해 나가야 몰입을 지속할 수 있다. 이처럼 몰입의 3가지 조건을 만족하는 공부 계획을 세워야 공부에 계속 몰입할 수 있다.

몰입하고 있는 순간에는 내가 몰입한 줄도 모른다. 오히려 몰입이 끝난 다음에 열심히 공부한 내 모습에 만족감과 자부심을 느낀다. 몰입한 사이 내 실력이 향상되어 내가 더 유능하다고 느낀다. 칙센트미하이 교수는 "가장 중요한 것은 결과가 아니라 과정임을 아는 것"이라고 강조한다.[96] 무언가에 푹 빠져 시간이 어떻게 흘러가는지 모를 정도로 몰입할 때 우리는 열정과 행복을 느낀다. 그만큼 몰입해서 공부할수록 공부에 대한 자신감과 더 열심히 공부하고 싶은 동기가 점점 더 생긴다.

멀티태스킹은 몰입을 방해한다

카이저 사우스 샌프란시스코병원의 간호사들은 1,000번 투약할 때 1번 꼴로 실수했다고 한다. 실수율 자체는 낮아 보이지만, 작은 실수라도 환자에게는 치명적일 수도 있다. 워낙 많이 투약하다 보니 오류가 1년에 250회나 발생했다. 이런 실수의 원인은 다름 아닌 주변 환경의 방해였다. 투약할 때 간호사 주변에서 말을 걸거나, 환자가 무언가를 요구하면 간호사는 집중력을 잃었다. 이후 간호사들은 투약할 때 '투약 조끼'를 입었다. 이 조끼에는 '투약 중입니다. 방해하지 마세요'라고 쓰여 있었다. 덕분에 간호사들은 투약에 집중할 수 있었다. 그 결과 6개월 동안 투약 실수가 47%나 줄었다. 이후 많은 병원에 '투약 조끼'가 확대되었고, 3년간 투약 실수가 88%나 줄어들었다.[97]

멀티태스킹은 몰입을 방해한다. 사람들은 멀티태스킹을 통해 짧은 시간 안에 더 많은 일을 할 수 있다고 믿는다. 그러나 뇌 연구에 따르면 인간의 뇌는 멀티태스킹이 가능하지 않다.[98] 우리가 보통 2가지 일을 동시에 한다고 생각하는 것은 착각이다. 사실은 한 가지 일을 하다가 중단하고, 다른 일로 빠르게 전환하는 것을 반복하는 것이다. 미국 컴퓨터 과학자 제럴드 와인버그Gerald Weinberg에 의하면 2가지 일을 동시에 하면 20%, 3가지 일을 동시에 하면 40%의 효율이 떨어진다고 한다.[99] 멀티태스킹을 할 때 에너지를 더 소모하여 능률과 효율이 떨어지는 것이다.

환경은 몰입에 큰 영향을 준다. 몰입하기 위해선 스마트폰, TV, SNS와 같이 정신을 산만하게 만드는 것을 제한해야 한다. 캘리포니아-어바인대학교의 글로리아 마크Gloria Mark 교수는 몰입이 한번 깨지면, 다시 몰입할 때까지 평균 23분 15초가 걸린다고 한다.[100] 공부하다가 잠깐만 핸드폰을 본다고 생각할지 몰라도, 실제로는 20분 이상을 더 낭비하는 셈이다. 공부에 집중하려면 몰입을 방해하는 요소를 미리 없애야 한다. 핸드폰 알림은 끄고, 아예 쳐다보지 않는 공부 환경을 만드는 것이 몰입을 지속하는 방법이다.

단다파니는 집중력 훈련을 하면 집중력이 높아질 수 있다고 말한다. 반대로, 집중하다가 방해받는 것이 반복되면 산만함이 훈련된다고 한다.[101] 즉, 멀티태스킹을 반복할수록 우리는

1가지 일에 집중하는 능력을 잃어버리고, 점차 중요한 정보와 중요하지 않은 정보를 가려내기 더 어려워진다. 우리 뇌는 1가지 일에만 집중할 때 가장 효율적이다. 몰입을 경험하고, 공부의 효율을 높이려면 공부할 때는 공부에만 집중하는 훈련을 계속해야 한다.

"공부는 집중력 싸움이다."라는 말이 있을 정도로 집중력은 공부에 매우 중요하다. 책상 앞에 오래 앉아 있다고 공부한 게 아니다. 공부에 집중했을 때 제대로 공부한 것이다. 공부에 집중하려면 일단 공부를 시작하고, 내 의식을 온전히 공부에 잡아 두어야 한다. 그렇게 집중을 오래 이어 나가다 보면 몰입 상태에 들어간다. 몰입할 때 나오는 도파민은 동기부여의 열쇠가 되어 공부를 더 하고 싶은 마음을 불러일으킨다. 몰입을 지속하려면 집중력을 방해하는 요소들을 차단하고, 공부에만 집중해야 한다. 공부의 집중력이 올라갈수록 공부 효율도 더 좋아진다. 집중력은 공부에서 가장 중요한 습관이다.

5

동기부여가 불이라면
목표는 기름이다

1979년, 하버드 MBA 졸업생 중 3%는 자신의 목표 달성을 위한 계획을 글로 기록했다. 나머지 97%의 졸업생은 그저 생각만 하거나 아예 목표가 없었다. 10년 후, 뚜렷한 목표를 가진 3%가 나머지 97%보다 무려 평균 10배가 높은 수입을 올렸다.[102] 뚜렷한 목표를 가진 것만으로도 결과의 큰 차이를 만든 것이다. 이와 같이 목표는 내가 가고자 하는 방향을 보여 주는 나침반이다. 목표는 나의 의지가 약해질 때 내가 왜 공부해야 하는지, 무엇을 이루고 싶은지를 상기시킨다. 목표를 보면서 각오를 다짐하면 다시 전투력이 올라간다. 동기라는 불이 점차 약해질 때 목표는 불이 다시 활활 타오를 수 있게 도와주는 기름이다.

뚜렷한 목표가 없으면
시간이 지날수록 동기의 힘이 약해진다

뉴욕대학교의 심리학 교수 피터 골비처Peter Gollwitzer는 학생들에게 크리스마스 이브를 어떻게 보냈는지 리포트를 제출하면 추가 점수를 준다고 말했다. 점수를 받으려면 크리스마스 휴일 다음 날인 12월 26일까지 리포트를 제출해야 했다. 골비처는 학생들을 두 그룹으로 나누었다. 아무런 지시를 못 받은 그룹의 학생들은 33%만 리포트를 제출했다. 다른 그룹의 학생들은 정확히 언제, 어디서 리포트를 쓸 것인지 구체적으로 미리 계획해야 했다. 예를 들어, '나는 크리스마스 아침에 눈을 뜨자마자 기숙사 휴게실에 가서 리포트를 쓸 것이다'라는 식이었다. 그러자 무려 75%의 학생들이 리포트를 제출했다. 목표가 구체적일수록 실천으로 옮기는 동기부여가 더 강력했다.[103]

뚜렷한 목표는 동기를 더욱 강화한다. 동기는 공부를 시작하게 만드는 원동력이다. 동기를 유지하기 위해서는 공부를 통해 무엇을 이루고 싶은지 목표가 분명해야 한다. 왜 공부해야 하는지 명확한 이유를 찾아도, 목표가 없으면 시간이 지나면서 동기라는 '불'이 서서히 약해지기 때문이다. 반대로, 뚜렷한 목표가 있으면 동기가 약해져도 내가 무엇을 위해 공부해야 하는지 다시 기억해 낼 수 있다. 흔들리는 나의 마음과 의지를 다시 잡아 준다. 이처럼 분명한 목표가 있어야 내가 원하는 걸 이룰 때까지 꾸준히 노력할 수 있다.

목표는 2가지 조건을 만족해야 한다. 첫째, 목표는 구체적일수록 달성할 확률이 높아진다. 추상적인 목표를 세우면 나아가는 중간에 방향을 잃어버리기 쉽다. 이러한 이유로 마냥 '살 빼야지'라고 생각하는 사람보다, '1달 안에 몸무게를 3kg 줄이자'처럼 마감 기한과 정확한 숫자를 포함한 구체적인 목표를 세운 사람이 다이어트에 성공할 확률이 더 높다. 공부도 마찬가지다. 공부 목표도 구체적이어야 중요도와 우선순위에 따라 공부 시간과 양을 적절히 나눌 수 있는 계획을 세운다. 둘째, 목표는 현실적이고 성취 가능할 정도여야 한다. 목표를 너무 높게 설정하면 도달하지 못한 채 실망하고 포기한다. 반대로, 너무 낮게 설정하면 쉽게 달성하고 안주한다. 도전적인 목표는 몰입을 유도하고, 성취감을 맛볼 수 있게 도와준다. 이처럼 도전적이고 실현 가능한 공부 계획을 세워야 지치지 않고 실력을 꾸준히 늘려 나갈 수 있다.

나를 위한 목표를 세우자. 목표가 분명하면 원하는 걸 자연스레 성취하고 싶은 욕구가 생긴다. 목표가 있는 것 자체만으로도 강력한 동기부여가 되는 것이다. 간절히 원하는 것이 있으면 아무리 어려운 일이 앞을 막아도 이겨낼 힘이 생겨난다. 흔들리지 않는 마음으로 꾸준히 노력할 수 있다. 이때 목표는 나를 중심으로 해야 끝까지 힘을 잃지 않는다. 나의 성장을 목표로 삼아야 공부 자체에 가치를 둘 수 있다. 결과에 집착하지 않고, 나의 실력 향상에 집중하자. 나의 성장을 중심으로 한 목표는 이루는 과정 전부를 배움으로 만든다.

목표를 구체적으로 상상하라

하버드 의과대학의 신경과학자인 알바로 파스쿠알-레온Alvaro Pascual-Leone 교수는 피아노 연주 경험이 없는 사람들을 모아 이들에게 단순한 음의 멜로디를 연주하는 법을 가르쳤다. 두 그룹으로 나눠 첫 번째 그룹은 5일 동안 키보드로 멜로디를 연습하게 했다. 다른 그룹은 자신들이 배운 멜로디를 머릿속으로 연주하는 '상상'만 하도록 했다. 결과는 놀라웠다. 두 그룹 모두 정확히 같은 종류의 변화가 뇌에서 일어났다. 단순히 상상하는 것만으로도 실제 연습한 것과 같은 효과를 가져온 것이다. 이 연구는 우리가 흔히 부르는 '마인드 트레이닝'이 효과가 있다는 것을 보여 준다.[104]

목표를 달성한 나의 모습을 구체적으로 상상하면 실제로 이룰 확률이 높아진다. 뇌는 실제 경험과 생생하게 상상한 것의 차이를 구별하지 못한다. 목표를 이룬 모습을 구체적으로 상상하면 우리는 뇌를 속인다. 뇌는 이미 목표를 이루었다고 믿는다. 목표를 이룬 사람처럼 행동하도록 나를 변화시킨다. 내 마음가짐과 행동이 바뀌면서 실제로 그 목표를 달성할 확률이 높아지는 것이다. 목표를 이뤄 냈을 때의 나의 모습뿐만 아니라 그때의 느낌과 감정까지 세세하게 상상해 보자. '좋은 대학에 가고 싶다'처럼 추상적인 상상보다는, 구체적으로 내가 가고 싶은 특정한 대학의 특정한 과에 입학했다고 상상해야 효과를 볼 수 있다. 목표를 이룬 내 모습을 매일 구체적으로 상상하면 현실에서도 분명 이룰 수 있다.

목표의 시각화는 상상력을 구체화한다. 가고 싶은 대학교 캠퍼스나 닮고 싶은 롤모델을 벽에 붙여 보자. 시각화는 내가 목표를 이루었을 때의 모습을 구체적으로 상상할 수 있게 도와준다. 이미지뿐만 아니라 내가 이루고 싶은 것들을 글로 적어서 시각화하는 것도 좋다. 종이 한 장에 '내가 원하는 것은 무엇인지', '이루기 위해서 무엇을 해야 하는지'를 적어 보자. 예를 들어, 공부를 통해서 이루고 싶은 것, 가족이나 친구들과의 관계에서 원하는 것을 목표로 적으면 된다. 시각화된 목표를 보면서 '내 행동이 나의 목표를 향해 가고 있는가?'를 매일 자신에게 물어보자. 시각화는 내가 무엇을 위해서 공부하고, 노력하는지 떠올리게 도와준다.

이루고 싶은 목표들을 매일 열 번씩 적어 보자. 목표를 매일 적으면 집중해야 할 대상이 분명해진다. 목표가 나의 무의식에 각인되어 우리 뇌가 목표를 이룰 방법들을 스스로 생각해 내고, 실천에 옮기도록 도와준다. 또한 나를 위한 목표를 세우고, 이를 매일 적으면 '내 삶의 주인은 나'라는 것을 매일 상기할 수 있다. 다른 사람들이 나에게 주입하는 생각이나 잡념을 물리치고, 온전히 나의 목표에만 집중할 수 있게 된다. 매일 목표를 적으며 나의 다짐을 상기시키자. 나의 각오가 절실하고, 강력할수록 꿈이 현실이 될 가능성이 높아진다.

완벽함을 기다리지 말고 일단 질러라

사람들은 더 나아진 자신을 꿈꾸며 목표를 세운다. 그러나 실제로 그 목표를 이루는 사람은 적다. 왜일까? 이유는 간단하다. 대부분이 시작하지 않아서다. 대부분은 100%의 확신이나 완벽한 계획이 없으면 시작을 두려워한다. 메타·페이스북의 창업자 마크 저커버그Mark Zuckerberg는 본사 벽면에 "Done is better than perfect(완벽보다 완성이 낫다)."라는 문구를 적어 놨다. 그는 이 문구가 시작에 대한 두려움을 극복하고, 행동으로 옮길 수 있는 용기를 주었다고 한다.[105] 계획만 하고 있으면 목표를 이룰 수 없다. 목표를 이루기 위해서는 일단 시작해야 한다.

설령 시작한다 해도 목표를 이뤄 나가는 과정이 험난하다 보니 중간에서 많이 포기한다. 이루고 싶은 궁극적인 목표를 세우고, 그 목표를 이루기 위한 작고 구체적인 단기 목표들을 세워 보자. 작은 목표들은 시작하기 어렵지 않고, 이룰 때마다 성취감과 뿌듯함을 준다. 단, 단기 목표는 명확해야 한다. 치밀하게 계획하고, 언제까지 목표를 이룰지 기한을 두어야 한다. 기한이 분명해야 성취할 확률이 높아진다. 작은 목표들을 하나씩 이루다 보면, 최종적으로 원하는 목표에 도달할 수 있다.

'Ready, Fire, Aim(준비, 발사, 조준)'을 실천하자. 완벽한 계획을 세우고 시작하려 하지 말고, 일단 시작하면서 목표를 수정해야 한다.[106] 완벽한 계획이라고 생각해도, 이뤄 나가는 과정에서 계속 바뀌기 마련이다. 작은 목표들을 이뤄 나가다 보면 자연스럽게 다음 스텝으로 나에게 필요한 목표들이 보이기 시작한다. 보통 시작을 못 하는 이유는 완벽한 계획을 세우려고 하기 때문이다. 실패가 두렵다 보니 완벽한 계획이 없으면 시작조차 못 하는 것이다. 세계적으로 성공한 사람들이나 기업들은 실패를 두려워하지 않는다. 오히려 이를 역이용한다. 일단 도전하고, 실패에서 얻은 교훈을 이용해 계획을 끊임없이 수정해야 한다. 처음부터 완벽한 목표란 존재하지 않는다. 잘못된 부분을 끊임없이 수정해 나가는 것이 '완벽'으로 가는 지름길이다.

목표와 계획 수정을 위해 피드백을 이용하자. 목표를 보완하기 위해서는 피드백이 있어야 한다. 공부에서 피드백으로 쓰기 좋은 것은 성적이다. 이때 남과 비교하기 위해서가 아닌, 온전히 내 실력을 측정하는 기준으로 사용해야 나의 공부 계획과 목표를 수정할 수 있다. 피드백은 나의 부족한 점을 파악하고, 어떻게 공부해야 할지 방향을 제시한다. 내가 이루고 싶은 목표들을 종이에 적어 벽에 붙여 놓는 것도 좋은 피드백이 된다. 오늘 공부한 것 중에 잘한 일과 발전시킬 일을 스스로 점검해 볼 수 있다. 피드백으로 실력을 발전시켜 나가면, 결국에는 내가 원하는 것들을 전부 이룰 수 있을 것이다.

공부에서 가장 흔히 보이는 경우가 '작심삼일'이다. 무언가에 자극을 받으면 공부하고자 하는 마음이 불같이 생겨나지만, 그 의지는 며칠 못 가서 점차 사라진다. 뚜렷한 목표가 없어서다. 목표가 분명해야 내가 가야 하는 방향과 왜 이루려고 마음먹었는지를 알 수 있다. 목표는 구체적이고, 실현 가능해야 달성할 확률이 높다. 목표를 시각화하여 자주 볼수록 내 마음을 다잡고 동기를 지속시킬 수 있다. 목표는 처음부터 완벽할 수 없다. 작은 목표들을 세워 일단 시작하고, 궁극적인 목표를 이룰 때까지 계획을 수정해야 한다. 작은 목표들을 하나씩 이뤄 나가면 결국엔 목적지에 도착한다. 목표가 뚜렷한 사람은 원하는 것을 이룰 때까지 절대 포기하지 않는 사람이다.

6

나를 믿으면 무엇이든 할 수 있다

사람은 보통 자신에 대한 믿음을 낮게 평가한다. 다른 사람이 이뤄 낸 것들은 저들이 대단하기 때문이라고 생각하는 반면, 자신은 그 정도 수준이 아니라고 생각한다. 그러나 우리의 잠재력은 자신을 믿는 만큼만 발현된다. 진심으로 믿으면 나도 충분히 해낼 수 있다. 공부도 마찬가지다. 공부를 잘하고 싶으면 내가 잘하는 사람이라고 먼저 믿고 행동해야 한다. 생각과 행동이 반복되면 내 잠재의식이 변화하기 시작한다. 어느 순간, 나는 공부를 잘하는 사람이라고 믿게 되어 공부에 자신감이 붙는다. 이렇게 생긴 자신감은 나를 실제로 공부 잘하는 사람으로 만든다. 사람은 딱 자기가 믿는 만큼 성장하고 결과를 얻는다. 자신의 무한한 잠재력을 믿는 사람은 뭐든 반드시 이룰 수 있다.

믿음에는
강력한 힘이 있다

1950년대 중반까지 사람들은 1마일을 4분 안에 달릴 수 없다고 믿었다. 심지어 의학계는 1마일을 4분 안에 뛴다면 인간의 심장은 견디지 못하고 터진다고 주장했다. 이를 '마의 4분'이라 불렀다. 1954년, 영국의 로저 배니스터Roger Bannister는 3분 59초 4의 기록을 세웠다. 역사상 최초로 '마의 4분' 벽을 깬 것이다. 놀라운 것은 그 이후였다. 46일 만에 배니스터의 라이벌 존 랜디John Landy도 '마의 4분'을 깼다. 이후 1년이 채 되지 않아 무려 37명이, 그다음 해까지는 300명이 4분 기록을 깼다.[107]

배니스터가 마의 4분 벽을 깬 이후 갑작스럽게 육상 선수들의 신체적 능력이 좋아진 게 아니다. 그들이 벽을 넘지 못했던 이유는 자신 안에 마음의 벽을 세워, 이미 한계를 정해 놓았기 때문이다. 자신을 믿지 못한 마음이 잠재력을 제한한 것이다. 배니스터가 기록을 깨면서 이들의 마음의 벽이 허물어지자, 나도 할 수 있다는 믿음과 자신감이 생겨났다. 이를 다른 관점으로 해석하면, 할 수 있다는 믿음과 자신감이 있으면 우리는 무엇이든 이룰 수 있다는 뜻이 된다. 공부도 마찬가지다. 할 수 없다는 마음을 가진 사람이 어느 순간 갑자기 공부를 잘하는 일은 없다. 나를 믿는 마음을 가진 사람만이 잘하고자 하는 의지와 용기를 얻는다.

우리 안에는 무한한 잠재력이 있다. 잠재력은 마음속 깊이 잠들어 있어서, 내가 깨워야지만 내 것으로 만들 수 있다. 잠재력을 깨우기 위해서는 내 마음가짐부터 바꿔야 한다. 지금부터 나는 공부를 잘하는 사람이라고 믿어 보자. 노력하면 무엇이든 해내는 사람이라고 믿으면 훨씬 더 자신감 있게 공부할 수 있다. 뇌가 이전과는 다르게 공부를 바라본다. '까짓거 한 번 해 보지 뭐', '실패쯤이야, 다시 도전하지 뭐'라고 생각한다. 자신감을 갖고 다시 도전하고, 실패하는 과정에서 잠들어 있던 나의 잠재력이 점차 깨어난다. 그러니 지금 나의 실력이 부족해도 괜찮다. 나의 잠재력을 깨우면 나는 무엇이든 해낼 수 있다.

믿음의 힘은 강력하다. 단순한 생각 같아 보이지만 막강한 힘을 발휘한다. 때로는 상식을 무시하고 나에 대한 맹목적인 믿음을 가져야 한다. 공부를 잘하기 때문에 나에 대한 '믿음'이 생기는 것이 아니라, 자신을 '믿는 마음'이 공부를 잘하게 만든다. '공부 그릇'은 전부 믿음을 토대로 한다. 나를 믿어야 성장형 마인드가 생기고, 자기효능감을 얻고, 몰입도 하고, 목표를 성취한다. 절대 포기하지 말아라. 당신은 할 수 있다. 무조건 할 수 있다고 믿어라.

나에 대한 믿음은
작은 신뢰에서부터 시작한다

하버드대학교 심리학과 로버트 로젠탈Robert Rosenthal 교수는 샌프란시스코의 한 초등학교의 학생들을 대상으로 실험했다. 20%의 학생들을 무작위로 뽑은 다음, 명단을 교사에게 주면서 이 아이들의 IQ가 높다고 말했다. 8개월 후, 명단에 있던 아이들의 학업 성취도가 다른 학생들보다 실제로 더 높게 나왔다. 담임교사는 해당 학생들에게 관심과 기대를 보였고, 학생들 또한 이에 부응하기 위해 노력하는 과정에서 실력이 올라간 것이다. 이를 '로젠탈 효과'라고 한다.[108] 자기 자신에 대한 기대와 믿음이 노력을 만나면 자신감과 실력으로 바뀐다. 나의 성장은 언제나 나에 대한 믿음에서부터 시작한다.

자신과의 신뢰를 먼저 쌓아야 한다. 대부분 자신을 믿지 못하는 이유는 내가 무언갈 해낼 거라고 스스로 다짐했지만, 실제로는 그 약속을 지키지 못했기 때문이다. 나를 아무리 믿고 싶어도 자신과 한 약속을 자꾸 어기면 믿음이 꺾일 수밖에 없다. 아직 자신을 믿는 마음이 부족하다면 처음에는 내가 잘하는 것에 먼저 집중하는 게 좋다. 내가 좋아하고, 잘하는 걸 하면서 작은 승리를 반복하다 보면 나에 대한 신뢰가 쌓이기 시작한다. '나도 노력하면 할 수 있다'라는 믿음과 자신감이 생긴 후, 나의 부족한 부분을 조금씩 공략해 나가면 자신의 한계를 뛰어넘을 수 있다. 작은 승리로 자신과의 신뢰를 먼저 회복하는 것이 나에 대한 믿음을 키우는 첫 스텝이다.

KBS 다큐 〈공부하는 인간〉에서는 서양과 동양 학생들의 공부에 대한 생각을 비교했다. 실험 결과, 서양 학생들은 남보다 더 잘한다고 생각할 때 열심히 했다. 동양 학생들은 자신이 다른 사람보다 못하다고 생각할 때 더 노력했다. 서양에서는 잘하는 걸 더 잘하기 위해 노력한다. 반면 동양에서는 못하는 걸 더 잘하게 만들기 위해 노력한다.[109] 이처럼 우리는 못 하는 공부에만 집중하다 보니 자신이 항상 부족해 보인다. 자신의 강점에 초점을 맞추지 않고, 약점에 더 많은 에너지를 쏟다 보면 나중에는 내가 무엇을 잘하는지 잊어버린다. 부족한 면을 채워 넣는 것도 좋지만, 자신이 잘하는 것에 더 많은 관심을 기울일수록 자신에 대한 믿음이 더 커진다.

아인슈타인이 말했다. "모든 사람은 천재다. 하지만 나무에 오르는 능력으로 물고기를 평가한다면, 그 물고기는 평생 자신이 바보라고 믿으며 살 것이다."[110] 우리는 모두 천재급의 잠재력을 가지고 있다. 이를 어떻게 사용하느냐에 따라 내가 진짜 천재가 될 수도, 아니면 잠재력이 꽃을 피우지 못할 수도 있다. 우리는 각자 다 다른 장점과 개성을 가지고 있다. 그런데도 강점보다 약점에만 초점을 맞추면 자신이 항상 부족해 보인다. 부족한 것들에만 집중한 채 '나는 할 수 없다'라고 말하지 말자.

나의 능력을 의심하지 않고, 잘하는 것에서부터 한 발씩 나아가다 보면 분명 잠재력을 꽃 피울 수 있다. 내 안에 있는 무한한 잠재력을 믿을 때 내가 원하는 전부를 얻게 될 것이다.

잠재의식을
긍정적으로 바꿔야 한다

프랑스의 약사이자 심리치료사 에밀 쿠에Emile Coue에게 한 지인이 찾아왔다. 시간이 늦어 병원에 가지 못한 지인은 쿠에에게 약을 지어 달라고 부탁했다. 쿠에는 처방전이 없어 처음에는 거절했다. 그러나 고통스러워하는 모습을 보고선 하는 수 없이 포도당류의 알약을 지어 주었다. 이 알약은 사실 통증에는 아무 효과도 없는 약이었다. 며칠 후 지인은 그 약 덕분에 다 나았다고 말했다. 쿠에는 이 현상을 깊게 연구해 '자기 암시 이론'을 발표했다.[111] 사람은 무언갈 꾸준히 믿기 시작하면 무의식에 각인되어 뇌가 실제로 이를 믿는다. 잠재의식이 바뀌면서 삶의 모든 걸 믿음에 맞추어 행동하도록 만든다. 처음에는 고작 믿음뿐이었지만, 나중에는 믿음이 현실로 나타나는 것이다.

사람들이 변화를 시도해도 실패하는 이유는 자신의 의식만 바꾸는 데 집중하기 때문이다. 의식은 뇌 기능의 10%만 차지한다. 반면 잠재의식은 생각과 행동에 90%나 영향을 미친다. 잠재의식이 90%나 차지하는데, 이를 그대로 둔 채 의식만 바꾸려 하니 성공하기 힘든 것이다. 긍정적인 자기 암시는 나를 변화시킨다. 생각은 강력한 힘을 가지고 있기 때문이다. 내가 어떤 생각을 하느냐에 따라, 하는 일의 결과가 완전히 바뀐다. 이러한 결과들이 모이면 궁극적으로 나 자신이 바뀐다. 인간에게 주어진 가장 큰 선물은 '생각을 선택하는 힘'이다. 내가 어떤 생각을 선택하느냐에 따라 내 인생이 바뀔 것이다.

우리 뇌에는 약 1천억 개의 뉴런이 있다. 생각과 행동을 할 때마다 뉴런 일부가 활성화되어 흥분한다. 똑같은 생각과 행동을 계속 반복하면 동일한 뉴런들이 계속 활성화된다. 결국, '장기강화' 과정을 시작한다. 이 과정을 통해 뇌세포 네트워크는 우리가 하는 생각과 행동을 자동화하는 연결을 만들어 낸다. 처음에는 연결이 취약하지만, 시간이 지나면서 반복하다 보면 신경회로가 강력해져서 생각과 행동도 강화된다. 인간의 잠재의식과 습관은 이런 식으로 만들어진다. 자주 하는 생각과 행동에 따라 우리를 더욱 긍정적이고 낙천적으로 만들 수도 있고, 부정적이고 우울하게 만들 수도 있다.[112]

'헌 집'을 허물고, '새집'을 지어야 한다. 생각과 행동을 변화시키려면 뇌의 네트워크를 새롭게 연결해야 한다. 부정적인 생각들에서 긍정적이고 나를 믿는 생각들로 대체할 때마다, 우리 뇌는 새로운 연결을 만든다. 적당한 수면을 하고, 운동과 좋은 생각을 자주 하고, 자기 의심이 들 때마다 억누른다면 뇌는 긍정과 믿음 회로를 강화한다. 낡은 회로 위에 새로운 연결을 덮어 성공을 향한 신경 고속도로를 건설하기 시작한다. 이처럼 잠재의식은 내가 얼마만큼 원하고, 노력하느냐에 따라 충분히 바뀔 수 있다.

　말을 바꾸면 생각이 바뀐다. 말은 나의 정체성이다. 평소에 습관처럼 말하는 것들은 전부 나의 잠재의식에서 나오는 것들이다. '나는 공부를 잘 못해', '나는 노력해도 안 돼'라고 말하는 순간 잠재의식은 그 말을 그대로 받아들인다. 반대로, 내가 아직 공부를 잘하지 못해도 '나는 공부를 잘하는 사람이야', '나는 해낼 거야' 같은 말을 하면 잠재의식은 내가 공부를 잘하는 사람이라고 인식한다. 우리는 자신을 인식한 대로 행동할 것이다. 이참에 하나만 더 바꿔 보자. 공부를 '잘 할거야'에서 '잘 해!'라고 말이다. 전자는 자기 암시뿐이지만, 후자는 자기 확신을 준다. 말은 내가 하는 생각에서 나오지만, 내가 하는 말이 다시 생각에 영향을 준다.

　"당신이 할 수 있다고 생각하든, 그렇지 않다고 생각하든 간에, 당신 생각이 옳다." 미국의 '자동차 왕' 헨리 포드Henry Ford가 한 말이다.[113] 믿음은 공부를 포함한 모든 일에 있어 가장 근본적인 토대가 된다. 내가 이루려고 하는 모든 것은 나의 믿음에서 시작한다. 나의 믿음은 생각이 되고, 생각은 곧 말이 되며, 말은 결국 행동으로 이어진다. 아직 습관이 덜되어서 '나는 공부를 못해'라고 생각할 수 있다. 그때마다 '아니, 나는 공부를 잘하는 사람이야!'라고 외치자. 잠재의식은 내가 공부를 잘하는 사람으로 인식하고 그렇게 행동하게 만든다. 당신은 무엇이든 해낼 수 있는 사람이다. 자신을 믿고 밀어붙여 보길 바란다.

7

스트레스에 빠지면
성장 모드가 아닌 생존 모드가 된다

스트레스는 한때 인간의 생존을 위한 도구였다. 원시 시대에는 스트레스 덕분에 맹수의 위협에서 벗어날 수 있었다. 생존 위협을 받으면 인간의 스트레스 대응 시스템은 이성을 차단하고, 본능적으로 행동하게 만든다. 생존 본능에 이끌려 공격 또는 도피 행동을 재빠르게 선택한다. 맹수를 만났을 때 '싸울까? 도망갈까?'를 이성적으로 판단하고, 분석하던 선조들은 그 자리에서 죽었을 것이다. 그러나 스트레스는 공부에 치명적이다. 스트레스는 부정적인 감정에 빠지게 하고, 지적 사고를 담당하는 '전두엽'의 활동을 막는다. 스트레스가 쌓인 상태에서는 생존을 우선시하여 성장을 위한 공부를 하지 못한다.

한때 생존을 위한 요소들은
이제 우리를 위협한다

뇌는 원래 부정적인 생각을 하도록 만들어졌다. 원시 시대에 살던 우리의 선조들에게 부정적인 생각은 강력한 생존 도구였다. 부정적인 것들은 대부분 위협과 연관되고, 위협은 즉각적으로 대처해야 했기 때문이다. 부정적인 것에 초점을 맞추면 맹수에게 잡아먹히거나 절벽에서 떨어져 죽는 것을 피할 수 있었다. 살아가면서 잠재적인 위험에 민감하게 반응하고 인식하는 것이 우리 인류가 오랫동안 살아남는 데 도움이 됐다. 시간이 지나고, 사회가 발전하면서 이제는 맹수나 미지의 땅에서 오는 위협이 사라졌다. 그러나 인간의 뇌는 환경의 변화처럼 신속하게 진화하지 못했다.[114]

우리의 몸과 뇌는 아직 원시 생활에 최적화되어 있다. 인간은 약 3백만 년에 걸쳐 진화했고, 그 시간의 대부분이 원시 시대였기 때문이다. 이러한 이유로 우리는 여전히 부정적인 것에 더 민감하다. 한 연구에 따르면 긍정적인 단어가 있는 제목보다 부정적인 단어가 있는 제목의 기사를 클릭할 가능성이 약 63% 더 높았다.[115] 사람들은 아직도 좋은 사건의 사진보다 나쁜 사건의 사진을 더 오랫동안 본다. 다른 사람의 좋은 점보다 나쁜 점에 더 집착하는 경향이 있다. 부정적인 것들에 민감하게 반응해 생존을 최우선으로 하려는 인간의 본성이 남아 있는 것이다.

스트레스 대응 시스템은 위험한 상황에서 우리를 안전하게 지키도록 설계되었다. 예를 들어, 원시 시대에 맹수를 만났다고 상상해 보자. 선택지는 2가지다. 맞서 싸우거나, 도망가거나. 이런 일촉즉발의 상황에서 우리는 격렬한 스트레스를 받는다. 스트레스를 받으면 뇌의 '편도체'라는 부분을 자극하고, 아드레날린을 분비하는 '부신'을 황급히 깨운다. 아드레날린은 심장 박동수를 늘려 더 많은 혈액을 순환시킨다. 순간적으로 초인의 힘을 갖는 것이다. 이로써 우리는 생존에 유리한 행동을 재빠르게 할 수 있었다.

우리 몸과 뇌는 3백만 년 동안 건전한 스트레스 반응을 키워 왔다. 과거에는 재빠르게 맹수를 제압하거나, 위기 상황에서 도망치면 스트레스 수치가 다시 정상으로 회복되었다. 그러나 현대인의 스트레스는 일시적이지 않다. 스트레스가 지속되면 부신은 '코르티솔'을 분비한다. 불안, 초조, 짜증을 유발하는 호르몬이다. 몸은 생존 시스템을 풀가동시켜 장기전을 준비한다. 만성적으로 높은 코르티솔 수치는 기억의 생성과 저장을 담당하는 '해마'의 세포를 손상시키고 죽인다.[116] 공부 회로를 막아 버려 아무리 많은 지식이 들어와도 뇌가 흡수하지 못한다. 심한 스트레스 상황에서 공부하기가 어려운 이유다.

스트레스는
우리를 파충류로 만든다

인간의 뇌는 3단계로 구성된다. 미국 신경과학자 폴 맥클 린 Paul MacLean 박사는 이를 '삼위일체 뇌'라고 말했다. 먼저 가장 안쪽에 있는 건 '파충류의 뇌(뇌간, 소뇌 등)'다. 호흡, 심장 박동, 혈압과 같이 기초적인 생명 유지 활동과 운동을 담당한다. 주로 무의식 상태에서 활동한다. 그다음은 '포유류의 뇌(대뇌변연계)'다. 기본적인 감정, 식욕, 단기 기억을 담당한다. 감정의 뇌라고도 불리며, 무리 지어 사회생활을 하는 데 도움을 준다. 마지막으로는 가장 바깥에 만들어진 '영장류의 뇌(대뇌피질 또는 신피질)'다. 지능, 추상적인 사고, 언어, 계획 등을 담당한다. 인간의 감정과 충동을 제어하고, 이성적인 판단을 하도록 도와준다.[117]

학습과 인성에 있어서 가장 중요한 건 영장류의 뇌다. 특히 영장류의 뇌 앞쪽에 있는 '전두엽'이다. 전두엽은 뇌에서 가장 진화한 부분으로 인간의 뇌에서 약 30%를 차지한다. 침팬지나 원숭이의 뇌에서는 11%, 개는 7%, 고양이는 3.5%, 생쥐는 1%를 차지한다.[118] 그만큼 인간을 인간답게 생각하고 행동할 수 있게 만들어 주는 뇌의 영역이 바로 전두엽이다. 전두엽은 뇌의 사령관 역할을 한다. 이성적 판단, 올바른 의사결정, 계획 능력, 충동

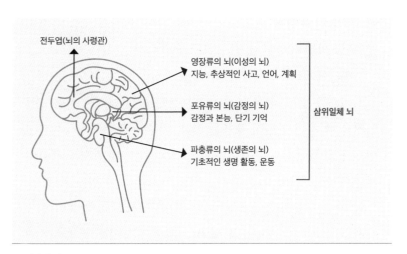

인간의 뇌 구조

조절을 담당한다. 만약 전두엽이 손상되면 충동적으로 행동하고, 명료한 사고를 할 수 없다. 무기력해지고, 짜증과 불평 등이 심해져 결국 인격 또한 손상된다.

인간은 강한 스트레스 상태에서는 명료하게 '생각할 수 없도록' 진화했다. 위협을 받았을 때 생존은 본능적인 반응 속도에 따라 좌우되기 때문이다. 평상시에는 뇌 전체에 피가 골고루 전달되어 아무 이상 없다. 문제는 스트레스를 받을 때다. 스트레스를 받으면 편도체가 자극되어 코르티솔이 증가해 심장 박동을 빠르게 한다. 심장 박동이 빨라지면 심장을 담당하는 파충류의 뇌가 활성화된다. 머리 전체에 골고루 있어야 할 피들이 파충류의 뇌로 몰린다. 전두엽에 피가 돌지 않아 판단력, 집중력, 기억력, 이해력 등 사고력이 마비된다. 인간의 모습은 했지만, 몸이 파충류가 된 것이나 마찬가지다.

인간에게는 크게 2가지의 작동 방식이 있다. '생존 모드'는 스트레스를 받을 때 공격 또는 도피 행동을 한다. '성장 모드'는 안전할 때 서식과 번식 행동을 한다. 대부분 생존을 본능이라고 생각하지만, 성장도 본능이다.[119] 인간에게는 2가지 모두 필요하지만, 공부를 잘하기 위해서는 성장 모드를 켜야 한다. 성장 모드일 때 전두엽이 활성화되어 사고력이 향상되고, 창의력이 높아진다. 그러나 스트레스를 받거나, 불안과 두려움 등 부정적인 감정이 들면 생존 모드가 켜진다. 우리 몸과 뇌는 기본적으로 생존을 최우선하기 때문이다. 스트레스와 부정적인 감정을 없애야만 생존 모드를 끌 수 있다.

멘탈 관리를 해야 공부를 잘할 수 있다

멘탈 관리도 실력이다. 스트레스와 부정적인 감정이 들면 우리 뇌는 '위협'으로 간주한다. 모든 에너지와 정신력을 위협을 해결하는 데 쓴다. 공부는 자연스레 우선순위에서 밀려난다. 부모님이나 친구와 다투거나, 시험 생각에 불안을 느낄 때 스트레스와 부정적인 감정이 생긴다. 이때는 사고력과 학습 능력이 떨어져 공부 효율이 낮다. 공부를 잘하기 위해서는 스트레스와 부정적인 감정을 잘 다룰 줄 알아야 한다. 안정감, 기쁨, 만족감 같은 긍정적인 감정을 느낄 때 우리는 에너지와 정신력을 공부에 집중한다. 공부에 있어 평정심이 중요하다고 말하는 이유다. 멘탈 관리를 해야 공부를 효율적으로 하고, 나의 성장에 더 집중할 수 있다.

원시 시대에 살던 우리의 선조들에게 스트레스라는 건 일시적이었다. 몸이 자동으로 이완되어 스트레스 수치를 정상으로 낮추었다. 하지만 현대인의 스트레스는 지속적이기 때문에 내가 의식적으로 몸을 이완해야 한다. 2017년 스탠퍼드대학교 의대 연구팀이 발표한 뇌과학 연구에 의하면 몸을 이완하는 데 가장 좋은 방법은 '심호흡'이다.[120] 간단한 방법이라 실망했을지 모르지만, 심호흡은 생각보다 훨씬 강력하다. 스트레스를 받으면 우리의 내장기관은 전부 각성 상태에 돌입한다. 이때 심호흡을 하면 혈중 산소 농도를 높여 뇌가 위기 상황에서 벗어났다고 인식한다. 뇌는 몸을 이완하라고 각 기관에 지시한다. 심호흡만 제대로 해도 몸을 이완하고 스트레스 수치를 정상으로 낮출 수 있다.

심호흡이 성장 모드를 켠다. 미국 하트매스 연구소HeartMath Institute는 '심장 집중 호흡법'을 개발했다.[121] 숨을 5~6초간 천천히 들이마시고, 이어 5~6초간 천천히 내쉬는 방법이다. 몸은 편안하게, 정신은 심장을 통해 심호흡한다고 상상하면 더욱 효과적이다. 손을 심장 위에 얹으면 집중에 도움이 된다. 처음에는 어색할 수도 있다. 평소의 들숨과 날숨 주기는 평균 3초밖에 되지 않는다. 심호흡은 들숨과 날숨이 각각 5~6초씩이니 호흡 주기가 10~12초다. 즉, 평소보다 3~4배 더 오래 하는 것이다. 심호흡을 통해 몸을 의식적으로 이완시키면 비로소 '성장 모드'로 들어간다. 공부 시작 전이나 평소에 걸으면서도 서너 번 심호흡하는 습관을 들여 보자. 그렇게 긴 시간도 아니다. 평정심을 얻고, 전두엽이 활성화되어 공부에 최적의 상태가 된다.

불안과 같은 부정적인 감정이 이미 들었을 때, 이를 잊으려고 노력하면 오히려 더 많이 생각난다. 그럴 때는 불안에 대해 자세히 설명하거나 글을 써 보면 도움이 된다. 이를 심리학에서는 '정서명명 Affect Labeling'이라고 한다.[122] 정서명명을 하면 이성을 담당하는 전두엽의 활동이 증가하고, 감정을 담당하는 편도체의 활동이 줄어든다. 느끼는 불안에 대해 이성적으로 설명하고 글을 쓰면, 자신도 모르게 불안이 잠잠해진다. 두뇌가 정리된 것이다. 이때 부정적인 감정을 다른 관점으로 해석하면 더욱 효과적이다. '불안', '떨림' 대신, '들뜬 상태'나 '설렘'과 같은 긍정적인 단어들로 재정의해 글을 쓰면 더 효과적으로 감정을 조절할 수 있다.

현대 사회에서 스트레스는 피할 수 없는 요소다. 이제는 내가 의식적으로 나의 감정을 조절할 줄 알아야 한다. 스트레스는 성장 모드를 끄고, 생존 모드를 켠다. 스트레스를 다스리고, 평정심을 되찾으면 우리는 다시 성장 모드로 들어간다. 이때 전두엽이 활성화되어 사고력과 창의력이 올라간다. 스트레스를 받는 상황이면 심호흡을 통해 몸을 이완하자. 평소에도 심호흡하는 습관을 들이면 공부에 최적의 상태를 유지할 수 있다. 부정적인 감정이 들 때면 글로 적어 보자. 두뇌가 정리되면서 부정적인 감정도 사라진다. 멘탈 관리도 실력이다. 나를 잘 다스릴 줄 알아야 공부를 효율적으로 할 수 있다.

8

긍정적인 마음을 가질수록
공부가 잘 된다

어느 날 저녁, 할아버지 인디언은 손자에게 말했다. "얘야, 우리 마음속에는 늑대 두 마리가 싸우고 있단다. 하나는 '악'이라는 녀석이고, 다른 하나는 '선'이지." 손자가 곰곰이 생각하더니 물었다. "둘 중 어떤 늑대가 이기나요?" 할아버지 인디언이 대답했다. "그거야 네가 먹이를 주는 늑대가 이기지."[123] 인간은 생존을 위해 부정적인 생각을 많이 한다. 한 연구에 의하면 하루 동안 우리가 하는 생각 중 80%가 부정적이라고 한다.[124] 그러나 우리 안에는 긍정도 분명히 있다. 우리가 긍정이라는 늑대에게 먹이를 주면 충분히 부정을 이겨 낼 수 있다. 긍정적인 마인드는 타고나는 것이 아니라 내가 선택하는 것이다.

긍정적인 마인드가
나의 미래를 바꾼다

긍정적인 에너지는 통찰력을 만든다. 노스웨스턴대학교 신경과학자인 마크 비먼Mark Beeman 교수는 긍정적인 에너지가 문제 풀이에 어떤 영향을 미치는지 실험했다. 그는 학생들을 두 그룹으로 나누어 단어 연상 퍼즐을 풀게 했다. 한 그룹은 문제를 풀기 전 코미디 영상을 보았다. 다른 그룹은 무섭거나 지루한 영상을 보았다. 실험 결과, 긍정적인 분위기 속에 있는 학생들이 복잡한 문제를 훨씬 더 잘 풀었다. 이는 학생들의 뇌 활동을 분석한 결과로도 증명되었다. 긍정적인 에너지 속에 있을 때 인지기능에 중요한 역할을 하는 전측 대상피질의 활동이 더 많았던 것이다.[125]

긍정적인 사람이 공부를 더 잘한다. 긍정심리학의 창시자인 마틴 셀리그먼Martin Seligman 교수는 낙관주의를 연구했다. 그 결과 긍정적인 사람이 학업성적이 더 좋았고, 사회에서도 더 성공한다는 사실을 발견했다. 긍정적인 사람과 부정적인 사람은 자신에게 벌어진 일을 해석하는 방식에서 차이가 난다. 셀리그먼은 이를 '설명 양식Explanatory Style'이라고 말한다.[126] 긍정적인 사람은 실패나 좌절을 일시적이라 생각한다. 자신의 상황을 얼마든지 극복할 수 있다고 믿는다. 마음의 여유를 갖고 실패를 경험 삼아 자신을 발전시킨다. 반면 부정적인 사람은 실패에 '나는 늘 이런 식이야', '역시 나는 안 되나 봐'라고 생각한다. 자신을 자책하면서 좌절하는 순간 성장도 함께 멈춘다.

긍정적인 마인드는 누구나 가질 수 있다. 셀리그먼은 원래 '학습된 무기력'에 대한 연구로 명성을 얻었다. 학습된 무기력은 앞에서 설명한 '말뚝에 묶인 코끼리'를 떠올려 보면 된다. 부정적인 일들에 계속 노출되면 스스로가 통제할 수 없다는 생각이 들어 점차 무기력해지는 현상이다. 셀리그먼은 학습된 무기력을 수십 년간 연구하다 보니 자신도 우울해지는 것을 발견했다. 그는 우울이 학습된다면, 반대로 긍정도 학습되는 게 아닌가 하고 발상을 바꾸었다. 그 이후 '학습된 낙관주의'를 연구하며 긍정심리학을 만들었다. 연구 결과, 그는 비관적인 사람도 얼마든지 낙관적으로 변할 수 있다고 말한다.[127] 긍정성은 타고나는 것이 아니라 내가 선택하는 것이기 때문이다.

선택이 나의 미래를 바꾼다. 처음부터 뭐든지 잘하는 사람은 없다. 공부를 잘하거나 성공한 사람들 모두 넘어지고, 다시 일어나는 것을 반복하며 성장했다. 긍정적인 마인드를 가진 사람은 넘어져도 다시 도전하고, 발전하려고 노력한다. 성장형 마인드를 가진 것이다. 이런 사람은 실패를 겪더라도 결국엔 성공할 수밖에 없다. 반면 부정적인 마인드를 가진 사람은 실패에 좌절하고 다시 도전하지 않는다. 이처럼 자신의 마음가짐에 따라 미래의 행동과 결과가 달라진다. 여태까지 내가 어떻게 살아왔는지는 인생에 크게 중요하지 않다. 앞으로 어떻게 살아갈지 마음먹는 것이 훨씬 더 중요하다. 지금까지 세상을 부정적으로 바라봤더라도, 앞으로는 긍정적으로 바라보려고 노력하자. 내가 어떤 관점으로 해석해 살아가느냐에 따라 나의 미래는 충분히 바뀔 수 있다.

긍정적인 생각으로
부정적인 생각을 잠재우자

우리는 끊임없이 부정적인 것에 노출되어 있다. 한 연구에 따르면 우리 뇌는 하루 평균 약 5만 개의 생각을 한다고 한다.[128] 우리 말에 "오만 가지 생각이 다 난다."라는 표현은 과학적으로도 근거가 있는 말이었다. 문제는 이 중에 약 80%가 부정적인 생각이라는 사실이다. 심지어 부정적인 생각의 95%는 어제도 똑같이 한 생각이다. 우리말에는 감정을 표현하는 단어가 434개 있는데, 그중 72%가 부정적인 감정을 표현하는 단어다.[129] 그만큼 인간은 부정적인 감정을 많이 느끼고, 머릿속에 떠올리며, 말로도 표현한다. 인간이 진화하면서 생존을 최우선으로 했기 때문에 부정적인 생각과 표현들이 많은 것이다.

하루 평균 80%가 부정적인 생각이라는 말은 나머지 20%

정도만 긍정적인 생각을 한다는 뜻이다. 비율로 보면 긍정과 부정이 1:4다. 이처럼 평소에는 부정의 비율이 더 높다. 부정적인 생각이 나의 마음가짐과 사고방식을 지배하는 이유다. 노스캐롤라이나대학교 긍정심리학자인 바버라 프레드릭슨Barbara Fredrickson 교수는 부정적인 생각을 잠재우는 방법을 찾아냈다. 바로 '긍정과 부정의 3:1 황금비율'이다. 그녀는 긍정적인 생각을 부정적인 생각보다 적어도 3배 더 많이 하면 긍정적인 마인드를 가질 수 있다고 말한다.[130]

황금비율이 시사하는 바는 2가지다. 첫째, 비율이라는 뜻은 우리가 부정적인 생각을 아예 없애야 한다는 말이 아니다. 긍정적인 생각을 더 많이 하면 된다. 부정적인 마음이 이미 자리를 잡고 있어도, 긍정적인 생각을 더 많이 한다면 긍정성으로 대체할 수 있다. 둘째, 긍정적인 생각만 지나치게 많이 하는 것은 좋지 않다. 프레드릭슨은 긍정과 부정의 비율이 11:1을 넘어가면 오히려 득보다 실이 많다고 한다. 지나치게 긍정성에 치우치면 자기기만에 빠지고, 대책 없이 낙천적인 삶을 산다. 어느 정도의 부정적인 감정은 적절한 긴장감을 주고, 자신의 지난 행동을 뒤돌아보게 한다. 자신의 문제점을 찾아 보완할 기회가 생기는 것이다.

생각도 일종의 습관이다. 긍정적인 생각을 자주 하면 뇌가 훈련된다. 새로운 연결을 강화하여 잠재의식을 바꾼다. 긍정적인 생각을 자주 하기 위해서는 마음속에 긍정적인 모습을 떠올리면 도움이 된다. 예를 들어, 과거의 행복했던 기억을 떠올려 보는 것이다. 심호흡하면서 좋았던 기억들을 떠올리면 쉽게 평온함을 되찾을 수 있다. 이때 전두엽이 활성화되고, 공부에 최적의 상태로 진입한다. 또는, 성공한 나의 미래 모습을 상상해보자. 상상이 구체적이고, 뚜렷할수록 원하는 목표를 이룰 가능성이 커진다. 평소에도 긍정적인 생각을 자주 하려고 노력하자. 생각하는 습관만 바꿔도 삶의 마음가짐과 사고방식이 변화하기 시작한다.

행복한 삶을 살기 위해
감사와 여유를 찾자

캘리포니아-데이비스대학교 심리학과의 로버트 에몬스Robert Emmons 교수는 감사와 행복의 관계에 대해 실험했다. 에몬스는 한 그룹에는 감사 일기를 쓰게 하고, 다른 그룹에는 보통 일기를 쓰게 했다. 한 달 후, 감사 일기를 쓴 사람들의 행복지수가 더 높게 나왔다. 이들은 수면, 일, 운동 등에서도 더 좋은 성과를 냈다. 감사는 좌측 전전두엽을 활성화한다. 사랑, 공감과 같은 긍정적인 감정을 담당하는 뇌다. 이처럼 감사는 스트레스를 줄이고, 우리를 행복하게 만든다. 에몬스는 "감사가 많은 사람은 감사가 부족한 사람에 비해 긍정적인 감정이나 삶에 대한 만족도가 높고, 우울, 불안과 같은 부정적인 감정이 적다."라고 말했다.[131]

감사는 긍정적인 마인드를 키운다. '경영의 신'으로 불리는 일본 파나소닉 창업자 마쓰시타 고노스케는 자신의 성공 비결로 가난, 허약한 몸, 그리고 배우지 못한 것을 꼽았다. 그는 가난했기 때문에 남들보다 부지런히 일했다. 몸이 허약했기 때문에 운동에 힘쓰고, 건강을 소중하게 여겼다. 초등학교도 못 다녔기 때문에 모든 사람을 스승으로 여기고, 항상 배우려는 자세를 가졌다고 말한다.[132] 마쓰시타는 자신의 열등감에 사로잡혀 비관하고 불평하지 않았다. 오히려 감사하는 마음을 가졌다. 감사하는 마음 덕분에 자신의 결핍을 긍정적으로 재해석하고, 이를 성장 발판으로 삼았다. 감사는 어떤 상황에서도 긍정적인 시각으로 보는 힘을 길러 준다.

행복은 여유에서 나온다. 인생은 고수에겐 놀이터, 하수에겐 전쟁터라는 말이 있다. 누구나 같은 하루를 살아도 관점에 따라 삶을 대하는 태도가 달라진다. 삶에서 여유를 가지는 것이 중요한 이유다. 여유로운 마음을 가지면 그 안에서 긍정적인 마인드를 키우고, 행복을 느낄 수 있다. 바쁘게 사는 사람은 여유를 가질 수 없다고 불평한다. 여유를 일종의 사치로 생각한다. 그러나 여유는 시간적 개념이 아니다. 시속 200km가 넘는 레이싱카 운전자가 일반 운전자보다 더 여유를 부린다. 반대로,

시골 트랙터를 몬다고 더 여유 있는 것도 아니다. 여유는 시간적 개념이 아니라 정신적 상태이기 때문이다.[133] 삶을 대하는 태도를 바꾸면 충분히 여유를 찾을 수 있다.

행복할 때 공부를 더 잘한다. 우리 뇌는 행복을 느낄 때 행복 물질, 공부 물질로 불리는 '세로토닌'을 분비한다. 스트레스가 공부 회로를 꽉 막아 버렸다면, 세로토닌은 반대로 공부 회로를 넓혀 준다.[134] 이때 뇌가 더 많은 지식을 흡수한다. 외면의 건강이 '몸'을 말한다면, 내면의 건강은 '마음'을 의미한다. 운동과 식습관으로 몸을 관리하는 것처럼 여유를 가지고 많이 웃는 것으로 마음을 관리해 보자. 어린아이는 하루에 300회 정도 웃고, 어른은 15회 정도 웃는다고 한다.[135] 나이가 들수록 스트레스는 더 많아지는데, 웃을 일은 점차 적어진다. 행복해서 웃는 게 아니라 웃으면 행복해진다. 바쁜 삶 속에서도 항상 웃음을 잃지 말아야 한다.

긍정적인 마인드를 가지면 공부와 인생, 두 마리 토끼를 다 잡을 수 있다. 긍정적인 사람일수록 공부를 더 잘한다. 긍정적일 때 학업 효율이 올라가고, 공부 회로가 넓어진다. 뇌가 활성화되어 더 많은 지식을 흡수한다. 또한 긍정적인 마인드를 가질수록 행복과 여유를 더 느낄 수 있다. 긍정은 내가 어떤 마음가짐을 선택하느냐에 달려 있다. 긍정적인 관점을 가지면 아무리 부정적인 일이라도 나의 성장 동력으로 재해석할 수 있다. 인간은 성장할 때 행복함을 느낀다. 그러니 매일 감사하는 마음을 가지고, 바쁜 삶 속에서도 웃음을 잃지 말자. 긍정적인 마인드는 공부뿐만 아니라 앞으로의 인생을 살아가면서도 꼭 필요한 능력이다.

9

천천히 가는 것을 걱정하지 말고
멈추는 것을 걱정하라

"카르페 디엠Carpe Diem, 오늘 하루를 즐겨라"이라는 라틴어 명구가 있다. 대부분은 이를 '욜로YOLO'와 같이 '내일이 없는 것처럼 오늘을 놀아라'라는 쾌락적인 의미로 알고 있다. 하지만 카르페 디엠의 진정한 의미는 '정직하게 공부하고 일했을 때 하루가 주는 즐거움을 맛보라'이다.[136] 매 순간을 소중히 여기고, 충실하게 살면 그날 하루가 주는 즐거움을 느낄 수 있다. 자신을 속이지 않는 노력을 한 사람만 그 즐거움을 누린다. 지금, 이 순간들이 모여 하루가 만들어지고, 오늘 하루가 모여 내 인생이 결정된다. 내가 원하는 인생을 살기 위해서는 매 순간 후회 없을 정도로 노력해야 한다. 포기하지 않고, 꾸준히 노력한 사람은 분명 원하는 성공을 쟁취할 수 있다.

노력 없이
성공한 사람은 없다

'1만 시간의 법칙' 이론의 창시자인 심리학자 안데르스 에릭슨Anders Ericsson은 노력에 관한 연구를 진행했다. 그는 바이올린 전공자들을 모아서 실력에 따라 최우수, 우수, 보통 그룹으로 나누었다. 세 그룹 모두 실력 향상에 있어 '혼자 하는 연습'이 가장 중요하다고 말했다. 놀라운 것은 이들의 실력 차이가 나는 부분 역시 '혼자 하는 연습'이었다. 최우수 그룹 학생들의 혼자 연습하는 시간은 평균 약 7천 시간이었다. 이는 보통 그룹 학생들보다 2배 이상 많은 시간이다. 심지어 최우수 그룹에서 가장 적게 연습한 학생이 보통 그룹에서 가장 많이 연습한 학생보다 더 오래 연습했다.[137]

이 세상에 공짜는 없다. 에릭슨은 연구를 통해 2가지를 발견했다. 첫째, 훌륭한 바이올린 연주자가 되려면 수천 시간의 연습이 필요하다. 시간을 단축해 주는 지름길 같은 건 없었다. 적은 연습만으로도 뛰어난 실력을 보여준 천재도 없었다. 둘째, 비슷한 실력의 연주자들 사이에서도 더 많이 연습할수록 평균 성적이 더 좋았다.[138] 이는 바이올린뿐만 아니라 삶의 모든 것에도 적용된다. 엄청난 시간을 투자하지 않고서 뛰어난 실력을 가질 순 없다. 공부도 마찬가지다. 연습과 노력 없이 공부를 잘하는 방법은 없다. 연습은 지루하고 힘들지만, 하는 일을 잘하게 하는 가장 확실한 방법이다.

　노력해야 성공할 수 있지만, 무턱대고 '노오력'만 하라는 뜻이 아니다. 1만 시간을 노력해도 제대로 된 방법이 아니면 소용없다. 에릭슨은 '의식적인 연습Deliberate Practice'을 해야 한다고 주장한다.[139] 2장에서 배운 '의식적인 연습'과 같다. 의식적인 연습은 크게 집중, 피드백, 수정으로 구성된다. 먼저, 명확하고 구체적인 목표를 세워야 한다. 목적의식이 분명해야 집중을 할 수 있고, 몰입 상태로 들어간다. 그다음, 실력에 대한 피드백이 필요하다. 시험을 활용하면 나의 부족한 부분을 파악하고 보완할 방법을 찾을 수 있다. 마지막으로 목표를 수정하고, 다시 도전한다. 수정된 목표는 현재 내 능력보다 살짝 더 높아야 한다. 도전적인 목표를 가져야 내 실력을 꾸준히 키울 수 있다.

　세상에 노력만큼 공평한 것도 없다. 딱 내가 노력한 만큼 성취하기 때문이다. 노력은 절대 배신하지 않는다. 꾸준히 노력하면 누구나 성공할 수 있다. 오해하지 않길 바란다. 쉽게 얻을 수 있다는 말이 아니다. 노력의 길은 매우 험난하다. 어렵기 때문에 아무나 못 하는 것이다. 포기하고 싶은 마음이 들 때면 목표를 좀 더 작게 잡고, 자주 성공해라. 힘든 것을 견뎌 내고 포기하지만 않으면 결국엔 성공한다. 재능이 없다고 불평하지 마라. 노력이 선천적인 재능을 뛰어넘는다. 노력은 나의 믿음을 현실로 만들어 줄 힘이 있다. '나는 해낼 수 있다'라는 믿음은 노력을 만났을 때 비로소 '내가 해냈다'로 바뀌게 된다.

노력의 결과는
하루아침에 나오지 않는다

성장은 원래 계단식으로 이루어진다. 실력은 절대로 계속 상승곡선으로 올라가지 않는다. 아무리 노력해도 실력이 늘지 않는 때가 있다. 공부뿐만 아니라 운동이나 악기를 배울 때에도 마찬가지다. 그러다 어느 순간 실력이 다시 올라가기 시작한다. 희한하게도 이때는 실력이 조금만 향상하지 않는다. 한순간에 급상승한다. 다시 말해, 실력은 한동안 멈춰 있다가 갑자기 도약한다. 우리는 이렇게 계단식 형태로 성장한다. 왜 굳이 이런 시련의 시간이 있는 걸까? 정답은 바로 우리 뇌에 있는 '미엘린'이라는 물질 때문이다.

실력이 도약하기 위해선 인내의 시간이 필요하다. 공부하거나 악기를 배울 때 우리 뇌는 뉴런들을 연결하는 새로운 시냅스를 만든다. 새로운 시냅스들은 생기자마자 바로 전기화학적으로 연결되지 않는다. 우리 몸은 70%가 물로 이루어져 있기 때문에 시냅스가 바로 연결되어 전기신호를 보내면 옆으로 새어버린다. 따라서 감전이 일어나지 않도록 전선의 피복 같은 걸

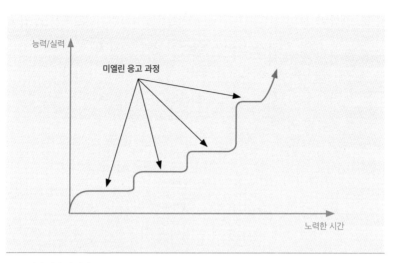

노력과 성장의 관계

먼저 입어야 한다. 시간이 지나면서 피복이 굳혀져야만 비로소 시냅스로서의 역할을 할 수 있다. 이때 전선의 피복에 해당하는 것이 바로 미엘린이다. 정리하면, 시냅스는 시간이 지나면서 미엘린이 응고되어야만 제대로 된 기능을 한다. 이를 '미엘린 응고 과정'이라고 한다.[140] 미엘린 응고 과정이 바로 성장이 멈춰 있는 시기다. 이 괴로운 시간을 참고 계속 노력해야만 미엘린이 응고되고, 어느 순간 실력이 도약한다.

　성장하기 위해서는 임계점을 넘어야 한다. 물은 100도에서 끓는다. 아무리 99도까지 열을 가해도, 100도가 되지 않으면 끓지 않는다. 100도라는 임계점을 반드시 넘어야만 한다. 많은 사람이 임계점 바로 밑에서 포기한다. 아무리 노력해도 뚜렷한 실력 향상이 보이지 않으면 '아, 나는 여기까지인가 보다'하고 좌절한다. 당장 성과가 보이지 않아도 포기하지 말자. 한계라고 생각이 들수록 임계점과 가까워졌다는 뜻이다. 그러니 조금만 더 견뎌내 보자. 힘든 이 시기 뒤에는 무엇과도 바꿀 수 없는 성취의 희열이 기다리고 있다.

한계를 정하는 건 오직 나 자신뿐이다. 카네기 멜런대학교 컴퓨터공학과의 랜디 포시Randy Pausch 교수는 죽음을 앞둔 '마지막 강의'에서 이렇게 말했다. "한계는 나를 막기 위해 존재하는 것이 아닙니다. 오히려 내가 얼마나 강렬하게 원하는지 깨닫게 해 주는 기회죠. 한계는 절실하게 원하지 않는 사람을 걸러 내기 위해 존재합니다. 다른 사람들을 멈추게 하려고 있는 겁니다. 뜨겁게 원하는 나 말고요."[141] 한계에 부딪혀 좌절하고 포기하는 건 내 선택이다. 마음대로 안 돼서 미칠 노릇이어도, 끝까지 해내겠다고 마음먹는 것도 내 선택이다. 한계를 돌파할 방법은 언제나 있다. 지독하게 노력하는 사람은 결국 해낸다. 한계는 내가 임의로 정한 허상일 뿐이다.

성공의 정의는
'끝까지 포기하지 않는 것'이다

1960년대에 스탠퍼드대학교 심리학과의 월터 미셸Walter Mischel 교수는 아이들을 상대로 마시멜로 실험을 진행했다. 그는 아이들에게 눈앞의 마시멜로를 15분간 먹지 않으면 1개를 더 주겠다고 했다. 성공 집단과 실패 집단으로 나눠 장기간 아이들의 변화를 조사했다. 실험 결과, 유혹을 이겨 낸 아이들은 학업 성적이 뛰어났고, 사회에서도 성공적인 삶을 누렸다. 이들은 스트레스를 받아도 쉽게 좌절하지 않았다. 자신의 목표를 달성하기 위해 욕구를 참고 주도적으로 행동했다. 자제력이 높을수록 공부를 잘하고 성공할 가능성이 큰 것이다. 이 실험에 대해 여러 이견이 있지만, 자제력이 목표 달성에 중요하다는 사실에는 이견이 거의 없다.[142]

자제력은 내 의지로 키울 수 있다. 미국의 심리학자 로이 바우마이스터Roy Baumeister는 자제력은 마치 정신 근육과 같아서 훈련할수록 커진다고 말한다. 예를 들어, 틈만 나면 SNS를 보고 싶은 충동을 억누른다면 뇌의 자제력 회로를 강화하는 것이다. 일상생활에서 하는 행동들에 대한 자제력을 키우면, 공부에 필요한 자제력도 같이 커진다. 인간의 뇌에서 자제력을 담당하는 부위는 똑같기 때문이다.[143] 매일 하는 작은 행동들로 자제력을 키워 보자. '좋은 자세 유지하기', '하루 동안 긍정적인 단어만 사용하기' 같이 말이다. 무엇이든 꾸준히 노력하기 위해서는 자제력이 꼭 필요하다. 자제력은 타고나는 게 아니라 내 의지로 키우는 것이다.

자제력은 포기하지 않는 마음을 만든다. 심리학자 앤젤라 더크워스Angela Duckworth 교수는 성공과 성취를 끌어내는 가장 큰 요인이 IQ도, EQ도 아닌 바로 '그릿GRIT'이라고 말한다.[144] 그릿은 목표에 대한 열정과 포기하지 않는 끈기다. 열정을 갖고 목표를 이루기 위해선 목표 달성의 이유를 내 안에서 찾아야 한다. 내가 왜 그 목표를 달성하고 싶은지가 분명하면 가는 여정이 험난해도 포기하지 않는다. 끈기는 포기하지 않는 마음의 근력이다. 힘든 과정을 견디고 목표를 향해 꾸준히 노력할 때 끈기가 생긴다. 열정과 끈기가 있는 사람은 열심히 쌓아 온 노력의 대가로 결국 자신이 원하는 결과를 얻을 것이다.

노력이 성취를 만든다. 더크워스는 '성장형 마인드셋'을 가지는 것이 그릿을 키우는 데 가장 중요하다고 말한다. 나의 학습 능력은 고정되어 있지 않고, 노력으로 충분히 성장할 수 있다는 믿음을 가져야 한다. 실패는 일시적일 뿐이다. 오히려 이를 배움의 기회로 삼아야 한다. 더크워스는 성취에 있어 재능보다 노력이 훨씬 더 중요하다고 말한다. 아무리 재능이 많아도 노력이 뒷받침되지 않으면 성공할 수 없다. 반대로 끈기를 가지고 열심히 노력하는 사람은 결국엔 자신의 목표를 성취한다. 성공으로 가는 길에 넘어지는 것은 자연스러운 일이다. 포기만 하지 않으면 된다. 괴로운 과정을 견디고 다시 일어날 때 우리는 한 번 더 성장한다.

중국 속담에 "천천히 가는 것을 걱정하지 말고, 멈추는 것을 걱정하라."라는 말이 있다.[145] 사람들이 목표를 달성하지 못하고, 포기하는 이유는 조바심 때문이다. 우리는 힘든 과정을 거치려 하지 않는다. 당장 결과를 보고 싶어 한다. 그러나 과정 없이는 절대 결과를 얻을 수 없다. 목표를 달성하기 위해선 시간과 노력이 필요하다. 미엘린 응고 과정이라는 얄미운 시간을 견뎌 내야 성장의 임계점을 넘을 수 있다. 조급함을 떨쳐 내고 목표를 이뤄 나가는 과정을 즐겨 보자. 천천히 갈 때 주위 풍경도 살펴볼 수 있는 여유가 생긴다. 고수보다 더 뛰어난 자는 즐기는 자다. 포기하지 않고 끝까지 해내는 사람이 결국엔 성공한다. 노력은 우리가 가진 최고의 재능이다.

10

안전지대에서
계속 한 걸음씩 나아가라

"실패는 성공의 어머니다."라는 명언을 남긴 발명가 토머스 에디슨Thomas Edison은 전구를 발명하기까지 약 1,000번의 실패를 경험했다. 그는 "나는 실패하지 않았다. 단지 전구가 작동하지 않는 1,000개의 방법을 발견했을 뿐이다."라고 말했다.[146] 인생을 살면서 일어날 고난과 역경은 내가 선택할 수 없다. 하지만 이를 어떻게 받아들이고 헤쳐 나갈지는 내가 선택할 수 있다. 도전을 거듭한 사람은 실패에 내성이 생겨 도전이 두렵지 않다. 오히려 시행착오의 과정에서 지혜와 기회를 발견한다. '나를 죽이지 못하는 고통은 나를 더 강하게 만든다.' 철학자 니체Nietzsche의 말처럼 도전과 실패는 나를 더욱 성장시킬 뿐이다.[147]

역경은
성장 그릇을 키운다

역경지수(Adversity Quotient, AQ)는 수많은 난관에도 굴복하지 않고, 끝까지 도전해 목표를 성취하는 능력을 뜻한다. 미국 커뮤니케이션 이론가 폴 스톨츠Paul Stoltz 박사는 지능지수IQ나 감성지수EQ보다 역경지수AQ가 높은 사람이 성공한다고 말한다.[148] 성공한 사람 중에 공부 못한 사람은 있어도, 역경을 극복하지 못한 사람은 없는 이유다. 역경지수는 역경을 극복하는 과정에서 생긴다. 실패와 좌절을 이겨 내는 과정이 쌓이면 역경지수가 높아진다. 역경지수가 높은 사람은 다른 시련이 찾아와도 이겨 낼 수 있다는 자신감이 있다. 오히려 역경을 자신의 성장 발판으로 삼고 더 강해진다.

'역경'을 거꾸로 읽으면 '경력'이 된다. 독일 막스 플랑크 연구소의 우르술라 슈타우딩거Ursula Staudinger 박사는 1,000명을 대상으로 15년 동안 지혜에 관한 연구를 진행했다. 연구 결과, 역경을 극복한 사람과 가난한 환경에서 자란 사람이 더 지혜로운 결과를 보였다고 한다. 특히 인생의 고난을 일찍 경험할수록 더 지혜로운 사람이 되었다고 말한다.[149] 어려운 삶 속에서 역경을 극복하기 위해 열심히 노력한 사람은 인생의 가치를 깨닫는다. 노력 없이 이룬 성취는 순간의 기쁨을 줄 순 있어도 인생에 큰 도움이 되진 않는다. 반면 최선을 다해 얻은 성공은 아무리 작은 것이어도 앞으로의 삶을 살아가는 데 소중한 경험과 밑거름이 된다.

회복탄력성은 쓰러진 나를 일으켜 세운다. 회복탄력성은 '제자리로 돌아오는 힘'인 회복력과 '아랫부분을 찍고 높이 튀어 오르는 힘'인 탄력을 합친 말이다. 한마디로, 역경을 딛고 일어서는 마음의 근력이다. 회복탄력성을 키우면 실패에 내성이 생긴다. 실패가 더는 두렵지 않다. 아이러니하게도 회복탄력성은 실패를 통해서만 얻을 수 있다. 마치 병균에 대한 내성이 아픈 후에 생기는 것과 같다. 회복탄력성이 높은 사람은 실패해도 좌절하고 포기하지 않는다. 역경으로 인해 밑바닥까지 떨어졌다가도 강한 회복력으로 높이 튀어 오른다. 마음을 단련하고 다시 일어나 자신의 목표를 향해 앞으로 나아간다.

성장하기 위해선 도전해야 한다. 물질적인 풍요 속에서 살다 보니 역경을 만나고 극복하면서 내성을 쌓을 기회가 적어졌다. 이제는 마음의 근력을 키우는 기회를 스스로 만들어야 한다. 도전은 고난과 시련을 극복할 기회뿐만 아니라, 이에 맞는 보상 또한 준다. 작게 도전하면 성공 경험을 자주 할 수 있다. 이를 통해 우리는 자기효능감과 승자의 뇌를 얻게 된다. 크게 도전해서 성공하면 큰 성취감과 나를 믿는 자신감을 얻을 수 있다. 만약 목표를 너무 높게 설정해서 실패했더라도 좌절하지 말자. 오히려 회복탄력성을 기르는 기회라고 생각하자. 이처럼 어떤 방식이건 도전의 끝에는 항상 나의 성장이 기다리고 있다. 그러니 당장 완벽하지 않아도 일단 도전하자. 중요한 건 도전한다는 사실이다. 멈춰있지 않고 끊임없이 도전할 때 우리는 계속해서 성장한다.

생존 본능을 억누를수록 성장 본능이 자극된다

인간의 본성은 도전을 싫어한다. 인간은 진화하면서 생존을 위해 도전을 최대한 피하는 전략을 택했다. 원시 시대에서 살던 우리 선조들에게 도전은 치명적이었다. 그 당시로 돌아가 처음 보는 동굴을 발견했다고 상상해 보자. 도전적인 사람은 무엇이 있는지도 모른 채 동굴에 들어간다. 잠자고 있던 맹수를 만나 그 자리에서 죽었을 수도 있다. 반면 소극적인 사람은 그냥 지나치고 목숨을 건졌을 것이다. 이처럼 원시 시대에 도전적인 사람은 후손을 남기지도 못하고 죽는 경우가 많았다. 오히려 도전에 소극적인 '겁쟁이'가 후손을 남겼다. 우리는 이러한 '겁쟁이' 원시인의 유전자를 물려받았을 확률이 더 높다.

'겁쟁이' 유전자를 물려받은 우리가 사회를 형성하면서 소극적인 자세가 더 심해졌다. 사회 분위기마저 도전보다는 안정을 추구하게끔 만든 것이다. 하지만 지금은 도전해도 다치거나, 목숨을 위협받는 시대가 아니다. 도전한 사람이 오히려 기회를 잡는 시대다. 그럼에도 본능적으로나 사회적으로나 안정만을 추구하다 보니 도전은 어려운 것이라고 생각한다. 그러나 도전 없이는 성공도 없다. 의식적으로 스스로 변화하려고 노력해야 한다. 안정을 추구하고 도전을 회피하려는 생존 본능을 이겨 내야 한다. 도전하는 습관을 만들면 우리 뇌는 더 이상 생존이 아닌, 성장과 도전을 위해 작동하기 시작한다.

노벨경제학상 수상자인 대니얼 카너먼Daniel Kahneman 교수는 '피크-엔드 법칙Peak-end Rule'을 발견했다.[150] 인간은 자신의 경험 중 감정의 절정Peak과 마지막 순간End을 기억한다. 즉, 인간의 뇌는 경험의 중간 과정을 잘 기억하지 못한다. 힘든 일을 해도 마지막에 희열을 느낀다면 좋은 기억으로 남게 된다. 도전도 마찬가지다. 처음에는 도전에 소극적일 수 있다. 그러나 작게 도전해 자주 성공하면 뇌는 도전에 대한 인식을 바꾼다. 끝까지 포기하지 않고 성취해 낼 때의 희열을 기억한다. 성공 경험이 쌓이면 더 큰 도전에 대한 두려움을 없앨 수 있다. 생존 본능을 억누를수록 성장 본능이 자극된다.

"지식은 전달할 수 있지만, 지혜는 그럴 수가 없네." 소설가 헤르만 헤세Hermann Hesse의 책 《싯다르타》에 나오는 말이다.[151] 인간은 직접 경험하지 않고도 지식을 얻을 수 있다. 그러나 지혜는 스스로 터득해야 한다. 지혜는 도전하고 시행착오를 경험하는 과정에서 얻는다. 실패를 통해 내 몸이 감각적으로 터득한다. 공부도 마찬가지다. 시험에서 틀리면 내가 무엇을 모르는지 파악한다. 왜 틀렸는지 이해한 사람은 비슷한 유형의 문제가 나와도 두렵지 않다. 도전에서 오는 실패의 고통은 일시적이지만, 실패로부터 얻은 지혜는 평생 남는다. 진정한 배움은 성공을 향해 도전하는 과정 속에 있다.

안전지대를 넘어설 때 행운과 삶의 해답을 발견한다

경영 컨설턴트 주디스 바드윅Judith Bardwick 박사는 인간은 안전지대에 머물고 싶어 한다고 말한다.[152] 안전지대란 '편하고 익숙한 상태'를 뜻한다. 우리 뇌는 편안한 상태를 좋아한다. 새로운 도전을 하며 추가적인 에너지 사용을 원치 않는다. 이미 알고 있는 지식, 방법, 기술에만 의존하고, 새로운 학습 도전을 피한다. 이렇게 되면 현재 상태에 만족하고 나태해진다. 하지만 작은 도전이어도 새로운 시도를 할 때 우리는 안전지대에서 조금씩 벗어난다. 기존에 알지 못한 새로운 세계를 발견한다. 처음엔 익숙하지 않아 불편한 감정이 들 수 있지만, 성장을 위해선 반드시 거쳐야 하는 과정이다. 우리가 안전지대에서 멀어질

수록 내 목표와는 더 가까워진다.

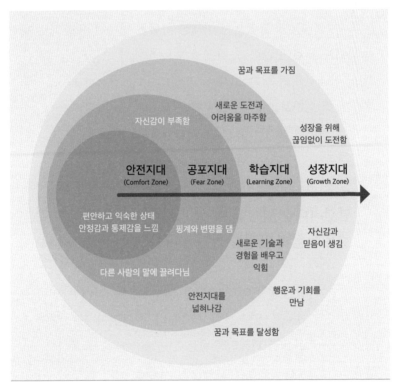

꿈과 목표를 가짐

새로운 도전과
어려움을 마주함

자신감이 부족함

성장을 위해
끊임없이 도전함

안전지대
(Comfort Zone)

공포지대
(Fear Zone)

학습지대
(Learning Zone)

성장지대
(Growth Zone)

편안하고 익숙한 상태
안정감과 통제감을 느낌

핑계와 변명을 댐

새로운 기술과
경험을 배우고
익힘

자신감과
믿음이 생김

다른 사람의 말에 끌려다님

안전지대를
넓혀나감

행운과 기회를
만남

꿈과 목표를 달성함

학습과 성장을 위한 4가지 지대

도전은 행운을 만든다. 스탠퍼드대학교 경영과학·공학과의
티나 실리그Tina Seelig 교수는 수십 년간 어떤 사람이 운이 좋은
지 연구했다. 그녀는 안전지대에서 나온 사람들에게 행운이 찾
아온다고 말한다.[153] 행운은 기회를 말한다. 도전하는 사람은 스

스로 기회를 만들려고 노력한다. 도전과 실패를 거듭하면서 언젠가 올 기회를 위해 자신을 단련한다. 도전한 사람들은 운이 좋아 기회를 잡은 것처럼 보인다. 그러나 그 뒤에는 수많은 노력이 숨어있다. 반대로, 가만히 있는 사람은 기회가 찾아와도 준비되어 있지 않다. 기회를 잡지 못했기 때문에 자신한테는 행운이 오지 않는다고 생각한다. 행운과 기회는 누구에게나 오지만, 오직 준비된 사람만 잡을 수 있다. 행운은 도전과 노력의 기운이 뭉쳐져서 주어지는 선물 같은 존재다.

도전하려는 자세를 가져야 한다. 도전이라고 거창할 것 없다. 작은 도전을 시도할 방법은 일상에서도 많다. 새로운 분야를 공부하거나, 처음 하는 운동을 배우는 것도 도전이다. 평소에 잘 모르는 친구나 주위 이웃에게 인사를 하는 것도 안전지대에서 조금 더 벗어난 것이다. 이처럼 도전은 어디서나 실천할 수 있다. 도전과 친숙해지려면 완벽하게 하려는 강박관념을 버려야 한다. 도전을 두려워하는 이유는 실패할까봐도 있지만, 처음부터 잘하고 싶은 욕심 때문이다. 도전은 말 그대로 내가 해보지 않은 것을 시도하는 행위다. 처음부터 잘할 수 없는 것이 당연하다. 완벽에 대한 강박을 버릴 때 도전에 대한 부담감이 낮아진다.

도전은 삶의 해답을 찾는 과정이다. 누구나 자신이 무엇을 좋아하고, 앞으로 어떻게 살아갈지 고민한다. 대부분은 해답을 깨달을 때까지 기다린다. 해답을 알려 주면 열심히 할 자신은 있지만, 스스로 찾으려는 노력은 하지 않는다. 삶의 해답은 어느 순간 깨닫는 것이 아니다. 기다리면 오히려 더 불안해진다. 도전에 익숙한 사람은 일단 시도부터 한다. 어떤 방향이든 나아가면서 목표를 수정한다. 중간에 선택이 틀렸다는 생각이 들어도 좌절하지 않는다. 시도해 본 것만으로도 전보다 발전한 자신을 만났기 때문이다. 가만히 있었다면 절대 깨닫지 못했을 경험을 얻는다. 삶의 해답은 도전을 통해 끊임없이 앞으로 나아가면서 발견하는 것이다.

소설가 마크 트웨인Mark Twain은 이렇게 말했다. "지금부터 20년 뒤 여러분은 잘못해서 후회하는 일보다, 하지 않았기에 후회하는 일이 더 많을 것이다. 그러니 밧줄을 던져 버려라. 안전한 항구에서 벗어나 멀리 항해하라. 탐험하라. 꿈을 꿔라. 발견하라."[154] 도전하는 사람은 실패는 있을지 몰라도 후회는 없다. 설령 도전하다 실패해도 오히려 성장의 기회라고 생각하고 발전하면 된다. 반대로, 실패가 두려워서 아무 시도도 하지 않는다면 그 자체가 실패한 것이다. 이때는 배움도 없고, 후회만 남는다. 인간은 언제나 실패 속에서 성장한다. 도전과 실패를 반복하면서 조금씩 자신의 한계를 뛰어넘어야 한다. 끊임없이 도전하는 사람만이 자신이 꿈꾸는 성공을 이룰 수 있다.

11

경쟁할 사람은 오직 나뿐이다

한국의 학습방법은 경쟁 교육이다. 경쟁의 압박과 스트레스를 이겨 내는 사람만이 최종 '승자'가 된다고 생각한다. 우리가 아무리 뚜렷한 목표를 가졌어도 경쟁과 비교 의식이 마음을 지배하면 나아가는 중간에 방향을 바꾼다. 눈앞에 있는 경쟁자들을 물리치는 게 새로운 목표가 되어 버린다. 성적과 등수라는 단기적인 이익에 눈이 멀어, 꿈이라는 나의 궁극적인 목표를 잃어버린다. 하지만 이런 무한경쟁 시스템에서도 내가 집중해야할 대상은 오롯이 나 자신뿐이다. 공부의 본질은 나의 성장이다. 나를 발전시키지 못하는 공부는 소용없다. 남보다 잘하거나 못하는 걸 비교하는 것보다 더 중요한 사실은 '어제의 나'보다 더 발전하는 것이다.

나를 위해
공부하라

지나친 경쟁심은 동기부여가 될 가능성을 오히려 떨어트린다. 미시간대학교의 스테판 가르시아Stephen Garcia 교수와 이스라엘 하이파대학교의 아비샬롬 토르Avishalom Tor 교수는 경쟁에 관한 실험을 했다. 실험에 참여한 수험생들은 독립된 공간에서 혼자 시험을 풀었다. 두 그룹으로 나눠, 한 그룹에는 경쟁자 수가 10명, 다른 그룹에는 100명이라고 말했다. 실험 결과, 경쟁자 수가 적다고 생각한 수험생들이 문제를 훨씬 빠르게 풀었다. 경쟁자가 많다고 생각할수록 동기부여가 되는 것이 아니라, 오히려 경쟁의 압박이 심해졌다. 특히 남과 비교를 많이 하고, 경쟁심이 높은 사람일수록 더 심한 압박을 느꼈다.155

한국 사회는 비교가 일반적이다. 남과 비교하면 경쟁심을 느껴 높은 학습 의욕과 성취를 이룰 것으로 생각한다. 그러나 자발적인 동기가 아니면 학생들에게 잘못된 경쟁심을 불러일으킨다. 어쩔 수 없이 편법을 써서라도 이겨야 한다는 마음이 들게 한다. 경쟁자들을 신경 쓰다 보면 정작 중요한 '나'를 놓친다. 자신에게 집중하지 못하고, 공부 효율이 떨어져 성과가 더 나빠진다. 경쟁상대와 차이는 더 벌어지고 집착이 심해진다. 질투심과 상대에 대한 미움도 커진다. 동시에 자신을 사랑하지 못하고, 자존감이 낮아진다. 열심히 노력해도 이길 수 없다는 마음이 들면 좌절하고 포기한다.

캐나다 심리학자 조던 피터슨Jordan Peterson 교수가 말했다. "내일의 내가 어제의 나보다 조금이라도 나아진 면이 있다면, 그것으로 성공이다. 남을 의식할 필요는 없다. 현재의 다른 사람과 비교하지 말고 어제의 당신과 비교하라."156 경쟁자를 이긴다고 '승리'하지 않는다. '1등'이나 '만점'과 같은 또 다른 경쟁만 기다릴 뿐이다. 끝없는 경쟁은 우리를 지치게 한다. 나의 유일한 경쟁 상대는 '어제의 나' 뿐이다. 어제의 나를 뛰어넘고, 새로운 나로 다시 태어나야 한다. 나를 위한 공부를 하면 발전 과정을 즐기면서 실력도 올라간다. 내일의 모습이 기대되고 설렌다. 결과와 상관없이 발전하는 모습 자체가 '승리의 증표'가 된다.

자신을 속이지 않는 노력을 한 사람은 '어제의 나'를 뛰어넘는 것은 물론, 자신의 한계에 계속 도전한다. 정신력, 체력, 집중력 모두 공부에 쏟아 내 보자. 아무것도 남지 않을 때까지 쏟아 내면 분명 한계를 넘을 수 있다. 한계는 한 게 없는 사람들의 핑계다. 한 것이 없으니 거기까지가 한계인 것이다. 한계라고 정해 놓은 순간 성장도 따라 멈춘다. 나의 잠재력을 믿어 보자. 잠재력이란 한계가 없다는 뜻이다. 어제의 나와 경쟁하고, 한계치를 뛰어넘을 때 내 안의 무한한 잠재력이 해방된다.

공부의 중심으로 가는 14가지 방법

빨리 가려면 혼자 가고,
멀리 가려면 함께 가라

경쟁을 의식하면 생존 모드가 켜진다. 경쟁의 압박은 역사 속에 항상 있었다. 경쟁에서 비교 우위를 차지해야만 생존에 유리했다. 약육강식의 세계에서 본능적으로 경쟁 심리를 가지게 된 것이다. 현대 사회에서도 경쟁이 치열하다. 성적에 따라 등수가 매겨지기 때문에 서로 비교할 수밖에 없다. 경쟁의 압박 속에서는 생존 본능만 자극된다. 스트레스가 심해지고, 시야가 좁아져 눈앞에 있는 경쟁자를 이기는 데만 집중한다. 전형적인 생존 모드의 패턴이다. 성적을 남과 비교하기 위해서가 아니라, 나의 부족한 점을 점검하는 도구로 사용해야 한다. 부족한 점을 하나씩 채울수록 계속해서 성장하는 나를 만날 수 있다.

성장 모드로 들어가기 위해서는 1가지 관문이 더 남았다. 바로 감정이다. 성장 모드를 켜려면 긍정적인 감정이 필요하다. '망상활성계'는 뇌에서 모든 감각 정보를 처음 받아들이는 곳이다. 뇌의 과부하를 막기 위해, 하루 동안 얻는 많은 정보 중 꼭 필요한 정보만 필터링해 뇌에 전달한다.[157] 감정은 수많은 정보 사이에서도 우선순위가 매우 높다. 만약 이때 부정적인 감정들이 들어오면 공부는 뒷전이 된다. 예를 들어, 친구와 싸운 후 절교 통보를 받았다고 상상해 보자. 심장이 철렁하고, 머리가 하애진다. 공부는 안중에도 없게 된다. 이처럼 부정적인 감정에서는 생존 모드에만 머물러 있어 공부를 잘할 수 없게 된다.

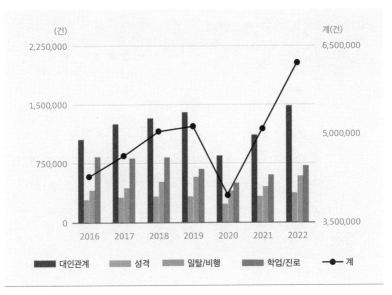

한국 청소년들의 고민 분석

　경쟁은 친구 사이를 멀어지게 한다. 대한민국 청소년들이 하는 고민 1위는 '대인관계'다.[158] 경쟁과 비교 의식은 친구 관계를 방해한다. 나보다 공부 잘하는 친구를 꺾으려 하고, 못하는 친구를 견제하는 사람은 좋은 대인관계를 유지할 수 없다. 스스로를 가둔 탓에 다양한 친구들에게 배울 기회를 놓친다. 긍정적인 감정은 대인관계가 좋을 때 생긴다. 요즘 공부 잘하는 학생 중에는 밝고, 예의 바르며, 활동적인 소위 '인싸' 같은 사람이 많다. 이런 특성인 학생은 남과 비교하기 위해 공부하지 않는다. 서로 경쟁하는 것이 시간과 에너지 낭비라고 생각한다. 친구들과 좋은 관계를 맺고, 긍정적인 마인드를 유지하는 게 자신에게 도움이 된다고 생각한다.

한 인류학자는 아프리카 부족의 아이들을 모아 놓고 게임을 제안했다. 근처 나무에 좋아하는 음식을 매달고, 가장 먼저 도착하는 아이에게 음식을 주겠다고 했다. 그러자 아이들은 다 같이 손을 잡고 달려가 음식을 함께 먹었다. 학자는 왜 함께 손을 잡고 달렸는지 물었다. 아이들은 "우분투Ubuntu!"라고 외쳤다. 반투어로 '우리가 함께 있기에 내가 있다'라는 뜻이다. 아이들은 다른 사람이 불행한데 나만 행복할 수 없다고 말했다.[159] 인간은 사회적 동물이다. 자신의 이익만 챙기는 이기적인 사람은 학교나 사회에서 절대 성공할 수 없다. 치열한 경쟁 사회에서도 멀리 가려면 함께 가야 한다.

경쟁에서 벗어날 때 행운을 만난다

EBS 〈왜 대학에 가는가?〉 제작팀은 약 20명의 대학생을 두 그룹으로 나누어 학습 관련 실험을 했다. 한 그룹은 혼자서 공부했다. 다른 그룹은 둘씩 짝을 지어 공부했다. 두 그룹은 3시간 후 같은 시험을 쳤다. 그 결과, 혼자 공부한 학생보다 짝을 지어 공부한 학생들의 평균 점수가 두 배 더 높았다. 혼자 공부한 학생은 지식 습득에만 집중할 뿐, 아는 내용과 모르는 내용을 구분할 기회가 없었다. 반면 짝과 함께 공부한 학생은 서로에게 설명하면서 막히는 부분이 자신이 모르는 부분임을 알게되었다. 이들은 상대방에게 말로 설명하면 이해가 더 잘되고, 기억에 오래 남았다고 말했다.[160]

함께하는 공부가 더 효율적이다. 유대인은 다른 사람과 같이 토론하면서 공부하는 방식을 '하브루타Havruta'라고 부른다. 하브루타란 '파트너'란 뜻이다. 하브루타식 공부법에서는 공부한 내용을 자신만의 언어로 설명해야 한다. 설명 도중 막히는 부분이 내가 모르는 부분이란 것을 깨달을 수 있다. 함께 토론하며 공부할 때 학습 효율이 훨씬 높은 이유다. 또한 미국 행동과학연구소NTL가 발표한 학습 피라미드에 의하면, 다른 사람을 가르치며 학습할 때 공부한 내용을 90%까지 기억한다. 반면 주입식으로 공부하면 최대 20%밖에 기억하지 못한다.[161] 친구를 경쟁자가 아닌 함께 공부하는 '파트너'로 생각하자. 함께 공부할 때 서로 긍정적인 시너지를 내고, 더 효율적으로 공부한다.

선의의 경쟁자와 함께 발전하자. 달리기할 때도 혼자 뛰는것보다 누군가와 함께 뛸 때 자신과의 싸움이 좀 더 쉬워진다. Running mate대신 learning mate와 함께 공부한다면 힘든 공부 과정을 이겨 낼 수 있다. 같이 공부하면서 중요한 부분에 대해 토론하고, 이해도를 높이면 서로에게 도움이 된다. 이때 실력이 비슷하고 스타일이 맞는 사람이랑 해야 한다. 둘 중 누군가가 월등히 공부를 잘한다면 일방적인 가르침이 된다. 지나친 경쟁은 나에게 도움이 되지 않는다. 그러나 마음 맞는 친구와 선의의 경쟁을 하면 함께 성장할 수 있다.

혼자 공부할 때 집중이 더 잘되는 학생이더라도 마음에 맞는 친구는 꼭 사귀길 바란다. 펜실베이니아대학교 시걸 바르세이드Sigal Barsade 교수는 조직 안에서의 외로움에 관해 연구했다. 그녀는 자신이 속한 조직에 '진정한 친구' 단 한 사람만 있더라도 외로움을 거의 느끼지 않는다고 말한다.[162] 공부는 혼자 싸워야 하는 외로운 시간이다. 긴 시간 동안 외로운 싸움을 혼자 짊어지면 지치기 쉽다. 이때 고민도 털어놓고, 미래 얘기도 할 수 있는 친구가 1명이라도 있으면 더는 혼자만의 싸움이 아니게 된다. 경쟁의 압박에서 벗어나면 힘든 길을 나와 함께 걸어가 줄 동료를 만날 수 있다.

무한경쟁은 나를 조급하게 만든다. 다른 사람들은 빠르게 치고 나가는 거 같아 보이는데, 나는 발전이 없다고 느낀다. 자신이 초라해 보이고, 자존감이 낮아진다. 충분히 이해한다. 그런 기분이 들 때가 있다. 그럴 때일수록 관점을 바꿔 보길 간절히 바란다. 이 세상에는 재미난 일들이 넘쳐 나는데, 남과 비교하느라 즐거움을 놓치고 살기에는 얼마나 인생이 아쉬운가. 마음가짐을 바꾼다면 즐겁게 공부할 방법은 얼마든지 많다. 경쟁에 대한 집착을 버리면 새로운 기회가 보인다. 함께 공부하고, 평생을 같이할 친구들을 만날 수 있다. 서로에게 긍정적인 에너지를 주며, 성장하는 과정을 함께한다. 외로운 길을 나와 함께 걸어갈 사람을 만난다는 건 무엇과도 바꿀 수 없는 행운이다.

12

내가 모른다는
겸손한 자세를 가질 때 배울 수 있다

위대한 철학자 소크라테스는 "내가 아는 유일한 것은 나는 모른다는 사실"이라고 말했다.[163] 배움은 자신이 모르고 있다는 사실을 인정하는 것에서부터 시작한다. 겸손한 사람은 자만하지 않고, 자신이 부족하단 사실을 인정한다. 자신의 실수를 통해 배움을 얻고, 어떻게 발전할지 고민한다. 또한 겸손한 사람은 다른 사람을 존중한다. 자신을 내세우지 않으며 다른 사람으로부터 배우기 위해 노력한다. 그래서 겸손한 사람들 곁에는 좋은 사람들이 모인다. 서로 긍정적인 영향을 주고받으며 함께 발전한다. 이처럼 겸손한 사람은 매 순간을 배움의 기회로 만드는 능력이 있는 사람이다.

겸손한 사람이
공부를 더 잘한다

코넬대학교 사회심리학 교수 데이비드 더닝David Dunning과 대학원생 저스틴 크루거Justin Kruger는 본인이 생각하는 자신의 능력과 실제 능력의 관계에 대해 실험했다.

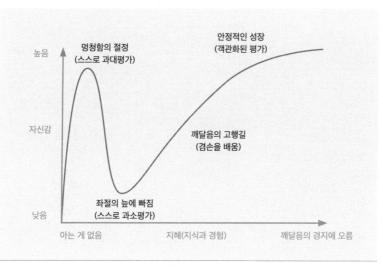

더닝-크루거 효과

실험 결과 실력이 없는 사람은 자신의 실력을 높게 평가하는 반면, 능력이 뛰어난 사람은 오히려 과소평가하는 현상을 발견했다. 이를 '더닝-크루거 효과'라고 한다.[164] 지식이 얕은 사람일수록 자기가 무엇을 모르는지 모른다. 이미 다 깨우쳤다고 착각하고 발전하지 않는다. 반대로, 유식한 사람일수록 겸손하다. 아직 배울 점이 많다고 생각하고, 어떻게 실력을 더 쌓을지 고민한다.

공자는 제자 자로에게 자만에 빠지지 않고 항상 겸손한 마음으로 공부하라는 뜻에서 이렇게 말했다. "아는 것을 안다고 하고, 모르는 것을 모른다고 하는 것, 이것이 진짜 아는 것이다."[165] 이 말은 내가 무엇을 모르는지 파악하고, 뭘 해야 하는지 아는 것이 공부의 시작이라는 뜻이기도 하다. 나의 부족한 부분을 파악하기 위해서는 남에게 설명하는 것과 시험을 치는 방법이 있다. 설명하다가 막히는 부분과 시험에서 틀린 부분을 공부해야 내 실력을 쌓을 수 있다. 공부는 '모르는 것'을 배우고 익히는 행위다. 지금 모른다고 좌절할 필요도 없고, 지금 안다고 자만해서도 안 된다.

공부하다 보면 내가 배운 것을 다 안다는 착각에 빠지기가 쉽다. 공부하는 당시에는 생생하게 기억나기 때문이다. 자만에 빠진 사람은 실수를 내 부족함 때문이라고 생각하지 않는다. 틀린 문제가 있으면 자신이 방심했거나, 하필 복습을 빼먹은 부분에서 시험이 나왔다고 생각해 억울해한다. 하지만 자신의 실수와 모른다는 사실을 인정하지 않으면 앞으로 발전할 수 없다. 겸손한 사람일수록 자신의 실수에서 배우려고 한다. 자신의 부족한 점을 파악하고, 다음번엔 같은 실수를 반복하지 않을 방법을 찾는다. 겸손한 사람이 자신의 부족한 점을 보완하면서 꾸준히 실력을 쌓는 이유다.

《탈무드》에는 이런 말이 있다. "나는 스승에게서 많은 것을 배웠고, 친구에게서 더 많이 배웠으며, 제자들에게서는 훨씬 더 많은 것을 배웠다."[166] 배움은 나의 마음가짐에 달려 있다. 배울 자세가 없으면 최고의 선생님이 가르쳐도 아무것도 배우지 못한다. 반대로, 배울 준비가 되어 있는 사람은 모든 사람에게서 배우고 발전한다. 이처럼 배우려는 자세를 가지면 언제나 배움의 기회가 보인다. 당장은 실력이 늘지 않는 것처럼 보여도 배움은 우리 안에 쌓이고 있다. 배움을 가까이하는 사람은 매일 성장할 기회를 만날 것이다.

성공적인 인생은
좋은 인간관계에서부터 시작한다

세인트루이스 워싱턴대학교의 고든 슐먼Gordon Shulman 교수는 인간의 뇌와 사회성에 대해 연구했다. 그는 인간이 아무런 행동을 하지 않을 때 활성화되는 뇌 부위가 사회인지 신경망과 거의 일치한다는 사실을 밝혀냈다. 즉, 인간은 사회적 관계를 항상 생각한다는 뜻이다.[167] 인간은 본능적으로 다른 사람과 의미 있고 긍정적인 관계를 맺고자 하는 욕구가 있다. 앞에서 배운 인간의 심리 욕구 중 하나인 '관계성'이다. 이 때문에 인간은 사회적인 교류를 할 때 행복을 느끼지만, 사회와 단절되면 심리적으로 불안하고 외로움을 느낀다.

아무리 개인주의가 퍼져도, 인간은 사회적인 교류 없이 살아갈 수 없다. 특히 현대 사회에서 성공하기 위해서는 사회성이 필요하다. 지식의 변화가 빠르다 보니 한 분야의 전문가로 평생 살 수 없는 시대가 되었다. 무수히 많은 정보로 인해 모든 분야의 전문가가 되기도 어렵다. 이제는 혼자만의 힘으로 성공할 수 없다는 뜻이다. 각자의 분야에서 자기가 가진 능력을 공유하며 협력하는 관계를 만들어야 성공할 수 있다. 다양한 사람들과 어울리고, 좋은 인간관계를 만드는 것이 중요한 이유다.

《인간관계론》의 저자인 데일 카네기Dale Carnegie는 "진심으로 경청하는 태도는 우리가 다른 사람에게 보일 수 있는 최고의 찬사 가운데 하나"라고 말했다.[168] 심리학에서는 다른 사람이 자신의 이야기를 들어주는 것만으로도 존중받고 있다는 느낌이 든다고 말한다. 인간관계는 상대에 대한 호기심에서 시작한다. 상대의 입장에서 듣고 진심으로 공감할 때 상대도 마음의 문을 열게 된다. 상대의 의견을 내 것처럼 존중하면, 오히려 상대가 내 말을 더 잘 들어준다. 상대의 말을 경청하고, 공감하는 마음이 긍정적인 인간관계를 만든다.

주위에 좋은 사람들이 있어야 내가 발전한다. 동기부여 강연가 짐 론Jim Rohn은 "우리가 가장 많은 시간을 보내는 5명의 평균이 곧 '나'"라고 말한다.[169] 내가 발전하고 긍정적인 사람이 되고 싶다면, 주위를 좋은 사람들로 채워야 한다. 인간은 자석과 같아서 비슷한 생각과 분위기를 가진 사람들끼리 서로 끌어당긴다. 좋은 사람을 곁에 두려면 내가 먼저 좋은 사람이 되어야 한다. 겸손한 자세와 상대를 진심으로 존중하는 마음을 가지면 좋은 사람들이 나에게 모인다. 서로에게 긍정적인 영향을 주고, 한계를 넘도록 자극하는 사람을 가까이할수록 내가 더욱 발전할 수 있다.

공자는 "세 사람이 길을 가면, 반드시 한 사람은 내 스승이다."라고 말했다.[170] 배움의 눈으로 세상을 바라보면 배울 것이 넘쳐난다. 나한테 없는 장점이 있는 사람에게는 장점을 배운다. 단점이 있는 사람을 보면서 자신의 행동을 뒤돌아본다. 겸손한 마음을 가지면 잘난 사람, 못난 사람 구분 없이 전부 나의 스승이 된다. 은인과 인연은 언제, 어디서 만날지 모른다. 상대방과 좋은 인연을 만들기 위해서는 겸손한 태도로 상대방을 항상 존중해야 한다. 겸손은 공부뿐만 아니라, 인생을 살면서도 꼭 필요한 마음가짐이다.

13

몸이 건강한 사람이
공부 그릇도 크다

공부는 하루 이틀 하는 싸움이 아니다. 장기전이다. 장기전을 치르기 위해서는 내 노력, 마인드, 의지뿐만 아니라 건강과 체력이 함께 받쳐 줘야 한다. 체력이 약하면 공부가 힘들어질 때 인내심이 떨어지고, 편안함을 찾게 된다. 체력의 압박이 심해지면 정신력이 버티지 못해 목표 따위는 안중에도 없어져 버린다. 극한의 상황에서도 불굴의 의지로 이겨 내려면 무엇보다 체력이 뒷받침되어야 한다. 이처럼 내가 원하는 것을 쟁취하기 위해서는 그만한 크기를 담을 수 있는 그릇을 먼저 만들어야 한다. 건강은 나의 꿈과 목표를 담는 공부 그릇이다. 꿈과 목표가 큰 사람일수록 건강과 체력을 키우는 방법을 알아야 한다.

휴식은 우리를
'생각하는 인간'으로 만든다

휴식하는 동안 두뇌는 활기를 찾고 학습 효율을 높인다. 공부 중에 휴식하는 시간을 아까워하는 학생들이 많다. 한번 자리에 앉으면 쉬지 않고 달리는 것이 공부를 더 많이 한다고 생각한다. 그러나 공부를 더 잘하기 위해서는 휴식 시간을 꼭 가져야 한다. 학술지 〈인지Cognition〉가 발표한 연구에 의하면 짧은 휴식 시간을 가지면 공부의 집중력이 올라간다고 한다.[171] 휴식하는 동안 머리가 맑아지고, 활력을 충전해 학습 효율을 높이는 것이다. 그뿐만 아니라 공부 시작 후에도 집중력이 떨어지는 것을 막기 때문에 오랫동안 높은 효율을 유지할 수 있다.

세인트루이스 워싱턴대학교의 신경과학자 마커스 레이클Marcus Raichle 교수는 우리가 휴식하는 동안 뇌가 '디폴트 모드 네트워크Default Mode Network'에 들어간다는 사실을 발견했다.[172] 디폴트 모드 네트워크에 들어가면 뇌는 휴식과 재정비를 하는 동시에, 우리의 삶을 '처리'한다. 과거를 정리하고, 미래를 계획하며 생각을 다시 조합한다. 기억을 강화하고, 복잡한 아이디어를 구체화하여 창의력을 높인다. 두뇌가 휴식을 취할 때 우리는 비로소 '생각하는 인간'이 되는 것이다.

디폴트 모드 네트워트는 멍 때리거나 딴생각할 때처럼 아무엇도 안 하는 순간에 무의식적으로 활성화된다. 명상은 의식적으로 디폴트 모드 네트워크에 들어가는 방법이다. 명상은 학습에 긍정적인 영향을 준다. 한 연구에 의하면 명상을 꾸준히 하는 사람은 스트레스 회복이 2배까지 빨라지고, 내성이 생긴다고 한다.[173] 또한 명상을 반복적으로 수행하면 현재에 집중하는 주의 조절력이 높아진다. 뇌가 사고와 감정을 통제하는 능력을 기르는 것이다. 쉬는 시간에 핸드폰을 하지 말고, 명상하는 습관을 들여 보자. 핸드폰은 공부의 몰입을 방해하는 반면, 명상하고 나면 공부에 더 집중이 잘되고 공부 효율도 높아진다.

캘리포니아-어바인대학교의 도널드 섀퍼Donald Schafer 박사는 명상이 시험 불안증을 낮춘다고 말한다.[174] 시험 보기 전 앞에서 배운 '심장 집중 호흡법'을 사용해 보자. 심호흡은 뇌로 가는 산소량을 높여 머리를 맑게 하고 집중력을 높인다. 이때 평소에 공부하던 장소를 상상하고, 편안한 상태를 유지하려는 마음을 가지면 더욱 도움이 된다. 평소에 짧게라도 명상하는 습관을 만들자. 하루에 단 5분이라도 명상하는 습관을 만들면 스트레스를 줄이고, 기억력을 높인다. 몸이 성장 모드로 들어가서 전두엽이 활성화되고, 뇌가 최대치를 발휘한다. 명상은 공부하는 과정뿐만 아니라, 내가 쏟은 노력을 좋은 결과로 만들어 주는 유용한 방법이다.

수면이
최고의 공부 전략이다

'사당오락'이라는 말이 있다. 하루 4시간 자면서 공부하면 대학에 붙고, 5시간 자면서 공부하면 떨어진다는 뜻이다. 이는 틀린 말이다. 공부를 더 잘하려면 잠을 자야 한다. 수면 전문가들은 성인 기준 7~9시간을 자야 뇌가 제대로 된 기능을 발휘한다고 말한다. 한 연구에 의하면 3일 동안 평소보다 35분 덜 잔 6학년의 인지 능력이, 4학년과 비슷한 수준을 보였다고 한다.[175] 사고 수준이 2년 치나 떨어진 것이다. 잠을 자야 학습 효율도 올라간다. 수면이 부족하면 동기부여가 떨어지고, 공부에도 집중하지 못한다. 8시간 자고 4시간 공부하는 것이, 4시간 자고 8시간 공부하는 것보다 훨씬 효과적이다.

하루 종일 열심히 공부해도 기억에 남지 않는다면 아무 소용이 없다. 잠을 자는 동안 뇌는 하루 동안 얻은 지식을 기존의 기억과 통합하고 강화한다. 기억들을 안정화하면서 장기 기억을 만든다. 즉, 잠을 자야 공부한 내용을 내 것으로 만드는 것이다. 그뿐만 아니라 새로운 지식이 들어올 공간을 만든다. 뇌는 자는 동안 '아밀로이드 베타'라는 노폐물을 씻겨 내서 뇌세포들 사이의 공간을 넓힌다. 만약 노폐물이 씻겨 나가지 않으면, 아밀로이드 베타가 뇌세포에 엉겨 붙어 뇌세포를 죽인다.[176] 수면은 오늘 공부한 내용을 내 것으로 만들고, 다음 날 새로운 공부를 하기 위한 필수과정이다.

하버드의과대학교의 로버트 스틱골드Robert Stickgold 교수는 수면과 감정에 대한 연구를 진행했다. 그는 수면이 부족할수록 부정적인 사건에 대한 기억이 2배 더 생긴다고 말한다.[177] 충분히 잠을 자지 않으면 전두엽의 활동이 줄고 편도체가 자극된다. 스트레스 호르몬인 코르티솔을 분비하고 매사에 예민해진다. 또한 수면 부족이면 비만이 되기 쉽다. 배고픔을 유발하는 호르몬인 '그렐린'의 분비가 높아지고, 식욕을 억제하는 호르몬인 '렙틴'의 분비가 줄어든다. 비만이 되면 뇌세포에 써야 할 에너지를 빼돌려 지방 세포를 먹이는 데 쓴다.[178] 수면 부족일수록 부정적이게 되고, 비만이 돼 공부를 못하는 사람이 된다.

일어난 후 7~8시간 정도가 지나면 피로가 누적되고 졸음이 몰린다. 이때 짧은 낮잠을 자면 상쾌한 기분으로 공부에 다시 집중할 수 있다. 낮잠은 20분 전후로 자는 것이 좋다. 깊은 잠에 빠진 후 깨어나면 정신이 몽롱해져, 오히려 다시 집중하는 데 시간이 걸린다. 과하지 않은 카페인은 피곤함을 물리친다. 열심히 공부하면 뇌에 '아데노신'이라는 물질이 생긴다. 아데노신은 신경세포를 둔화시켜 졸음을 유발한다. 카페인은 아데노신이 뇌에 신호를 보내지 못하도록 방해해, 피로감을 덜 느끼게 한다. 하루에 머그잔 기준 두 잔을 초과하지 않는 카페인은 피로를 극복하고, 집중을 높이는 데 도움이 된다.[179] 밤잠을 늘리기 힘들다면 대안으로 짧은 낮잠과 과하지 않은 카페인을 활용해 보는 것도 방법이다.

운동은 공부하기
최상의 상태를 만든다

컬럼비아대학교의 신경과학자 대니얼 월퍼트Daniel Wolpert 교수는 "뇌의 유일한 존재 이유는 움직임"이라고 말한다.[180] 인간의 진화 과정에서 움직임은 생존과 직결된 행동이었다. 구석기 시대 인류는 수렵 채집인으로서 하루에 10~15km씩 매일 걸어 다녔다. 약 2백만 년 전 '호모 에렉투스'의 사냥 방법은 동물들이 지쳐 쓰러질 때까지 달리는 것이었다. 인간은 먹잇감을 찾고 사냥하기 위해 뇌를 발달시켰다. 두뇌 활동이 움직임에 아무런 영향을 미치지 않는다면, 뇌는 자신의 존재가 중요하지 않다고 판단해 퇴화한다. 운동할 때 뇌도 함께 운동하고 발달한다. 반대로, 운동하지 않으면 뇌는 퇴화한다.

운동하면 신체는 더 많은 혈액을 공급받기 위해 심장박동수를 올린다. 혈관이 확장되어 산소가 풍부한 혈액을 효율적으로 전달한다. 이렇게 만들어진 피는 우리 뇌로 보내진다. 뇌 안의 신경세포 기능이 활발해져, 더 많은 뇌세포를 학습에 사용한다.《운동화 신은 뇌》의 저자이자 하버드의대 정신의학과 존 레이티John Ratey 교수는 "운동으로 뇌가 활성화된 상태에서 공부하는 것이 효과적"이라고 말한다.[181] 운동을 끝내면 전두엽에 혈류량이 많아지게 되어 공부하기 최상의 상태에 돌입하기 때문이다.

운동하고 나면 뇌는 세로토닌, 도파민, 엔도르핀과 같은 여러 신경화학물질을 분비한다. 집중력, 자제력, 안정감이 올라가면서 학습 능력이 좋아진다. 또한 운동하면 우울증이나 불안장애에 대항할 면역력과 회복력이 올라간다. 운동이 우울증약을 먹는 것과 비슷한 효과를 내는 것이다. 운동 후 뇌는 성취감을 느낀다. 운동하면서 느낀 성취감 덕분에 우리 뇌는 도전 후에는 성취감이 따라온다는 사실을 학습한다. 이로 인해 더 어려운 공부에 도전하고 싶게 만드는 동기를 부여한다. 이처럼 운동을 하면 우리 뇌는 정신을 건강하게 만들어 공부에 최적의 조건을 갖추게 된다.

레이티 교수는 학습에 최적화된 운동이 유산소 운동이라고 말한다. 격렬한 운동을 하면 뇌로 가야 할 피가 근육으로 빠져나가 뇌의 인지기능이 오히려 떨어진다. 레이티 교수는 일주일에 4~5회, 30분씩 운동하는 것이 좋다고 말한다. 또한 유산소 운동은 체중 관리도 도와준다. 비만은 인지기능과 기억력을 떨어트리기 때문에 공부를 위해서라도 체중 관리는 꼭 필요하다. 미국 듀크대학교 연구팀은 유산소 운동이 살을 빼는 데 가장 효과적이라고 밝혔다.[182] 유산소 운동은 혈액순환이 좋아져 뇌를 활성화하고, 체중 관리도 도와주는 공부에 가장 좋은 운동이다.

아침 식사와
좋은 영양소 섭취의 중요성

우리 뇌의 무게는 약 1.4kg으로 체중의 2% 정도를 차지하지만, 전체 에너지의 20~30%를 사용한다.[183] 약 1천억 개의 뇌 신경세포(뉴런) 활동에 많은 에너지가 필요한 것이다. 우리는 뇌를 사용할 때 포도당이라는 에너지원을 쓴다. 포도당은 탄수화물이 소화되면서 생겨 난다. 아침을 먹은 학생들은 식사를 통한 포도당 섭취로 에너지를 얻는다. 두뇌 활동이 좋아지고, 집중력이 향상되어 공부를 더 잘하게 된다. 한국 국립농업과학원의 조사 결과도 이를 뒷받침한다. 매일 아침 식사를 한 학생과 거의 먹지 않는 학생의 수능 성적을 비교해 보니, 무려 약 20점이나 차이가 났다.[184]

공부를 위해 포도당이 필요하다면 저녁을 많이 먹어서 포도당을 보충하겠다는 생각을 할 수도 있다. 그러나 하루 시작에 필요한 포도당은 아침으로만 채워진다. 음식물을 섭취하면 우리는 포도당을 글리코겐의 성분으로 간에 저장한다. 간은 글리

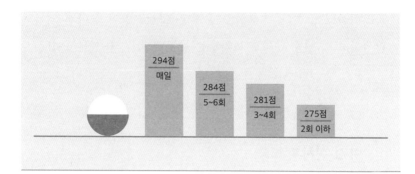

아침 식사와 수능 성적의 관계

코겐을 60g밖에 저장하지 못한다. 잠을 자는 사이에도 뇌는 끊임없이 활동하기에 간에 저장해 둔 포도당을 계속해서 사용한다. 1시간에 5g씩 사용하므로 밥을 먹고 12시간 후면 에너지원이 바닥난다.[185] 저녁 7시에 밥을 먹었다면 아침 7시에는 두뇌에 공급할 수 있는 에너지가 떨어진다. 즉, 아침을 먹어야만 하루 시작에 필요한 에너지가 생긴다.

　　최근 연구에 의하면 뇌와 장이 상호작용한다는 사실이 입증되었다. 장에 존재하는 미생물이 뇌와 장을 연결하는 신호전달 역할을 하는 것이다. 이를 '장-뇌 연결축Gut-brain Axis'이라고 한다.[186] 몸에 이로운 미생물인 유익균이 많아질수록 면역력이 높아지고, 인지기능이 올라간다. 유익균은 과일과 야채 같이 식물성 식이섬유를 섭취할 때 생긴다. 또한 유익균은 우리를 행복하게 만든다. 의정부병원 가정의학과에서 진행한 연구에 따르면 과일, 야채, 우유를 먹은 사람이 패스트푸드나 탄산음료를 먹은 사람보다 행복감이 훨씬 더 높게 나왔다.[187] 건강한 식습관을 가지면 건강한 육체와 정신 모두 얻을 수 있다.

가공식품과 같이 몸에 해로운 음식을 먹으면 유해균이 증가한다. 몸에 유해균이 많아지면 인내심이 떨어지고, 우울증을 유발한다. 부정적으로 변하고, 인지기능도 저하된다. 건강에 나쁜 음식을 먹으면 뇌와 장에 저급한 연료를 넣는 것과도 같다. 장이 좋은 사람이 정신도 건강하고, 공부도 잘한다. 행복 호르몬 중 하나인 '세로토닌'은 95%가 장에서 만들어진다.[188] 공부물질로도 불리는 이 세로토닌은 공부 회로를 넓혀 뇌가 더 많은 지식을 흡수하도록 도와준다. 건강한 음식을 먹을 때 좋은 영양소가 뇌와 장으로 공급되어 공부를 더 잘하게 된다.

독일의 철학자 쇼펜하우어 Schopenhauer 는 "어리석은 일 중에 가장 어리석은 일은 이익을 얻기 위해 건강을 희생하는 것이다."라고 말했다.[189] 건강을 챙기지 않고 공부하는 사람이 많다. 일단 공부에만 집중해 원하는 목표를 이룬 다음, 건강을 챙기려고 생각한다. 그러나 휴식, 수면, 운동, 음식 모두 공부에 중요한 영향을 미친다. 건강을 버리면서 공부를 하는 것은 '소탐대실'인 셈이다. 작은 것을 얻기 위해 큰 것을 잃어버리는 것과 같다. 공부는 언제라도 계속해서 할 수 있지만, 건강은 세상에서 단 하나뿐이다. 공부를 잘하기 위해서라도 건강은 꼭 챙겨야 한다.

14

좋은 습관을 만들어라

영국의 시인 존 드라이든John Dryden은 이렇게 말했다. "처음에는 우리가 습관을 만들지만, 그다음에는 습관이 우리를 만든다."[190] 습관이 몸에 밴다는 말은 우리의 잠재의식이 바뀌었다는 뜻이다. 의식적으로 행동하지 않아도 잠재의식이 자동으로 행동하게 만든다. 습관을 만드는 과정은 원래 어렵고, 여러 고비도 있다. 그만큼 좋은 습관을 만들어 놓으면 오히려 나쁜 행동에 거부감이 든다. 좋은 습관을 만드는 건 무조건 남는 장사다. 쏟는 노력에 비해 얻는 게 훨씬 많다. 좋은 습관은 목표를 이루도록 도와줄 강력한 수단이다.

습관은 '결심'을
'결실'로 만든다

유니버시티 칼리지 런던의 필리파 랠리Phillippa Lally 박사는 습관을 만드는 기간에 대해 실험했다. 실험 참여자들은 84일 동안 습관으로 만들고 싶은 행동 하나를 선택해 매일 했다. 랠리 박사는 참여자들이 새로운 행동을 할 때 의지가 작용하는지, 아니면 무의식적으로 하는지 측정했다. 실험 결과, 무의식적인 습관이 만들어지는 데 평균 66일(약 2달)이 걸렸다. 랠리 박사는 "새로운 행동에 대한 거부감이 사라지는 데는 평균 21일이, 습관으로 만들어지는 데는 66일이 걸린다."라고 말했다.[191]

우리 뇌는 새로운 것을 접하면 먼저 거부반응을 보인다. 새로운 행동에 대한 거부감을 익숙함으로 바꾸기 위해서는 여러 고비가 있다. 3일, 7일, 14일, 21일이다. 특히 새로운 행동을 시작하고 3일 차에는 뇌에서 느끼는 거부감이 가장 높다. 우리가 새로운 일을 시작할 때는 세로토닌이 분비되어 스트레스를 줄인다. 세로토닌 효과는 약 72시간 정도만 지속된다.[192] 이 때문에 3일 차가 되면 목표를 이루기 힘들고, 포기하고 싶은 마음이 드는 것이다. '작심삼일'이라는 말이 나온 이유이기도 하다. 21일 정도 행동을 지속하면 우리는 뇌를 설득시키는 것에 성공한다. 이후 몸에 완전한 습관으로 정착하기 위해서는 66일이 필요하다.

보통 새해나 학기 초에 동기부여가 가장 많다. 올해 또는 이번 학기에는 공부를 열심히 해서 목표를 꼭 이루겠다는 다짐을 한다. 그러나 시간이 지나면서 어느새 초반에 했던 다짐을 잊어버린다. 결국, 목표를 이루기 위한 좋은 습관을 만드는 데 실패한다. 다짐을 잊지 않으려면 목표를 시각화하는 방법이 제일 좋다. 목표를 자주 봐야 좋은 습관이 만들어질 때까지 포기하지 않는다. 만약 계획했던 일들이 자꾸 작심삼일로 끝난다면, 습관을 만드는 과정에 쉬는 시간도 함께 계획하자. 포기해 버리는 것보다는 n일에 한 번씩 쉬는 것을 미리 계획하는 게 끝까지 해내는 데 도움이 된다.

새로운 목표를 다짐하고 시작할 때는 두 달이라는 시간이 길게 느껴질 수 있다. 습관을 만드는 과정에서 여러 고비도 있다. '내가 공부를 잘할 수 있을까?', '공부해서 성적이 올라갈까?'란 자기 의심이 들기도 할 것이다. 그러나 반대로 말하면, 딱 2달만 참고 버틴다면 좋은 습관이 생겨 나쁜 행동에 거부반응이 생긴다는 뜻이다. 자기 의심과 유혹에 무너지는 대신, 자신을 믿는 마음과 부지런히 공부하는 자세가 만들어진다. 잠깐 시도하고 마는 '반짝 결심'이 아닌, '뿌리 깊은 결심'을 다짐하자. 좋은 습관을 만들고 싶다는 마음이 진심이어야 한다. 정직하게 공부한다면 분명 좋은 습관을 만들 수 있다. 좋은 습관을 이용해 꼭 그 결심을 증명하길 바란다.

3장

습관 활용법:
습관을 이용해 공부의 고수가 되자

오리건대학교 심리학과의 엘리엇 버크먼Elliot Berkman 교수는 "대체 행동 없이 습관적인 행동을 중단하기보다, 새로운 행동을 시작하기가 훨씬 쉽다."라고 말했다.[193] 집에 돌아와 소파에 눕는 습관을 고치고 싶다면, 집에 오자마자 가방만 두고 밖으로 나가 30분 동안 유산소 운동을 하는 것이다. 다시 돌아와서도 소파를 쳐다보지 않고, 샤워 후 방에 들어가 책상 앞에 앉는 습관을 새로 들이면 된다. 매번 소파에 눕지 않겠다는 의지를 갖는 것보다, 새로운 좋은 습관을 만드는 것이 더 쉽고 효과적이다. 이처럼 나쁜 습관을 없애려 하지 말고, 좋은 습관으로 대체하자.

스탠퍼드대학교 행동설계연구소의 설립자인 BJ 포그BJ Fogg 교수는 이렇게 말했다. "의미 있고 장기적인 변화에 필요한 건 바로 점진적인 발전이다. 많은 이들이 변화가 기대만큼 빨리 일어나지 않으면 좌절하고 실망한다. 이는 지극히 정상적인 반응이다. 동시에 이런 태도가 실패 요인이 된다."[194] 처음부터 큰 습관을 만들고 싶다는 욕심을 버려야 한다. 계속 실행하기 어려운 행동은 습관화되지 않는다. 작은 습관을 만들어 매일 한 걸음씩 나아가 보자. 예를 들어, 독서를 습관으로 만들고 싶다면 처음에는 하루에 딱 1장만 읽겠다는 목표를 정하는 것이다. 작은 목표는 부담감을 줄이고, 앞으로 목표를 점차 늘리면서 성취감도 얻을 수 있다. 그 이후에는 2장, 5장, 10장으로 부담되지 않는 선에서 늘려 나가자. 핵심은 습관으로 만들어질 때까지 꾸준히 노력하는 것이다.

《아주 작은 습관의 힘》의 저자 제임스 클리어James Clear가 말했다. "습관이 학습되기 전, 처음에는 보상을 경험했을 때 도파민이 나온다. 다음 시기에는 행동을 취하기 전, 신호를 알아차린 직후에 도파민이 나온다. 이 활성화는 신호를 알아챘을 때 행동을 취하려는 욕구와 갈망을 느끼게 한다."[195] 이러한 습관의 특성을 공부에 활용해 보자. 처음에는 공부한 다음 적절한 보상이 있어야 뇌에서 도파민이 나온다. 그러나 공부 후에 보상이 계속 주어진다면, 어느 순간 우리 뇌는 공부 후에는 보상이 있다고 믿게 된다. 이때부터는 실제 보상이 없더라도, 공부를 생각하기만 해도 도파민이 나와 공부에 대한 강한 동기가 생긴다. 공부와 보상의 상호작용이 반복되면서 공부에 대한 인식이 바뀐 것이다.

뇌의 보상 메커니즘을 활용하면 싫어하는 과목을 좋아하도록 만들 수도 있다. 습관을 이용해 나의 잠재의식을 바꿔 버리는 방법이다. 우선, 싫어하는 과목을 부담스럽지 않게 3일만 공부해 보자. 단 10분이어도 좋다. 핵심은 '내가 좋아하는 과목'이라고 의도적으로 생각하면서 공부해야 한다. 그 이후엔 보상으로 아무 공부도 안 해도 된다. 아무 공부도 하지 않을 것으로 생각하면 분명 긍정적인 마음으로 공부할 수 있다. 이때 공부를 잘하려는 욕심을 버리자. 습관을 만드는 과정이기 때문에 그냥 하기만 해도 된다. 3일 후에는 부담되지 않는 범위 내에서 차근히 공부 시간을 늘려 보자. 이 과정을 반복하면 싫어하는 과목에 대한 거부감과 스트레스가 자연스레 사라진다. 과목에 대한 인식이 점점 긍정적으로 바뀌어 결국 그 과목을 진짜로 좋아하게 된다.[196] 이처럼 습관을 만드는 과정을 지혜롭게 활용하면 반드시 공부의 고수가 될 수 있다.

좋은 습관을 만들면
정신에너지를 효율적으로 사용한다

미국의 심리학자 로이 바우마이스터Roy Baumeister는 인간에게는 하루에 쓸 수 있는 정신에너지가 한정되어 있다고 말한다.[197] 정신에너지는 마치 핸드폰 배터리와 같다. 충분한 휴식을 취한 아침에는 정신에너지가 100%였다가 하루를 보내면서 점점 소진되어, 일과를 마치고 집에 오면 우리는 '저전력' 상태가 된다. 같은 공부를 해도 아침에 맑은 정신일 때와 수업을 듣고 집에 와서 공부할 때 학습 효율이 차이 나는 이유다. '저전력'

상태일 때는 자제력도 떨어져 유혹에도 쉽게 넘어간다. 이렇게 사용이 가능한 정신에너지가 한정되어 있으므로 이를 어떻게 분배할지가 중요하다. 남아 있는 에너지에 따라 앞으로 처리할 일의 양과 효율이 결정되기 때문이다.

미국 듀크대학교의 연구에 따르면 우리가 매일 하는 일의 약 45%가 의사결정의 결과가 아닌 습관에서 나온다고 말한다.[198] 삶의 절반이 무의식과 습관에 의해 결정되는 것이다. 좋은 습관을 만들면 '의지력'이라는 정신에너지를 덜 사용한다. 의지력은 생각하고, 결정하고, 행동을 제어할 때 사용된다. 나쁜 행동을 내가 의식적으로 제어하면, 하루에 사용 가능한 에너지 일부를 쓴다. 반면 좋은 습관을 들이면 에너지를 사용하지 않고도 몸이 자동으로 좋은 행동을 한다. 이처럼 애초에 자기통제가 필요 없는 좋은 습관을 만드는 게 끊임없이 자기통제를 시도하는 것보다 더 효율적이다. 좋은 습관은 정신에너지를 아껴서 필요하고 중요한 일에 쓸 수 있도록 도와준다.

평소에 하는 행동들만 바꿔도 좋은 습관을 만들 수 있다. 예를 들어, 화가 나는 상황이 있어도 앞으로는 이렇게 대처해 보자. '지금 화를 내면서 내 정신에너지를 낭비할 수 없어. 정신에너지를 아껴 뒀다가 이따 중요한 공부할 때 써야 해'라고 말이다. 평소에도 이렇게 생각하려고 노력하면 긍정적인 생각을 유지하고, 쓸데없는 감정 소모를 하지 않는다. 이후엔 아껴 놨던 정신에너지를 필요한 공부에 쓸 수 있다. 또한 심호흡, 명상,

운동하는 습관은 좋은 에너지를 공부에 쏟을 수 있도록 도와준다. 공부하기 전에 심호흡하는 습관을 들이면 자동으로 성장 모드에 들어간다. 하루에 짧게라도 명상하고, 운동하는 습관을 만들면 뇌가 맑아지고, 활력이 넘친다. 일상생활에서 하는 행동들로도 충분히 좋은 습관을 만들어 공부에 도움을 줄 수 있다.

동기부여 전문가인 토니 로빈스Tony Robbins는 '모닝 루틴'을 완수하면 관성의 법칙에 따라 승리의 시동이 걸린다고 말한다.[199] 아침에 승리를 맛보면서 하루를 시작하면 적은 노력으로 계속 승리를 이어 나갈 수 있다. '긍정 확언' 외치기는 모닝 루틴으로 사용하기 쉬우면서도 가장 효과적인 방법이다. 아침에 일어나면 제일 먼저 거울 앞에 서서, 내가 이루고 싶은 목표들을 외치면서 하루를 시작하는 것이다. 이렇게 외치는 것만으로도 하루를 시작하는 마음가짐이 달라진다. 자신의 목표는 무엇인지, 무엇을 위해 노력해야 하는지 다시 한 번 생각하게 된다. 이때 중요한 것이 있다. 목표를 앞으로 '이룰 것이다'보다, 이미 '이루었다!'라고 외쳐야 한다. 뇌는 매일 아침 긍정 확언을 들으면서 자기 암시가 된다. 매일 듣다 보면 우리 뇌는 실제로 이루었다고 믿고, 점차 목표를 이룬 사람처럼 행동하기 시작한다. 이로 인해 실제로 목표를 이룰 확률이 높아지게 된다. 아침 긍정 확언은 승리로 하루를 시작하는 동시에, 나의 목표에 더욱 가까워지게 만들어 주는 최고의 방법이다.

인간의 뇌는 '성공'하기 위해 만들어지지 않았다. '생존'을 위해 만들어졌다. 뇌는 생존을 위해 최대한 에너지를 아끼려고 한다. 할 일을 미루고, 힘든 일을 포기한다. 하지만 성공하기 위해서는 에너지를 반대로 확장하고 사용해야 한다. 하기 싫은 일들을 참고 견뎌내야 한다. 성공이란 뇌가 설계된 원래의 목적을 거슬러야 하는 고된 작업이다. 그러므로 성공하기 위해서는 뇌를 완전히 바꿔야 한다. 생존이 아닌 성공으로 작동하는 뇌를 만들려면 성공에 필요한 습관이 뒷받침되어야 한다. 공부 잘하는 학생들을 보면 모두 좋은 공부 습관이 있다. 좋은 습관이 있으면 공부를 잘할 수밖에 없다. '공부 그릇'에서 배운 모든 것들은 좋은 습관을 만들 재료들이다. 좋은 습관을 만들어 이루고 싶은 목표를 전부 다 이뤄 내길 바란다.

3장

믿음의 크기가 내 그릇의 크기를 결정한다

이제 우리는 공부 마라톤을 뛸 수 있는 모든 준비 과정을 마쳤다. 1장에서는 공부에 대한 올바른 마음가짐에 대해 배웠다. 2장에서는 효율적으로 공부하는 방법을 배웠다. 이번 3장에서는 기초 체력에 해당하는 '공부 그릇'에 대해 배웠다. 공부 마라톤을 뛰기에 앞서 나는 모든 능력의 핵심이자 기초가 되는 '코어'에 대해 강조하고 싶다. 코어가 강한 사람은 아무리 심한 바람이 불어도 절대 흔들리지 않기 때문이다.

나는 이 코어가 '자신을 믿는 마음'이라고 생각한다. 자신을 믿는 마음이 강하면 아무리 어렵고 험난한 길을 걸어도 올바른 마음가짐을 가지고 헤쳐 나갈 수 있다. 나는 뭐든지 해낼 수 있다는 마음으로 도전하고 실패하는 과정에서 성장한다. 내가 내린 선택을 끝까지 밀어붙일 수 있는 용기를 얻는다. 따라서 아직은 내 실력이 부족하더라도, '자신을 믿는 마음' 하나만 잘 길러 놓으면 앞으로 어떤 능력이든 키울 수 있다. 믿음이 모든 능력의 기초가 되기 때문이다.

나는 F라는 성적을 처음 받았을 때 복구해야겠다는 생각은 컸지만, 어디서부터 시작해야 할지 몰랐다. 그간 열심히 공부해 본 기억이 없어서 딱히 아는 공부법도 없었다. 공부해야 할 양은 많아 막막하기만 했다. 그래도 포기할 수는 없었기에 그저 열심히 하는 게 내가 할 수 있는 최선이었다.

미국에서는 매주 퀴즈Quiz라는 쪽지 시험을 본다. 매주 보기 때문에 공부한 내용을 강제로 복습해야 했다. 덕분에 중간고사나 기말고사를 공부할 때는 아주 처음부터 공부하지 않아도 됐다. 마치 게임에서 보스 몬스터를 잡으러 가기 전에 자주 퀘스트를 깨면서 강제로 레벨 업을 하는 것과 비슷하다. 나는 이 쪽지 시험 덕분에 내 수준을 정확하게 파악할 수 있었다. 매주 시험을 봐야 한다는 압박보다도 내가 어느 정도 위치까지 왔는지 테스트해 볼 기회라고 생각했다. 처음에는 형편없었지만, 전보다 1점이라도 성적이 늘면 그동안 노력한 것에 대한 보상을 받는 기분이었다. 성취감과 자신감도 붙기 시작했다.

나는 내가 머리가 나빠서 공부를 못한다고 생각했다. 하지만 '뇌 가소성'에 의하면 이는 사실 틀린 말이다. 그 당시에는 과학적인 이유는 몰랐지만, 체감으로는 내가 더 똑똑해진다는 걸 알 수 있었다. 조금씩 공부하면 할수록 더 많은 것을 알고, 기억하며, 얘기할 수 있었다. 그리고 점점 실력이 늘면서 마음가짐이 '나도 할 수 있을까?'라고 생각했던 것에서 '나도 노력하면 잘할 수 있구나'로 바뀌어 갔다. 작은 성취를 반복하면서 나에 대한 믿음이 커진 것이다.

진심을 다해 노력했다면 전보다는 분명 조금이라도 더 나은 결과물을 받는다. 이렇게 조금씩 앞으로 나아가다 보면 어느새 자신의 실력이 늘었다는 것을 체감한다. 자신감이 더 붙고, 더 잘하고 싶은 욕구가 생긴다. 실력은 이렇게 조금씩 꾸준히 늘려 나가는 것이다. 절대로 각 단계를 거치지 않고 한 번에 느는 일은 없다. 그리고 어느 정도 실력이 확실히 늘었을 때 '나도 열심히 하면 뭐든지 할 수 있다'라는 자신감이 생긴다.

나뿐만 아니라 주변에서 공부를 잘하는 친구들에게 물어봐도 다들 비슷한 경험을 했다고 말했다. 이들 중에 처음부터 잘하는 사람은 없었다. 하지만 어떤 계기로 인해, 처음으로 모든 걸 다 바쳐 노력해 보니 자신이 생각하지도 못했던 결과를 냈다. '어? 사실 나 좀 강할지도?'라고 생각하는 첫 시작이었다. 이렇게 작은 성취에서부터 시작해 믿음이 꾸준히 쌓이면서 자신감이 생기는 것이다.

나는 단 하루라도 먼저 스스로 만족할 정도로 열심히 살아보라고 권하고 싶다. 하루를 정말 열심히 살았다면 그게 탄력이붙어서 점점 더 열심히 하려는 마음이 생기기 때문이다. 마치자전거를 처음 탈 때는 더 많은 힘이 들지만, 한 번 바퀴가 굴러가기 시작하면 페달을 밟기 더 쉬워지는 것과 비슷하다.

작은 성취를 이어 나가다 보면 자신에 대한 믿음이 생긴다.

이러한 믿음이 긍정적인 생각들을 떠올리게 하고, 자신감을 불어넣는다. 이렇게 생긴 자신감이 결국 공부를 더 잘하도록 도와준다. 우리 뇌는 생각을 입력하는 대로 행동한다. 만약 우리가 포털 검색창에 '커피가 몸에 나쁜 이유'를 검색하면 나쁜 이유가 담긴 기사들을 찾을 수 있다. 반대로, '커피가 몸에 좋은 이유'를 검색하면 좋은 이유들이 나온다. 똑같은 커피에 관한 기사를 검색해도 입력한 내용에 따라 결과가 달라지는 것이다. 우리 뇌도 똑같다. 어떤 생각과 마인드를 가지고 살아가느냐에 따라 뇌는 다른 결과물을 떠올린다. 내가 실패자라고 생각하면 과거 실패한 경험들이 떠오른다. 반대로, 어떻게 성공할 것인가를 생각하면 앞으로 성공할 수 있게 도와주는 여러 방법들이 떠오른다. 이처럼 내가 자신감을 가지고 더 잘하기 위해서는 계속해서 성공했던 경험, 성취하려는 그 생각들이 필요하다. 설령 그 크기가 작더라도 말이다. 그래서 작은 성취를 꾸준히 해 주면 자신감이 생기고, 자신을 더 긍정적으로 받아들인다.

작은 성취는 생각보다 강하다. 작은 성취로 인해 자기 효능감과 자신감이 붙고, 자신감이 생기면 더욱 노력하고 싶은 마음이 든다. 더 노력하는 과정에서 실력이 점점 좋아지면서 자신도 모르는 사이 훌쩍 성장한다. 그러고선 원하는 목표를 달성한다. 이런 사이클을 한 번이라도 경험한 사람은 마음먹으면 자신이 무엇이든 할 수 있다는 것을 깨닫게 된다. 그렇게 '자신을 믿는 마음'이 점차 커진다. 이러한 모든 과정은 작은 성취에서부터 시작한다.

　나를 더 믿게 되면 목표를 더 크게 가져도 된다는 희망을 얻는다. 나 또한 예전에는 전교 1등은커녕 반 1등이라는 숫자도 상상하지 못 했다. 하지만 점점 자신감이 생기고, '나도 노력하면 할 수 있다'라는 믿음이 생기니 내 한계가 어디까지 인가 궁금해졌다. 그리고 전교 1등도 가능할 수 있겠다는 희망이 생겼다. 예전에는 꿈꿔 보지도 못했던 목표를 이제는 담을 수 있을 만큼 내 그릇이 커진 것이다. 믿음의 크기가 결국 내 그릇의 크기를 결정하는 이유다. 내가 나를 믿는 만큼 더 높은 목표를 설정하고, 그만큼 내 역량이 더 발전하게 된다.

　자신의 실력이 아직 부족하다고 느낄수록 자기 자신에게 집중하는 습관을 들여야 한다. 그래야 작은 성취를 느낄 수 있다. 보통 남과 비교하기 시작하면 제일 성적이 좋거나 똑똑한 친구와 비교한다. 아직 내 실력이 부족한데 잘하는 친구랑 비교하면 당연히 내가 더 초라해 보인다. 내가 한없이 작아 보이고 위축되면서 자신감도 없어진다. 실제로는 노력하는 것만큼 성장했음에도, 내가 아직 부족하다고 느끼면서 성취감을 전혀 느끼지 못한다. 그럼 내 실력을 늘리고 싶은 마음이 사라진다. 내가 중간 정도의 성적을 받았을 때 딱 이랬다.

　남의 것에 신경 쓰지 말고 오히려 내 것에 더 집중하자. 경쟁 상대는 신경 쓰지 말고, 그 시간과 에너지를 전부 나에게만 집중하자. 공부의 본질은 나의 성장이다. 장담하는데 온전히 나에게 더 집중할 때 실력이 더 많이 늘 것이다. 그렇게 작은 성취를 경험하고, 꾸준히 실력을 쌓으면서 '자신을 믿는 마음'을 키우자. 자신을 믿는 크기가 커질수록 나의 꿈과 목표를 담아 내는 내 그릇의 크기도 커질 것이다.

4장

탁월한 공부를 넘어
위대한 인생으로

1

유대인으로부터 배우는
사고력 키우는 방법

    역사가 시작되고 반만 년 동안 강대국의 틈 속에서 단일민족으로 살아남은 두 나라가 있다. 바로 대한민국과 이스라엘이다. 교육열로는 세계 최고를 다투는 두 나라는 많은 부분이 닮았다. 땅도 좁고, 자원도 별로 없다. 인구도 많지 않다. 그럼에도 두 나라가 보유한 수많은 인재 덕분에 단기간에 높은 경제성장을 이뤄 냈다. 교육이 나라의 희망인 것이다. 하지만 세계에서 유대인의 영향력은 훨씬 크다. 유대인은 세계 인구의 0.2%에 불과하지만, 역대 노벨상 수상자의 22%, 세계 500대 기업 경영자의 42%, 전 세계 부의 30%를 소유하고 있다.[200] 우리와 비슷한 배경을 가진 유대인이 한국과는 다르게 세계를 휩쓰는 이유는 사고력을 키우는 교육방식에 있다.

머리가 좋아지려면
생각하는 힘을 키워야 한다

영국 얼스터대 리처드 린Richard Lynn 교수 연구팀은 세계 185개국의 평균 IQ를 발표했다.[201] 우리나라는 평균 IQ가 106점이었다. 유대인은 평균 IQ가 94점으로 세계 45위를 차지했다. 동아시아권 나라들은 물론 미국과 유럽에도 뒤처지는 순위다. 유대인은 똑똑한 상태로 태어나는 게 아니다. 대신 어려서부터 생각하는 연습을 꾸준히 하고, 사고력을 키우는 교육을 선택했다. 머리가 좋아지는 교육으로 인해 세계에서 가장 영향력이 큰 민족으로 자리 잡았다.

유대인의 대표적인 사고력을 키우는 방법은 '질문하기'와 '토론하기'다. 사고력은 '집어넣는' 교육으로는 기를 수 없다. 강의를 듣거나, 책만 읽는 수동적인 학습 방법은 다른 사람의 생각을 받아들이기만 한다. 내 지식이 확장했을지는 몰라도, 생각하는 힘은 기를 수 없다. 사고력을 키우려면 지식을 뇌 밖으로 '끄집어내야 한다.' 질문은 자신이 배운 지식을 이해하고 소화하는 과정에서 생긴다. '왜?'라는 질문이 생기면 현상에 대한 의문을 품는다. '비판적 사고'를 하는 것이다. 토론은 배운 지식을 응용해서 자신의 말로 표현해야 한다. 상대와 주장을 펼치면서 서로 질문하고 반론한다. 이를 통해 비판적으로 생각하고,

논리적으로 분석하는 힘을 기른다.

《서울대에서는 누가 A+를 받는가》의 저자 이혜정 박사는 서울대학교 최우수 학생의 공부 방법을 조사했다. 결과는 충격적이었다. 최고의 성적을 받은 학생의 공부 방법은 교수가 한 말을 토씨 하나도 빠트리지 않고 받아 적는 것이다. 무려 87%의 학생이 스스로 생각하고 정답을 찾는 대신, 교수의 말이 곧 정답이라고 믿었다.[202] 이러한 교육 시스템 안에서는 생각하는 법을 배울 수 없다. 지식을 만드는 '과정'을 학습하지 않고, 이미 만들어진 지식의 '결과'만 학습하기 때문이다.

리더는 다른 사람이 만든 길을 따라가지 않는다. 스스로 답을 찾고 새로운 길을 개척한다. 반면 수동적으로 공부하는 학생은 정해진 답만 외운다. 스스로 정답을 찾는 방법은 배우지 못한다. 결국, 리더가 되지 못하고 팔로워가 된다. 삶을 주체적으로 살기 위해서는 자신만의 생각이 필요하다. "생각대로 살지 않으면, 사는 대로 생각하게 된다." 프랑스 소설가 폴 부르제Paul Bourget의 말이다.[203] 사고력을 키우지 않으면 세상이 정해놓은 대로 생각하고 살 수밖에 없다. 삶의 주인이 되지 못하고 결국 끌려다니기만 한다. 사고력은 앞으로의 인생을 주도적으로 살기 위해선 필수적으로 가져야 할 능력이다.

사고력을 키우려면
질문을 해야 한다

　유대인은 질문하는 게 습관화되어 있다. 유대인 부모와 선생님이 가장 많이 하는 말은 "마 아타 호쉐브?"다. "네 생각은 뭐니?"라는 뜻이다. 자녀와 학생이 대답하면 "왜 그렇게 생각하니?"라고 다시 묻는다.[204] 생각에 대한 근거와 이유를 물어보는 것이다. 이처럼 유대인들은 끊임없이 질문하고 대답한다. 이러한 과정에서 자연스레 생각하는 힘을 키운다. 질문의 힘을 아는 유대인은 어려서부터 질문하는 분위기를 만든다. 아이가 학교에서 돌아오면 부모는 "오늘은 학교에서 무엇을 질문했니?"라고 묻는다. 질문하지 않으면 배운 게 없다고 생각하기 때문이다. 우리나라에서 선생님 말씀 잘 '들어라'라고 하는 것과는 사뭇 다른 모습이다.

　우리나라 학생들은 질문에 수동적이다. 주입식은 정답이 하나인 만큼 질문했다가 틀리고 망신당하는 것을 걱정한다. 그러나 질문하는 법은 미래인재의 필수 역량이다. 현대 경영학의 아버지라 불리는 피터 드러커Peter Drucker는 "과거의 리더는 말하는 리더였지만, 미래의 리더는 질문하는 리더가 될 것"이라고 말했다.[205] 빠른 기술 혁신으로 단순한 지식을 얻는 것은 인터넷과 핸드폰이면 해결되는 세상이다. 이제는 AI가 단시간에

답을 찾아낸다. 사람이 할 일은 생각하고, 질문하는 것이다. 수동적인 태도로 정답을 그대로 받아들여서는 살아남기 힘들다. 꼬리에 꼬리를 문 질문에서 나온 깊은 사고력과 통찰력이 필요하다.

간혹 우리는 '몰라서' 질문을 한다고 생각한다. 절대 그렇지 않다. 카네기 멜런대학교 심리학과의 조지 로웬스타인George Loewenstein 교수는 '정보 간극Information Gap'이라는 이론을 제시했다. 그는 '이미 알고 있는 것'과 '알고자 하는 것' 사이에 틈이 있을 때 호기심이 생긴다고 말한다.[206] 즉, 어느 정도 지식이 있을 때 '지식의 공백'을 느끼고, 더 알고자 하는 욕구가 지적 호기심으로 변하는 것이다. 우리는 이 지적 호기심을 해결하기 위해 질문하고 답을 찾아 나선다. 이러한 과정에서 아는 지식을 끊임없이 의심하고, 문제를 제기하면서 사고력이 확장된다. 질문은 생각의 뿌리다.

독서는 다양한 지식을 습득하도록 도와준다. 아이러니하게도 독서로 얻은 지식이 '지식의 공백'을 만들어 지적 호기심을 불러일으킨다. 지적 호기심을 해결하기 위해 질문하고, 답을 찾는 과정에서 사고력이 올라간다. 또한 독서는 지능을 높인다. 독서를 하면 새로운 지식과 기존 지식이 서로 정보를 주고받으며 두뇌가 활성화된다. 뇌세포가 증가하고, 뇌 신경망이 촘촘해져 두뇌 근육을 키운다. '책의 민족'이라 불리는 유대인은 평생책을 읽으면서 산다. 독서가 미래를 이끄는 인재를 만든다고 믿는다. 세계에서 가장 영향력 있는 사람들 대부분의 취미 또한 독서다. 독서는 사고력을 키울 뿐만 아니라 위대한 인생을 만드는 힘이 있다.

사고력을 키우려면 '집어넣지' 말고 '끄집어내야' 한다

유대인의 진짜 힘은 책을 읽고 토론하는 데 있다. 다양한 분야의 책을 읽으면서 지식을 키울 뿐만 아니라 '하브루타' 토론 방식을 통해 생각하는 힘을 기른다. 하브루타는 짝을 지어 질문하고, 답하고, 토론하는 공부 방법이다. 생각을 논리적으로 정리하고, 상대방을 설득하는 과정에서 더 넓고, 깊게 사고하는 방법을 배운다. 유대인에겐 하브루타가 생활화되어 있다. 집에서는 부모님과 자녀가, 학교에서는 두 학생이 짝을 지어 토론한다. 어릴 때부터 하브루타 방식에 익숙해진 유대인은 공부할 때도 지식을 그대로 받아들이지 않는다. 뇌가 자연스럽게 '정말 그런가?'하고 물어본다. 하브루타가 질문하는 습관을 만든 것이다.

토론은 비판적 사고력을 키운다. 비판적 사고는 합리적인 근거를 가지고, 능동적으로 분석해 문제를 해결하는 능력을 말한다. 토론은 자신의 의견이 타당하다고 증명하고, 상대의 말을 논리적으로 반박한다. 서로의 의견을 조율하는 과정에서 함께 문제 해결점을 찾는다. 비판적 사고력이 높은 사람은 자기 주도적으로 공부한다. 문제를 그대로 암기하기보다, 의문을 갖고 스스로 해답을 찾으려고 한다. '왜?'라고 질문하며 정보를 이해할 때까지 파헤친다. 문제의 본질을 탐구하는 과정에서 문제를 분석하고, 종합하고, 논리적으로 추론하는 힘을 기른다. 어떤 새로운 문제를 만나도 해결할 수 있는 능력이 생긴다.

책을 읽고, 토론하는 게 습관인 유대인들은 글쓰기도 생활화되어 있다. 그래서인지 유대인의 9명 중 1명은 작가라고 한다. 읽고, 말하고, 쓰면서 생각하는 힘을 키운 것이다. 아마존의 창업자 제프 베조스Jeff Bezos는 "글쓰기가 사고력을 개발하는 데 전부다."라고 말했다.[207] 글을 쓰려면 생각이 명확해야 한다. 생각을 정리하고 핵심을 파악하는 과정에서 사고력이 올라간다. 글쓰기는 리더가 가져야 할 필수 능력이다. 하버드대학교를 떠난 지 20년이 지난 졸업생 1,600명에게 물었다. "현재 일을 하는 데 가장 중요한 것은 무엇입니까?" 90% 이상의 졸업생이 '글쓰기'라고 답했다. 그다음 물었다. "앞으로 더 많이 노력해야 할 것은 무엇입니까?" 글을 잘 쓰기 위한 노력이 다른 답보다 3배 더 많았다.[208]

글은 생각의 결과물이다. 글을 쓰려면 생각을 설득력 있게 풀어 나가야 한다. 머릿속에 있는 명확하지 않은 생각을 논리적이고 정교하게 만들어야 한다. 이 과정에서 논리력, 추리력, 조합능력이 올라간다. 사고력을 기르기 위해선 논리적인 글을 써야 한다. 일기나 내가 느끼는 감정만을 적는 걸 말하는 게 아니다. 사실과 근거를 바탕으로 쓴 객관적인 글을 말한다. 어떤 결론이 나왔는지 부모님이나 친구들과 토론하는 연습도 하면 사고력이 더욱 올라간다. 사고력을 키우는 방법은 단순해 보이지만 시간과 노력이 필요하다. 지름길은 없다. 많이 읽고, 질문하고, 말하고, 글 쓰는 과정을 꾸준히 해야 한다.

"100명의 유대인이 있다면, 100개의 대답이 있다."라는 유대인 속담이 있다.[209] 유대인은 정답이 하나라고 믿지 않는다. 각자 자기만의 생각이 있다. 3명의 유대인이 모이면 4개의 의견이 나온다고 할 정도로 자기 생각을 중요하게 여긴다.[210] 유대인은 책을 읽고, 토론하고, 글을 쓰는 것이 일상이다. 어떤 정보도 '왜?'라는 질문 없이 받아들이지 않는다. 이런 습관들은 자연스레 사고력을 키운다. 미래인재가 되려면 사고력은 필수다. 빠르게 변화하는 세상에서 정답을 외우는 것은 중요하지 않다. 새로운 환경에 적응하며 문제의 해답을 스스로 찾아가는 능력이 중요하다. "마 아타 호쉐브?" 당신은 이 말에 어떻게 생각하는가? 자신에게 질문하고 답해 보길 바란다.

2

역사와 미래를 창조하는 창의력

인간은 진화 역사 내내 창의와 혁신을 추구했다. 원시 시대의 인간은 동물의 가죽을 벗기기 위해 날카로운 돌을 사용했다. 날카로운 돌이 항상 있지 않으니, 무딘 돌을 날카롭게 만드는 방법을 만들었다. 그다음엔 돌을 나무 막대에 묶어 창으로 만들어 사냥했다. 이처럼 인간의 문명과 기술은 창의를 기반으로 발전했다. 현대 사회는 역사상 가장 빠른 기술 혁신을 이루고 있다. 이제는 누구나 창의력을 발휘하고, 아이디어를 낼 수 있다. 그만큼 경쟁도 심해졌다. 끊임없이 변화하는 세상에서 단순히 지식을 습득하는 능력으로는 성공할 수 없다. 창의적으로 생각하고, 논리적으로 표현하는 능력이 필요하다. 창의력은 성공의 핵심 열쇠가 되었다.

4장

창의력은
'내 생각'에서 시작한다

융합형 인재가 혁신을 만든다. 융합형 인재는 사고력과 창의력을 모두 갖춘 사람을 말한다. 대표적으로는 애플의 창업자 스티브 잡스Steve Jobs가 있다. "애플은 기술과 인문학의 교차점에 있다."라고 말한 그는, 사용자 중심의 기술과 미학적인 디자인을 합쳐 혁신을 만들었다.[211] 세계 역사의 위인들도 융합형 인재였다. 수학 공식 '피타고라스의 정리'로 유명한 피타고라스는 자신을 '철학자'라고 부른 최초의 사람이었다. 화가 레오나르도 다 빈치는 〈모나리자〉를 그린 화가로서의 명성보다, 비행기를 설계하고 실험한 과학자로서 더 유명했다.[212] 창의와 혁신은 단편적인 지식이 아닌 다양한 지식이 어우러진 융합적인 사고에서 나온다.

아래의 두 문제를 비교해 보자.

⑴ "5+5는 무엇일까요?"
⑵ "어떤 두 숫자를 더하면 10이 나오나요?"

첫 번째 문제는 정답이 오직 하나다. 두 번째 문제는 음수와 소수점까지 생각하면 정답이 무한대로 나온다. 정답을 아는 학생은 똑똑하다. 정해진 답을 많이 외울수록 시험 성적은 더 좋아질지 모른다. 그러나 창의적이긴 어렵다. 이미 만들어져 있는 지식을 그대로 외우기만 하면 새로운 방법으로 문제를 해결할 수 없다. 창의력은 유연한 사고에서 나오기 때문이다. 고정된 틀에서 벗어난 생각을 하는 사람은 다양한 정보를 통합해 자신만의 방법을 만든다. 창의적인 방법으로 문제를 해결한다.

'창의'의 사전적 의미는 '새로운 의견을 생각하여 냄'이다. 이 세상 그 누구도 나와 똑같은 생각을 하지 않는다. 같은 음악을 들어도 누구는 가사의 주인공이 되기도 하고, 현재 자신을 위로하기도 하며, 옛 추억을 떠올리기도 한다. 사람마다 가진 경험과 지식이 다 다르기 때문이다. 이처럼 내 생각은 세상에 하나밖에 없는 유일한 것이다. 창의는 단지 고유한 내 생각을 표현하는 행위다. 스스로 창의적이지 않다고 생각하는 사람일수록 자기 생각이 무엇인지 잘 모를 가능성이 크다. 정답을 외우는 공부만 하면 정작 내 생각이 무엇인지 고민해 볼 기회가 없다. 창의력을 키우려면 내 생각을 탐구해야 한다.

아인슈타인은 "내게는 특별한 재능이 있지 않습니다. 단지 열정적으로 캐묻기를 좋아했을 뿐입니다."라고 말했다.[213] 정답 안에는 '내' 생각이 없다. 질문 속에 '내' 생각이 있다. 다른 사람이 좋다고 말하는 게 아닌, 내가 진심으로 좋아하는 건 무엇인지 자신에게 물어야 한다. 내가 좋아하는 것을 찾아야 내면의 호기심이 생긴다. 호기심에 이끌려 더 알고 싶은 욕구가 생긴다. 이때 비로소 내 생각을 깊게 탐구한다. 기존에 알고 있던 지식과 경험을 새로운 정보와 연결하고 융합한다. 이 과정에서 이전에는 없던 새로운 생각을 창조한다. 나를 더 깊게 알아갈수록 내 안의 창의성이 깨어나는 것이다.

창의력은 키울 수 있는 능력이다

일반적으로 창의성이라 하면 누구도 생각하지 못한 아이디어를 내는 것이라고 생각한다. 하지만 실상은 좀 더 단순하다. 창의는 기존에 있는 아이디어들을 연결하고, 내 생각을 더하는 것이다. 즉, 창의력은 연결하고 조합하는 능력을 말한다. 화가 피카소Picasso가 말했다. "좋은 예술가는 베끼고, 위대한 예술가는 훔친다."[214] 예술은 이전 세대의 작품, 기법, 스타일에서 영감을 얻는다. 예술가에게 아이디어의 원천을 물어보면 작품의 기반을 만들어 준 사람들을 쭉 나열한다. 창의력은 예술에만 적용되지 않는다. 근대 과학의 아버지 아이작 뉴턴Isaac Newton은 "내가 더 멀리 볼 수 있었던 이유는 거인들의 어깨 위에 있었기 때문이다."라고 말했다.[215] 뉴턴의 만유인력 법칙 역시 아무것도 없는 상태에서 만들어지지 않았다. 코페르니쿠스, 갈릴레이 등

이전 세대 과학자가 찾아낸 원리에 자신의 발견과 해석이 추가되어 만들어졌다.

경험이 많아야 연결할 재료가 많아진다. 스티브 잡스 또한 "창의력이란 서로 연결하는 능력이다."라고 말했다.[216] 그는 창의력을 기르기 위해 다양한 경험을 해야 한다고 주장한다. 경험이 많을수록 창의력으로 만들 재료가 더 생기기 때문이다. 역대 노벨상을 받은 과학자들은 예술을 즐기는 사람들이었다. 다른 과학자들보다 음악에 취미를 가질 확률은 2배, 미술 7배, 글쓰기 12배, 공연은 22배나 높았다.[217] 다양한 경험 덕분에 창의성을 발휘해 노벨상을 받을 수 있었다. 앞에서 본 피타고라스와 레오나르도 다 빈치 역시 예술, 과학, 철학 등 통합적인 지식이 있는 사람이었다. 다양한 경험은 새로운 관점뿐만 아니라 연결할 재료들을 많이 만들어 '창의성의 길'을 열어 준다.

새로운 경험을 하자. 대부분의 사람은 쉴 때 비슷한 행동을 한다. 친구들과 맛있는 음식을 먹거나, 게임을 하거나, 핸드폰을 본다. 비슷한 경험에서는 비슷한 생각만 만들어진다. 다양한 경험을 위해 새로운 취미 활동을 찾아 보자. 운동을 취미로 삼아도 누구는 팀 스포츠를, 누구는 개인 스포츠를 더 좋아한다. 이처럼 취미 활동은 자신이 무엇을 좋아하는지 경험해 볼 기회다. 독서 또한 다양한 경험을 준다. 독서는 지식뿐만 아니라, 저자의 다양한 생각과 경험을 간접적으로 체험할 수 있게 한다. 독서가 좋다는 건 누구나 알고 있지만, 막상 취미로 만들기는 쉽지 않다. 사실 독서를 취미로 만드는 방법은 딱 하나다. 꾸준히 읽는 수밖에 없다. 앞에서 배운 습관을 만드는 방법을 활용해 보자. 하루 1쪽이라도 매일 꾸준히 읽는 습관이 쌓이면, 점차 독서를 좋아하는 뇌로 만들 수 있다.

글쓰기가 융합형 인재를 만든다. 사고력과 창의력을 동시에 키우기 때문이다. 뇌는 좌뇌와 우뇌로 구성된다. 좌뇌는 논리, 언어, 수학을 담당한다. 우뇌는 창의력, 상상력, 미술과 관련이 있다. 글쓰기는 적극적이고 능동적으로 두뇌를 사용해야 한다. 이때 뇌의 사령관 역할을 하는 전두엽이 깨어난다. 논리력을 위해 좌뇌가 활성화되고, 창의력을 위해 우뇌도 같이 자극된다. 노벨경제학상 수상자인 폴 로머Paul Romer 뉴욕대 교수는 "읽기와 쓰기가 창의력의 토대가 된다."라고 강조한다.[218] 독서를 통해 다양한 지식과 경험을 쌓자. 그 후 글쓰기를 통해 사고력과 창의력을 키우자. 융합형 인재는 독서에서 시작해 글쓰기로 완성된다.

성장형 마인드,
회복탄력성과 창의성의 관계

창의력은 끊임없는 시도에서 나온다. 창의성을 가진 사람의 공통점은 다작했다는 점이다. 피카소는 약 1만 3천 5백 점의 그림, 10만 점의 판화, 3만 4천 점의 삽화, 300점의 조각을 남겼다. 피카소의 작품은 유명한 것보다 모르는 것이 훨씬 더 많다. 이 중 수준 미달이라는 비판을 받은 작품도 많다. 아인슈타인은 26살에 쓴 논문 5편 중 4편이 물리학계를 뒤흔들어 놓았다. 여기까지만 보면 타율이 높아 보인다. 그러나 사실 그는 이후 약 250개의 논문을 더 썼지만, 그중 대부분은 과학계에 별 영향을 미치지 못했다고 한다.[219] 창의적인 사람은 '원 샷 원 킬'하는 스나이퍼가 아니다. 목표물을 향해 일단 난사하는 사람이다.

창의적인 사람이 되고 싶으면 '앞으로 실패를 많이 만날 것'이라는 사실은 각오해야 한다. 그러나 두려워할 필요 없다. 실패했다는 말은 시도도 안 해본 사람보다 한발 더 나아갔단 뜻이다. 어제의 나보다 더 발전했다는 뜻이다. 그러니 실패했다고 기죽을 필요 없다. 오히려 발전한 자신을 칭찬해 줘야 한다. '창의성의 민족' 유대인은 실패를 경험할 때 "마잘 톱!"이라고 말한다. 축하한다는 뜻이다. 심지어 손뼉까지 쳐 주며 실패를 축하한다. 모든 실패는 삶의 지혜를 가르쳐 준다고 생각하기 때문이다.[220] 실패를 인정하고, 더 나아지기 위해 노력하는 것이 성공의 시작이다.

실패는 '레벨 업'할 기회다. 세계 최대 헤지펀드 브리지워터의 창업자이자,《원칙》의 저자인 레이 달리오Ray Dalio는 성공으로 가는 원칙을 발견했다. 바로 '목표 → 문제 → 진단 → 계획 → 실행'이다. 목표를 이루는 과정에서 문제는 반드시 존재한다. 문제를 만나 넘어지면, 왜 실패했는지 원인을 객관적으로 진단한다. 문제를 어떻게 없앨지 계획하고, 해결책을 실행한다. 더 높은 목표를 세우고 같은 방법을 반복한다. 이 과정에서 새로운 문제를 만나고, 해결하면서 더 높은 수준의 성공을 경험한다.[221] 목표를 이루는 과정에서 실패는 피할 수 없다. 오히려 실패를 기회라 생각해야 한다. 우리는 실패 안에서 가장 크게 성장한다. 실패를 극복한다는 건 성공에 더 가까워졌다는 신호다.

실패를 두려워하지 않는 마인드를 가져야 한다. 도전을 많이 하면 실패는 자연스럽게 따라온다. 10번 도전해서 성공했다면 그전에 9번은 실패했단 소리다. 창의적인 사람들은 도전을 많이 할 뿐만 아니라 실패에도 좌절하지 않는다. 실패를 두려워하지 않는 성장형 마인드와 회복탄력성을 가지고 있다. 창의적인 사람들은 실패에서 성장의 기회를 찾는다. 넘어져도 배우고 일어나서 다시 도전한다. 고정형 마인드를 가지거나 회복탄력성이 없다면 실패에 그대로 주저앉는다. 그러곤 다시 시도하지 않는다. 이처럼 내 '사고방식'에 따라 실패를 기회로 볼 수도,

그대로 좌절할 수도 있다. 내 '마음가짐'에 따라 내가 창의적인 사람으로 변할 수도, 패배자로 남을 수도 있다. 모든 건 내 선택에 달려 있다.

대답은 쉽고, 질문은 어렵다. 따라 하는 건 쉽지만, 창의는 어렵다. 지금은 이미 정해져 있는 쉬운 길을 걷더라도, 우리는 언젠가 어려운 길을 가야 한다. '인생'이란 문제는 정답이 없고, 스스로 해답을 찾아야 하기 때문이다. 인생의 해답을 찾으려면 우리는 내면의 소리에 집중해야 한다. 질문을 통해 나에 대해 더 알아갈 때 우리는 진짜 '내' 생각을 끄집어낼 수 있다. 이렇게 자신의 고유한 생각을 가진 사람만이 다른 사람의 말에 끌려다니지 않는다. 다시 말해, 창의적인 사람이 되어야 내가 내 인생의 주인이 된다는 말이다. 이처럼 창의력은 주도적이고 위대한 삶을 살기 위한 필수 요소다.

3

미래인재에게 필요한 능력

'4차 산업혁명'이라는 세계적인 키워드는 2016 세계경제 포럼WEF에서 시작되었다. 세계경제포럼이 발표한 '미래직업보고서'는 미래인재가 가져야 할 5가지 능력을 제시했다. 1위는 복잡한 문제 해결 능력이었다. 2위에서 5위는 비판적 사고력, 창의력, 사람 관리, 협업 능력이었다.[222] 전통적으로 선호하던 지적 능력만으로는 미래인재가 될 수 없다. 변화하는 시대에 맞춰 미래인재상도 변해야 한다. 앞에서 비판적 사고력과 창의력에 대해 알아보았다. 이번 목차에서는 미래인재가 필수적으로 가져야 할 나머지 역량에 대해 배워 보려고 한다.

문제 해결은
질문에서 시작한다

미국 워싱턴에 있는 토머스 제퍼슨 기념관에 벽이 자꾸 부식되는 현상이 발생했다. 이로 인해 방문객들의 민원이 늘었고, 기념관의 이미지도 나빠졌다. 이를 해결하기 위해 컨설팅 전문가는 '5 Why' 방법을 제안했다. 1. 왜 대리석이 빨리 부식되는가? 대리석을 세제로 자주 닦기 때문이다. 2. 왜 세제로 자주 닦는가? 비둘기의 배설물로 인해 세제로 자주 닦을 수밖에 없다. 3. 왜 기념관에 비둘기가 많은가? 비둘기의 먹이인 거미가 많기 때문이다. 4. 왜 기념관에 거미가 많은가? 기념관은 해가 지기 전에 전등을 주변보다 먼저 켠다. 이로 인해 거미의 먹이인 나방이 불빛을 보고 많이 몰리기 때문이다. 5. 왜 해가 지기 전에 전등을 주변보다 먼저 켜는가? 전등불을 켜는 직원들이 일찍 퇴근하기 때문이다.[223]

'Why'를 찾아야 'How'를 발견한다. 기념관 측은 문제를 해결하기 위해 불을 켜는 직원의 퇴근 시간을 조금 늦췄다. 이로써 대리석의 부식 현상을 방지했다. 만약 아무런 질문 없이 부식된 대리석만 교체했다면 부식 현상은 다시 일어났을 것이다. 게다가 불을 켜는 직원의 야근 수당이 대리석 수리 비용보다 훨씬 적게 들었다. 이렇듯 표면적인 문제만 보고 해결하는 방법은 근본적인 원인을 해결하지 못한다. 단기적인 효과만 가져다 준다. 문제를 더 깊이 이해하려면 '왜?'라는 질문을 해야 한다. 꼭 다섯 번일 필요는 없다. 두세 번만에 문제의 원인을 찾을 수도 있다. 필요하다면 다섯 번 이상 해야 한다. 핵심은 질문을 통해 근본적인 원인을 찾아야 제대로 된 문제 해결을 한다는 것이다.

아인슈타인이 말했다. "내가 곧 죽을 상황에 처했고, 목숨을 구할 방법을 단 1시간 안에 찾아야만 한다면, 1시간 중 55분은 올바른 질문을 찾는 데 사용하겠다. 올바른 질문을 찾고 나면, 정답을 찾는 데는 5분도 걸리지 않을 것이다."[224] 질문은 강력한 무기다. 사고력도 질문에서 시작한다. 창의력도 질문에서 시작한다. 문제 해결 능력마저도 질문에서 시작한다. 질문이 생각의 스위치를 켜기 때문이다. 이 세상에 깊게 고민해서 풀리지 않는 문제는 없다. 문제를 해결할 방법은 분명히 존재한다. 꼬리에 꼬리를 문 질문은 문제의 근본적인 원인을 찾아내고, 이를 해결하도록 도와준다.

수동적으로 공부하면 질문하는 능력을 잃어버린다. 'Finding Answer'는 할 수 있지만, 'Solving Problem'은 할 수 없다. 즉, 문제 해결 능력을 키울 수 없다는 뜻이다. 공부의 목적은 인생을 살면서 마주치는 다양한 문제에 잘 대처하고, 이를 해결하기 위해서다. 스스로 문제를 해결하기 위해서는 질문해야 한다. 어려울 것 없다. 공부할 때 그냥 받아들이지 말고, '왜?'라고 한

번 더 물어보면 된다. '왜?'라고 질문하고 답을 찾아 나가면, 더
는 외우는 공부가 아닌 이해하는 공부를 하게 된다. 문제와 해
답을 외우지 않고 이해할 때 공부를 더 잘할 수 있다. 단기간에
얻으려는 욕심보다 꾸준히 훈련한다는 마음으로 시작하자. 사
고력, 창의력, 문제 해결 능력을 키우는 기초는 '왜?'라고 질문
하는 습관에서부터 시작한다.

인성은
실력이다

　카네기 멜런대학교와 MIT대학교 심리학자들은 좋은 성과
를 내는 팀은 어떤 특성이 있는지 연구했다. 연구팀은 팀원들이
서로를 대하는 방식에 따라 성과가 달라진다는 사실을 발견했
다. 팀에 아무리 똑똑한 사람이 있어도 상대방을 존중하지 않는
다면, 집단 지성을 발휘하지 못했다. 오히려 평범한 능력을 가
진 팀원들끼리 서로 배려하고, 예의 바르게 대할 때 집단 지성
을 발휘했다. 이러한 팀에는 2가지 공통점이 있었다. 첫째, 모
든 팀원이 거의 같은 비율로 말하는 수평적인 문화였다. 둘째,
팀원들의 사회적 감수성이 높았다. 즉, 상대를 배려하는 마음과
공감 능력이 높을수록 좋은 성과를 만든 것이다.[225]

'인성'은 미래인재가 가져야 할 필수 능력이다. 과거에는 혼자 열심히 공부하면 성공하는 시대였다. 그러나 이제는 집단 지성의 시대다. 빠르게 발전하고 변화하는 사회에서 혼자만의 힘으로는 살아남을 수 없다. 다양한 분야의 전문가들과 좋은 관계를 만들고 협업해야 한다. 애플, 구글, 마이크로소프트 등 세계적인 기업 모두 혼자의 힘이 아닌 팀으로 만들어졌다. 다른 사람과 함께 일할 수 있는 사람은 배려, 공감, 존중, 소통, 협업 능력이 뛰어나다. 모두 인성을 이루는 덕목이다.

한국도 인성에 관심이 많다. 2015년에는 '인성교육진흥법'을 만들었다. 세계 최초로 인성 교육을 법으로 만든 것이다. 교육의 효과는 변화가 실제로 일어났는가, 일어나지 않았는가에 달려 있다. 변화를 만드는 힘은 교육 자체에 있지 않다. 실천에 있다. 단순히 지식처럼 주입한다고 인성이 생기지 않는다. 인성을 키우려면 스스로 실천해야 한다. 인성은 하루아침에 만들어지지 않는다. 오랫동안 실천하면서 몸에 배야 한다. 행동에서 자연스럽게 묻어 나와야 제대로 된 인성이 만들어진 것이다. 인성도 지성처럼 오랜 학습의 결과물이다. 인성도 실력인 이유다.

복잡하게 생각할 필요 없다. 인성을 간단하게 말하면 다른 사람을 존중하고 배려하는 마음이다. 상대방의 말에 경청하고, 겸손한 태도를 보이는 것이다. 일상생활에서 하는 행동으로 충분히 인성을 키울 수 있다. 작은 친절에도 남에게 고맙다는 말을 하는 것도 인성을 키우는 것이다. 남에게 먼저 미소와 인사를 건네는 것도, 뒷사람을 위해 문 한 번 잡아 주는 것도 인성을 키운다. 일상생활에서 겸손한 자세와 남을 배려하려는 마음을 가지는 게 핵심이다. 이러한 행동들이 몸에 배고, 습관이 되면 인성으로 자리 잡는다.

남을 섬길 줄 아는 리더가 진정한 리더다

미국 하버드대학교는 세계적인 리더를 키우는 대학으로 유명하다. 하버드 캠퍼스로 들어가는 문 위에는 이런 글귀가 쓰여 있다. 들어가는 방향에는 "들어와서 지혜로운 사람으로 성장하라Enter To Grow in Wisdom", 나가는 문에는 "떠나서 세상과 인류에 더 나은 봉사를 해라Depart To Serve Better Thy Country and Thy Kind". 하버드의 교육 철학은 열심히 공부해서 지혜를 얻은 다음, 개인의 이익보다 사회에 도움이 되는 사람을 키우는 것이다.

하버드는 입학 자격요건으로 성적뿐만 아니라 동아리, 봉사활동, 추천서, 개인이 쓴 에세이를 검토한다. 학생이 어떤 성장 과정을 거쳤는지 보는 것이다. 조우석 전 하버드 입학사정위원은 이렇게 말했다. "SAT(미국 대학 입학시험) 만점을 받고도 대학에서 입학허가를 받지 못하는 학생들이 있다. 하버드는 인성과 리더십이 뛰어난 '인성 엘리트'를 뽑는다."[226] 입학사정관들은 학생이 삶에서 마주한 문제를 어떤 창의적인 방법으로 극복했는지 심사한다. 삶의 변화 지점에서 선택한 결정들을 보면 인성, 문제 해결 능력, 리더십을 판단할 수 있기 때문이다.

남을 섬길 줄 아는 리더가 '인성 엘리트'다. 인성 엘리트는 봉사의 리더십을 말하는 '서번트 리더십 Servant Leadership'에 해당한다.[227] 전통적인 리더십은 리더가 모든 권한을 가진다. 명확한 수직 체계가 존재한다. 서번트 리더십은 팀원들과 수평적인 관계를 맺는다. 함께 협력하고, 서로의 의견을 존중한다. 팀원들과 소통하여 가장 적합한 결론을 내린다. 남을 섬기는 리더는 팀원들의 말을 따르기만 하는 사람이 아니다. 합리적인 방법으로 팀을 이끌고, 뛰어난 통찰력으로 최고의 결과를 만들어야 한다. 그만큼 인성, 문제 해결 능력, 사고력, 창의력, 사람 관리, 협업 능력이 필요하다. 미래인재가 가져야 할 덕목 모두를 가진 사람을 말한다.

세계 최고 리더십 교육기관CCL의 선임 교수 대릴 스파이비Darryl Spivey는 올바른 질문을 하는 것이 팀을 이끄는 핵심이라고 말한다.[228] 올바른 질문은 팀이 앞으로 나아가야 할 방향을 제시한다. 문제의 근본적인 원인을 찾아 해결하도록 도와준다. 올바른 질문을 하려면 다른 사람의 말을 '경청'해야 한다. 토크쇼의 여왕 오프라 윈프리는 1시간 프로그램 동안 고작 10분 정도 말한다. 듣는 데 80%를 쓴다.[229] 상대의 말에 집중하면서, 상대의 입장이 되는 게 소통의 기술이기 때문이다. 이처럼 올바른 질문을 하고, 상대의 의견을 경청하는 자세는 서번트 리더십의 핵심이다.

4차 산업혁명 시대에 미래인재가 가져야 할 능력은 5가지다. 문제 해결 능력, 사고력, 창의력, 사람 관리, 협업 능력이다. 이들의 기초가 되는 능력은 2가지로 압축할 수 있다. 바로 '질문'과 '인성'이다. 문제 해결 능력, 사고력, 창의력 모두 '왜?'라는 질문에서 시작한다. 인성은 다른 사람과 좋은 관계 형성, 협업, 소통에 필수 요소다. 이 능력들을 얻고 싶다면 공부할 때와 일상생활에서 질문하는 습관과 남을 존중하는 습관을 만들자. 이때 습관이 금방 만들어지지 않아도 조급해하지 않아도 된다. 두 능력 모두 꾸준히 노력해야만 얻을 수 있다. 쉽게 얻을 수 없는 만큼, 두 능력이 습관으로 자리 잡으면 강력한 무기가 된다. 위대한 인생은 이러한 작은 습관에서부터 시작한다.

4

삶의 목적을 찾아야
나를 위한 인생을 산다

소설가 마크 트웨인Mark Twain이 말했다. "당신의 인생에서 가장 중요한 두 날은 당신이 태어난 날과 그 이유를 찾는 날이 다."[230] 삶의 목적을 찾는 것은 태어나는 것만큼 인생에서 중요 하다. 목적이 없는 사람은 삶이 공허하고, 의미 없는 하루만 보 낸다. 공부하거나 일을 해도 재미가 없기 때문에 금방 지친다. 영혼 없는 삶의 연속이다. 반면 삶의 목적이 분명한 사람은 무 엇에 집중해야 하는지 안다. 내 인생에 무엇이 중요한지, 어떤 것에 가치를 두어야 하는지 안다. 삶의 의미를 알기 때문에 만 족감을 느끼며 살아간다. 삶의 목적을 찾아야 나를 위한 인생을 살 수 있다.

공부의
목적 찾기

우리나라 학생들은 자신의 발전보다는 미래를 위해 '참는 공부'를 한다. 한국직업능력개발원이 발표한 보고서에 따르면 한국 고등학생들이 공부하는 가장 큰 이유는 '앞으로 하고 싶은 일을 하기 위해서'(88%)였다. 그다음으로는 '좋은 직업을 가지기 위해서(83%)', '돈을 많이 벌기 위해서(75%)'가 차지했다. '배우고 익히는 것이 즐거우므로'라고 답한 학생은 고작 29%에 불과했다. 심지어 부모님이나 선생님이 공부하라고 시켜서 공부한다는 학생도 20%나 있었다.[231] 이처럼 대부분의 학생은 공부의 이유를 외부에서 찾는다. 미래에 좋은 직업을 가지고, 돈을 많이 버는 것이 공부의 목적이라고 생각한다.

과거에는 '명문대 졸업, 좋은 직장, 행복한 삶'이라는 공식이 유효했다. 고등학생 수 대비 대학 수가 훨씬 적었기 때문에 대학에 들어가는 게 더 어려웠다. 그만큼 대학생은 사회에 필요한 고급 인재로 대우받았다. 대기업에 먼저 취업한 선배들이 찾아와서 더 좋은 인재를 스카우트하기 바빴다. 취직 후에는 안정적으로 꾸준하게 승진하고, 연봉도 훨씬 높아졌다. 즉, 좋은 대학에 가면 좋은 직장을 얻기 비교적 쉬웠고, 좋은 직장에 들어가면 남들보다 더 여유롭게 살 수 있었다. 이런 시대를 겪어 온

부모님과 선생님이 지금도 같은 공식을 적용하려고 한다. 좋은 대학에 들어가고, 좋은 직장을 얻으면 행복하게 살 수 있다고 말하는 것이다.

지금은 명문대에 나와도 취업난을 겪는다. 좋은 직장을 얻는다고 예전만큼 풍족하게 살지 못한다. 그럼에도 모두가 같은 방향만 바라보고 달린다. 여전히 공부의 목적을 좋은 대학, 좋은 직장, 돈과 같이 외부적 요인에서 찾는 것이다. 문제는 목적지에 도착한 다음이다. 공부의 목적이 외부적 요인이면 목적을 달성하면서 목적 자체가 없어진다. 일단 뛰라고 해서 뛰었는데, 막상 도착한 뒤에는 무엇을 할지 잘 모른다. 좋은 대학에 들어가고, 원하는 직장을 얻었음에도 앞으로 어떻게 살아가야 할지 모른다고 말하는 이유다. 목적을 달성하는 과정에서 '나'가 없었기 때문이다.

나를 중심으로 공부할 때 나에 대해 더욱 알게 된다. 내가 무엇을 좋아하는지, 잘하는지, 더 하고 싶은지 깨닫는다. 공부의 결과가 온전히 내 실력이 되다 보니 공부에 더 흥미를 느낀다. 목적을 달성할수록 성장하기 때문에 도전하고 싶은 욕구가 생긴다. 이처럼 목적을 어디에 두느냐에 따라, 같은 공부를 해도 결과의 차이가 크다. 시작점에서 1도만 다른 방향으로 가도, 한참 후에는 완전히 다른 곳에 도착하는 것과 같은 원리다. 남들이 뛴다고 나도 무작정 뛰는 것보다, 공부의 목적을 먼저 생각해 보는 것이 중요하다. 나는 무엇을 위해 공부하는가? 이 질문을 먼저 진지하게 고민해 봐야 한다.

한 번뿐인 인생,
내가 주인공이다

　미국 스롤리의 블로토닉 연구소는 아이비리그 졸업생 1,500명을 대상으로 직업과 성공 사이의 관계에 대해 연구했다. 연구팀은 이들에게 직업 선택의 이유를 물었다. 83%는 직업 선택의 기준을 '돈'이라고 했다. 오직 17%만 '하고 싶은 일'을 선택했다. 20년 후 확인해 보니 1,500명 중에서 101명의 백만장자가 나왔다. 아이러니하게도 '돈'을 선택한 그룹에서는 단 1명만 백만장자가 되었다. 나머지 100명은 '하고 싶은 일'을 선택한 그룹에서 나왔다. 졸업 당시에는 '돈'을 선택한 그룹이 4배 더 많이 벌었지만, 성공은 그와 반대였다. 성공과 만족스러운 삶은 자신이 좋아하는 일을 선택한 사람들에게 찾아왔다.[232]

　커리어 컨설턴트의 대가 리처드 볼스Richard Bolles는 이렇게 말했다. "대부분의 사람이 꿈의 직업 찾기에 실패하는 것은 직업에 대한 정보 부족이 아니라, 자기 자신에 대한 정보 부족 때문이다."[233] 어른이 되어서도 자신이 무엇을 원하는지 모르는 사람이 많다. 많은 사람이 가는 길이 정답이라고 믿으며, 그 무리에 끼지 못하면 불안감을 느낀다. 남들이 좋다고 하는 게 자신의 꿈인 줄 알고 살기도 한다. 다른 사람의 의견이 아닌, '진짜' 내 생각은 무엇인지 자신에게 물어 보자. 나에 대해 깊게 알아야만 내가 무엇을 위해 사는지, 삶의 이유를 찾을 수 있다. 삶의 목적은 내 생각 속에 들어 있다.

삶의 목적이 없는 사람은 인생을 사는 의욕이 많지 않다. 매일 별다른 생각 없이 산다. 반면 목적의식이 있는 사람은 하루하루가 소중하다. 인생을 자신의 꿈을 이루기 위한 여정으로 만든다. 도전과 실패를 경험하면서 자신에게 중요하고, 소중한 것이 무엇인지 깨닫는다. 그러니 자신이 좋아하는 것을 악착같이 찾아 보자. 삶의 목적은 어느 날 갑자기 깨닫는 게 아니다. 자신의 꿈이 무엇인지, 무엇을 위해 살아야 하는지 알기 위해 치열하게 찾아봐야 한다. 아무것도 하지 않으면 아무 일도 일어나지 않는다. 어제와 똑같은 하루를 반복할 뿐이다. 변화하고 싶다면 마음가짐을 바꾸고, 직접 발로 뛰어야 한다.

인생에 정답은 없다. 정해진 길이란 건 존재하지 않는다. 그러나 인생을 단 한 번만 산다는 사실은 모두에게 똑같이 적용된다. 삶의 목적을 찾지 않으면, 다른 사람의 가치나 우선순위에 맞춰가며 살아갈 수밖에 없다. 인생은 한 번뿐인 만큼 무엇보다도 소중하다. 다른 사람들의 기대와 시선을 신경 쓰면서 낭비하기엔 아까운 시간이다. 그러니 삶의 목적을 악착같이 찾아보기로 다짐하자. 당장 삶의 목적을 찾지 못하더라도 조급해할 필요 없다. 인생을 어떻게 살아가야 하는지는 평생에 걸쳐 탐구하는 것이다. 나이가 들고, 환경이 변하면서 인생의 목적은 자연스럽게 또 변한다. 대신, 내가 어떻게 살고 싶은지에 대한 고민을 멈춰서는 안 된다. 우리는 삶의 목적이 있을 때 진정한 인생의 주인공이 된다.

삶의 목적을 찾는
4가지 방법

1. 자신이 좋아하는 것과 잘하는 것의 교차점을 찾자. 스탠퍼드대학교 신입생 학장인 줄리 리스콧-헤임스Julie Lythcott-Haims는 인생의 목적을 찾는 방법으로 이렇게 조언한다. 종이 한쪽에는 자신이 잘한다고 생각하는 것(능숙한 솜씨)을 적는다. 다른 한쪽에는 본인이 하기 좋아하는 것(관심사 또는 가치 기준)을 쓴다. 일단 머리에 떠오르는 대로 전부 적은 다음, 리스트를 보면서 양쪽을 비교한다. 이 중 공통되는 부분이 자신의 실력이 높고, 열정이 교차하는 지점이다. 이 지점을 시작으로 인생의 목적을 탐구해 보자. 리스콧-헤임스는 같은 방법으로 스탠퍼드대학교 신입생과 학부생들의 진로 계획을 도와준다고 한다.[234]

2. 꿈은 '명사'가 아니라 '동사'여야 한다. 꿈은 동사 형태일

때 본질에 집중한다. 아나운서 장성규는 어느 날 7년간 준비한 회계사가 자신의 꿈이 아님을 깨달았다. 그의 진정한 꿈은 '마이크를 잡는 사람'과 '선한 영향력을 주는 사람'이었다. 자신의 꿈을 이룰 수 있는 여러 직업 중 아나운서의 길을 선택했다.[235] 이처럼 꿈은 특정한 직업이 아니라, 내가 살고 싶은 모습을 의미해야 한다. 내가 어떤 사람이 되어, 어떤 목적을 갖고, 어떤 방식으로 살고 싶은지를 생각해 보자. 직업은 진정한 꿈을 이루기 위한 수단에 불과하다. 그러니 직업 자체를 나의 꿈과 목적으로 삼지 말자. 내 인생을 어떻게 살고 싶은지 고민하는 것이 훨씬 더 중요하다.

3. 롤모델과 멘토에게 배우자. 롤모델은 내가 살고 싶은 인생을 먼저 경험한 인생의 선배다. 이들의 경험과 시행착오를 보며 나아가야 할 방향을 정할 수 있다. 멘토들의 발자취에 내 생각과 의견을 추가하면 나만의 인생 계획이 만들어진다. 독서는 멘토를 찾기 가장 좋은 방법이다. "좋은 책들을 읽는 것은 지난 몇 세기에 걸쳐 가장 훌륭한 사람들과 대화하는 것과 같다." 프랑스 철학자 데카르트Descartes의 말처럼 좋은 책을 쓴 저자는 시대를 대표하는 최고의 멘토다.[236] 이들의 인생과 가치관을 보면서 나는 앞으로 어떻게 살고 싶은지 힌트를 얻을 수 있다.

4. 경험은 최고의 스승이다. 삶의 목적을 찾는 가장 좋은 방법은 직접 경험해 보는 것이다. 자신이 무엇을 좋아하고, 어떤 삶을 살고 싶은지는 겪어 봐야만 알 수 있다. 경험하기 전까

지는 상상일 뿐이다. 그러려면 정답은 하나라는 생각을 버려야 한다. 사람마다 타고난 재능과 적성이 다 다르다. 다른 사람한테 맞는 옷일지라도, 나한테는 맞지 않을 수도 있다. 나에게 맞지 않는 옷을 억지로 입을 필요는 없다. '내' 삶에 대한 해답은 '내' 생각과 경험으로만 찾을 수 있다. 다양한 경험을 통해 나는 진정으로 무엇을 좋아하는지 찾아 보자. 경험이 쌓일수록 나를 위한 인생의 목적에 한 발 더 가까워진다.

인생은 속도가 아니라 방향이다. 그러나 우리는 방향보다는 일단 뛰는 것에 집중한다. 얼마나 빠르게, 얼마나 더 많이 이루는 것을 목적으로 삼는다. 방향을 생각하지 않고 무작정 뛰면 엉뚱한 목적지에 도착한다. 도착한 후에 잘못된 방향이었다는 것을 아는 것만큼 허무하고, 후회스러운 게 없다. 시간이 더 걸리더라도 올바른 방향으로 가는 것이 더 현명하다. 올바른 방향으로 가기 위해선 삶의 목적을 찾아야 한다. 우리의 인생은 단한 번뿐이다. 내가 원하는 것을 하면서 살거나, 원치 않은 것을 하면서 살거나, 그 선택은 각자의 몫이다. 내 인생의 목적과 의미를 찾는 것이야말로 진정한 행복을 느끼는 방법이다.

5

후회 없는 삶, 도전하는 삶,
행복한 삶을 살아라

프랑스 철학자 장 폴 사르트르Jean-Paul Sartre는 "인생은 B와 D 사이의 C다."라고 말했다.[237] 출생Birth과 죽음Death 사이에서 내린 선택Choice들이 모여 인생이 된다는 뜻이다. 과거의 선택이 모여 현재가 됐다. 앞으로 내릴 결정들이 모여 미래가 만들어진다. 위대한 인생을 원한다면 살면서 옳은 선택들을 해야 한다. 안타깝게도 그 선택의 결과는 미래에 가 봐야만 알 수 있다. 그러나 미래를 몰라도 지금 하는 선택이 옳은 것인지 아는 방법이 있다. 바로 인생의 선배가 내렸던 선택과 결과를 참고하는 것이다. 이들의 경험과 교훈으로 어떤 결정이 더 옳은 방향인지 알 수 있다. 내 선택들이 모여 앞으로의 인생이 만들어진다. 인생을 바꾸고 싶다면 올바른 선택을 하는 법을 알아야 한다.

후회 없는 삶을
살아라

독일의 통일을 이끈 오토 폰 비스마르크Otto von Bismarck 총리가 말했다. "어리석은 사람은 자신의 경험에서만 배우지만, 현명한 사람은 다른 사람의 경험에서 배운다."[238] 우리는 과거의 후회를 바꿀 순 없지만, 미래의 후회를 줄일 기회는 있다. 앞으로 살면서 후회를 최소화하기 가장 좋은 방법은 인생을 먼저 산 사람들의 후회 경험담을 참고하는 것이다. 이들의 이야기에서 어떤 잠재적인 후회들이 있는지 미리 파악하면, 나는 어떻게 살아야 후회를 최소화할지 계획할 수 있다. 자신의 경험에서는 과거에 '한' 선택의 결과만 알지만, 다른 사람의 경험에서는 미래에 '할' 선택의 결과를 알 수 있다. 현명한 사람은 다른 사람의 후회 경험에서 배우고, 후회를 최소화하는 사람이다.

MBC 방송사에서는 '인생에서 후회되는 일'을 조사했다. 나이대와 성별마다 가치관이 다르니 후회하는 일들도 다를 것이라 예상했다. 놀랍게도 10대에서 40대까지 남녀 모두 같은 후회를 했다. 바로 '공부 좀 할 걸'이다.[239] 여기서 '공부'라는 단어 자체에만 초점을 맞추면 안 된다. 공부에 대한 후회는 그때 더 시험을 잘 치고, 좋은 성적을 받지 못한 걸 의미하지 않는다. 좋은 성적을 받았던 사람들도 과거의 공부했던 기억을 떠올리

내 인생에서 후회되는 일 (남자)

순위	10대	20대	30대	40대	50대	60대	70대
1	공부 좀 할 걸	공부 좀 할 걸	공부 좀 할 걸	공부 좀 할 걸	공부 좀 할 걸	돈 좀 모을 걸	아내 눈에 눈물나게 한 것
2	엄마한테 대들지 말 걸	엄마 말 좀 잘 들을 걸	돈 모아 집 사둘 걸	술 어지간히 먹을 걸	겁 없이 돈 날린 것	술 줄이고 건강 챙길걸	노후 자금 모아둘 걸
3	친구랑 다투지 말 걸	그 여자 잡을 걸	그 회사 그냥 다닐 걸	땅 좀 사둘 걸	아내한테 못할 짓한 것	아내한테 못할 짓한 것	배우고 싶었는데
4	게임 끊을 걸	돈 좀 아껴쓸 걸	그 여자 잡을 걸	그 여자 잡을 걸	인생 대충 산 것	배우고 싶었는데	애들 공부 더 시킬 걸
5	욕 배우지 말 걸	사고치지 말 걸	아랫 사람에게 잘해줄 걸	아내한테 못할 짓한 것	부모님께 효도할 걸	노는 것 좀 배워둘 걸	술 줄이고 건강 챙길 걸

내 인생에서 후회되는 일 (여자)

순위	10대	20대	30대	40대	50대	60대	70대
1	공부 좀 할 걸	공부 좀 할 걸	공부 좀 할 걸	공부 좀 할 걸	애들 교육 신경 더 쓸 걸	애들에게 더 잘할 걸	배우고 싶었는데
2	엄마한테 거짓말한 것	엄마 말 좀 잘 들을 걸	이 남자랑 결혼한 것	애들 교육 신경 더 쓸 걸	결혼 잘못한 것	배우고 싶었는데	죽은 남편한테 더 잘해줄 걸
3	친구랑 싸우지 말 걸	친구랑 싸우지 말 걸	전공 선택 잘못한 것	내 인생 즐겨볼 걸	공부 좀 할 걸	돈 좀 모아놓을 걸	돈 좀 모아놓을 걸
4	학교 잘못 고른 것	더 화끈하게 놀 걸	결혼 후 직장 그만둔 것	결혼 잘못한 것	남편 바가지 긁은 것	이 집안에 시집온 것	부모님께 잘할 걸
5	좋은 친구 사귈 걸	사표 낸 것	부모님께 잘할 걸	부모님께 잘할 걸	돈 좀 잘 굴릴 걸	부모님께 잘할 걸	평생 고생만 한 것

내 인생에서 후회되는 일

면 후회가 남는다. 공부를 통해 자신이 무엇을 좋아하고, 원하는지를 알아내지 못한 것을 후회로 생각한다. 자신에 대해 알아가는 것을 공부의 목적으로 생각해야 미래에 후회하지 않는다.

인생을 미로라고 생각해 보자. 미로는 출발 지점에서 시작하면 풀기 어렵지만, 도착 지점에서부터 풀면 쉽게 풀린다. 인생의 마지막은 죽음이다. 죽음에서부터 인생을 바라보면 앞으로 어떻게 살아야 할지 해답을 찾을 수 있다. 내가 어떻게 죽고 싶은지 고민하는 사람은 앞으로 어떤 삶을 살고 싶은지 깨닫는다. 내가 다음 주에 죽는다고 생각하면 나에게 소중한 것들과 불필요한 것들을 구분할 수 있다. 죽는 날을 떠올려 보면 사람들에게 나는 어떤 사람으로 기억되고 싶은지 알 수 있다. 이처럼 죽음에서부터 인생을 돌아보면 남은 인생을 어떻게 살고 싶은지 힌트를 얻을 수 있다.

호스피스 간호사인 브로니 웨어Bronnie Ware는 죽음을 앞둔 환자들이 죽기 전에 가장 후회하는 것들을 조사했다. 조사 결과, '나로서 살지 못한 것'이 공통점이었다. 대표적으로 다른 사람의 기대와 눈치를 보느라 자신에게 솔직하지 못한 것, 행복하게 살지 못한 것이 있었다.[240] 죽기 전에 하는 후회들은 물질적인 게 아니다. 성적, 직업, 돈, 집, 차와 같은 것들은 죽음 앞에서 아무 소용이 없다. 그보다는 더 가치 있는 꿈을 꾸고, 더 많은 도전을 하는 것이 인생의 우선순위여야 한다. 죽는 순간에 나는 무엇을 가장 후회할까? 인생을 살아가는 데 필요한 모든 해답은 이 질문 안에 들어 있다.

도전하는 사람은
후회가 없다

바나나가 있는 방안에 원숭이 다섯 마리를 모아 뒀다. 한 마리가 바나나를 가지러 가면 나머지 원숭이들에게 차가운 물을 뿌렸다. 이후 한 원숭이가 바나나를 가지러 갈 때면, 다른 원숭이들이 나서서 공격했다. 그렇게 아무도 바나나를 먹으려고 시도하지 않았다. 다섯 마리 중 한 마리의 원숭이를 교체했다. 신입이 바나나를 먹으려고 하자 기존의 네 마리가 공격했다. 신입은 영문도 모른 채 바나나를 먹으려 하지 않았다. 그렇게 한 마리씩 계속 교체했다. 신입이 새로 들어와서 바나나를 가지러 갈 때마다, 방 안의 원숭이들이 화를 냈다. 결국, 다섯 마리 모두 교체했다. 실제로 물을 맞은 원숭이는 이제 단 한 마리도 없다. 마지막 원숭이를 추가 투입했다. 이 원숭이도 바나나를 먹으려 하자 다른 원숭이들이 공격했다. 이때 마지막 원숭이가 물었다. "왜 공격하는 거야?" 다른 원숭이들이 답했다. "나도 몰라. 원래 이렇게 하는 거야."[241]

원숭이 일화는 현재 우리 사회의 모습을 담고 있다. 스스로 생각하고 정답을 찾으려는 대신, 다수가 말하는 것이 정답이라고 믿는다. 이렇게 주입된 생각은 신념으로 변한다. 인간은 자신이 믿고 있는 신념에서 벗어나기 어렵다. '우물 안 개구리'처럼 대부분은 제한된 신념 안에서 갇혀 산다. 후회 없는 인생을 살기 위해선 이 신념을 깨고 우물 밖으로 나와야 한다. 스스로 생각하고 삶을 이끌어야 다른 사람의 말에 끌려다니지 않는다. 우물 밖으로 나오려면 '대답'보단 '질문'을 해야 한다. 자신에게 진지하게 질문하고, 대답할 때는 솔직해야 한다. 주위에서 말하는 것이 내 인생의 정답이 아니다. 삶의 해답은 스스로 질문하고, 판단할 때 나온다.

내 인생을 위해 도전하자. 한 번쯤은 도전적인 삶을 살아야 한다고 생각하지만, 행동으로 옮기는 일은 어렵다. 인간은 원래 안정된 삶을 추구한다. 생존을 최우선으로 하기 때문이다. 그러나 현대 사회는 도전한다고 생존에 위협받지 않는다. 이제는 먹고, 입고, 자고 싶은 욕구는 충분히 충족된다. 안정만 추구하며 살 필요가 없어졌다. 아마존의 창업자 제프 베조스Jeff Bezos는 안정된 삶과 도전의 갈림길에서 자신에게 물었다. "80세가 되어 인생을 돌아봤을 때, 어떤 선택이 더 후회로 남을까?" 베조스는 이 질문을 하고 과감하게 아마존 창업을 결심했다. 도전하지 않는 게 더 후회로 남았을 것이기 때문이다. 그는 지금도 중요한 의사결정을 할 때 같은 질문을 한다고 한다.[242]

도전하는 사람은 후회가 없다. 동기부여 전문가 로빈 시거Robin Sieger는 이렇게 말했다. "인생의 막바지에는 실패한 것들을 후회하지 않는다. 간절히 원했으나, 한 번도 시도하지 않았던 일에 대해서 후회한다."[243] 실패할 것이 두려워 도전을 포기하는 건 인생의 기회를 버리는 것과 같다. 내가 원하는 길을 가 보지 않으면 나중에는 아쉬움과 동경이 생긴다. 결국, 후회만 남는다. 과감하게 도전하면 후회가 생기지 않는다. 설령 도전의 결과가 실패였어도 우리는 그 과정에서 발전한다. 인간은 태어나서 딱 한 번만 산다. 도전하지 않고, 남의 의견만 듣다가 죽기엔 너무 아까운 시간이다. 주도하는 삶과 끌려다니는 삶. 후회 없는 삶과 아쉬움만 남는 삶. 모두 내 선택에 달려 있다.

행복은 늘 우리 주위에 있다

연세대학교 사회발전연구소 염유식 교수팀은 국가별 어린이와 청소년의 행복지수에 대해 연구했다. 연구에 따르면 한국은 주관적 행복지수가 OECD 국가 중 최하위였다. 주관적 건강과 삶의 만족도는 꼴찌, 외로움은 뒤에서 두 번째를 기록했다. 불행을 느끼는 학생일수록 '돈'과 '성적 향상'이 중요하다고 답했다. 더 안타까운 사실은 학년이 올라가면서 '돈'과 '성적 향상'이 행복에 중요하다고 말하는 학생이 더 많아졌다는 것이다.[244] 어른들의 주입된 꿈에 의해 물질적인 성공이 곧 행복이라고 착각하기 때문이다.

어른들의 말대로 성공하면 행복을 얻을 수 있을까? 입시 준비 때는 대학교만 가면 끝인 줄 안다. 이건 시작에 불과하다. 취업만 하면 행복한 줄 안다. 이제는 좋은 배우자를 만나야 한다고 말한다. 결혼 후 독립하면 이제 행복을 누릴 수 있는가? 육아라는 또 다른 미션이 주어진다. 아이가 크면 편해지는가? 아이의 입시도 남았다. 이처럼 인생은 고난과 도전의 연속이다. 끝까지 다 이룬 다음에 행복을 찾으려는 생각은 버려야 한다. 오히려 하나씩 도전하고 성취하는 과정에서 재미를 느껴야 한다. 이것을 깨닫지 못하면 삶은 괴롭기만 하다. 과정에서 행복을 찾는 사람은 인생이 재밌는 게임이 된다. 성공해야 행복한 것이 아니라, '행복하게 사는 것'이 성공이다.

베푸는 삶이 행복한 삶이다. 옥스퍼드대학교 연구팀은 '친절과 행복의 상관관계'에 대해 연구했다. 그 결과, 남을 도울 때 행복해진다는 사실을 증명했다. 연구를 담당한 올리버 스콧 커리Oliver Scott Curry 박사의 설명이다. "인간은 사회적 동물이기에 가족, 친구, 동료, 이웃, 심지어 낯선 사람들까지 돕는 친절한 행동으로 행복을 느낀다."[245] 인간은 혼자서 행복할 수 있는 존재가 아니다. 쾌감은 혼자서도 느끼겠지만, 행복은 그럴 수 없다. 다른 사람과의 관계에서만 얻는다. 나만의 즐거움과 행복만 추구하는 삶은 고통일 수밖에 없다. 남을 돕고, 베푸는 삶을 살아야 행복과 사랑이 넘친다.

행복은 '지금 여기'에 있다. 영화 〈소울〉에 나오는 한 이야기다. 어린 물고기가 나이 든 물고기에게 물었다. "저는 '바다'라는 걸 찾고 있어요." 어른 물고기가 답했다. "바다? 지금 네가 있는 곳이 바다야." 그러자 어린 물고기가 말했다. "여기요? 이건 그냥 '물'이잖아요. 제가 찾는 건 '바다'라고요!"[246] 우리는 행복을 멀리서만 찾으려고 애쓴다. 지금 사는 삶에 행복이 있다는 사실을 알지 못한다. 행복을 바라보는 관점을 바꿔야 '그곳'이 아닌 '지금 여기'에서 행복을 찾을 수 있다. 소중한 사람들과 함께 시간을 보내는 것이 행복이다. 건강하게 하루를 보내는 것도 행복이다. 매 순간을 즐기는 사람은 하루하루가 행복하다. 행복하게 살려고 마음먹은 사람이 행복한 삶을 산다. 행복은 늘 우리 주위에 있었다.

인생은 매 순간이 실전이다. 철저히 준비를 마친 다음 인생을 살 수는 없다. 그렇기에 우리는 서툴고, 인생을 살면서 후회의 순간들을 만든다. 인간은 완벽하지 않기에 후회를 아예 안 하고 살기는 어렵다. 그럼에도 좋은 인생을 살기 위해서는 후회를 최소화해야 한다. 인간의 고민은 늘 똑같다. 주어진 대로 살다가 어느 순간 '내' 인생에 '나'가 없다는 걸 깨닫는다. 삶의 끝에서 적어도 이 후회만큼은 하지 않길 바란다. 공자가 말했다.

"사람은 인생을 두 번 산다. 두 번째 삶은 인생을 오직 한 번 산다는 걸 깨달을 때 시작된다."[247] 인생은 정말 한 번뿐이다. 지나간 시간을 후회해도 소용없다. 앞으로 남은 인생에 집중해야 한다. 좋은 인생을 살기 위한 시간은 아직 충분히 있다.

아무리 급하더라도
목적지가 다른 버스는 탈 수 없다

　공부와 삶의 이유를 나 자신에게서 찾은 후부터 나는 주도적으로 살기 시작했다. 더 이상 남들과 비교하지 않고 나에게만 집중할 수 있었다. 하지만 이렇게 살아왔던 나도 방향성보다 속도를 더 우선시했을 때가 있었다. 바로 취업할 때였다.

　미국도 한국과 마찬가지로 취업할 때는 모두가 눈에 불을 켜고, 좋은 직업을 얻기 위해 치열한 경쟁률을 뚫어야 한다. 그 중에서도 미국 월스트리트 투자은행Investment Banking은 대학생들의 오랜 선망의 대상이었다. 그 이유는 여러 가지 장점들 때문이다. 우선, 세계 금융시장의 중심에서 일하면서 글로벌한 안목을 키울 수 있다. 대학교를 갓 졸업한 학생들에게 억대 연봉을 주면서 대우를 해 준다. 금융, 경제, 기업 분석 등 다양한 하드 스킬Hard Skill과 일을 대하는 태도, 의사소통 능력 등 여러 소프트 스킬Soft Skill을 배울 수 있다. 근무환경은 힘들지만, 투자은행에서 2~3년 일한 사람은 어떤 일을 맡아도 전부 다 소화할 수 있는 올라운더 All-rounder가 된다. 그렇기에 미국에 있는 회사들은 투자은행에서 일해본 경험이 있는 인재를 선호한다. 그만큼 인기 있는 직업이기 때문에 많은 대학생이 경영이나 경제를 전공하지 않아도 월스트리트 취업 시장에 뛰어든다.

취업하는 과정도 쉽지 않다. 월스트리트에서 일하려면 대학교 3학년 여름방학에 투자은행에서 인턴십을 해야 한다. 정직원 자리의 90%가 이 인턴십을 마친 사람들에게 주어지기 때문이다. 리크루팅(Recruiting, 인턴십을 뽑는 과정) 시기는 2학년 2학기에서 3학년 1학기 사이에 끝난다. 이 시기를 놓치면 아무리 간절히 원해도 지원할 기회조차 얻지 못하는 경우가 많다. 따라서 리크루팅 시기에는 모두가 극도로 예민하고, 전쟁터를 생각나게 하는 온갖 권모술수가 난무한다. 평소에는 그렇게 친했던 친구들끼리도 슬슬 정보 공유를 꺼리고, 이미 인턴십을 마친 선배들한테 팁을 얻기 위해 졸졸 따라다닌다. 학교에서 아직 배운 것도 많지 않은데 취업 준비까지 병행하니 지치고 피곤한 하루의 연속이었다.

심지어 투자은행들도 서로 더 좋은 인재를 뽑아가기 위해 앞다투다 보니, 리크루팅 시기가 점점 더 빨라졌다. 예를 들어, A라는 기업이 2학년 2학기에 인턴십 자리를 뽑고, B라는 기업이 3학년 1학기에 뽑는다고 가정해 보자. 그럼 대부분의 학생은 A 기업에서 인턴십 자리를 주면 바로 승낙해 버린다. 설령 B 기업이 A 기업보다 더 좋은 기업인 것을 알아도, 나중에는 어떻게 될지 모른다는 생각에 굳이 기다리지 않는다. 따라서 좋은 인재들이 먼저 A 기업으로 가버리기 때문에 B 기업도 리크루팅 시기를 더 빠르게 당기는 것이다. 그렇게 리크루팅 시기가 점점 더 빨라지면서, 대학교에 막 들어온 1~2학년들은 선택의 강요를 받을 수밖에 없는 상황에 놓이게 된다. 조금이라도 지체하고 늦는 순간 경쟁의 레이스에서 밀려나기 때문이다. 아직 아무것도 모르는 신입생인 만큼 지금 당장 뛰지 않으면 나중에 후회할지도 모른다는 생각이 드는 것이다.

나 또한 리크루팅 당시에는 하루가 어떻게 지나가는지도 모르고 살았다. 미국에서는 네트워킹과 인맥을 특히 중요하게 여긴다. 인터뷰를 따내고 최종 면접까지 가는 데 성적, 금융 지식뿐만 아니라 네트워킹이 중요한 역할을 한다. 나도 네트워킹을 쌓기 위해 투자은행에서 일하는 선배들에게 10~30분 정도의 시간을 내줄 수 있는지 물어보는 이메일을 매일 수십 통씩 보냈다. 그중에 답변이 온 사람들을 만나기 위해 수업과 수업 사이에 잠깐의 시간을 내서 회사 근처로 갔다. 하루에도 학교와 회사 사이를 몇 번이나 왔다 갔다 했다.

그럼에도 많은 대학생이 이렇게 하는 이유는 월스트리트에 취직하면 큰 행복이 기다릴 것으로 생각하기 때문이다. 매일 아침 바쁘게 출근하는 사람들 틈 속에서도 멋진 수트를 입고 한 손에는 커피, 다른 한 손에는 신문을 들고 뉴욕에 있는 높은 빌

딩에 출근하는 상상을 한다. 일할 때는 냉철한 판단력으로 업무를 처리하지만, 개인 시간에는 운동과 자기계발을 하는 멋진 삶을 꿈꾼다. 친구들과 파티도 즐기면서 인생을 플렉스하는 영화에서나 나올 듯한 장면들이 현실에서도 이루어질 거라고 생각한다. '그곳'에만 도착하면 그때부터는 내가 원하는 삶을 살 수 있을 것이라 믿는다.

하지만 막상 '그곳'에 도착하고 나니 현실은 그렇지 않았다. 우선 새로 공부해야 하는 것들이 너무 많아 하루 24시간이 모자랐다. 이론적인 것들과 실전에서 쓰이는 것들의 차이가 컸다. 아무것도 모르는 사람처럼 처음부터 다시 배워야 했다. 업무량이 많아 주말 출근은 기본이었다. 가끔 개인 시간이 나더라도 운동을 하거나 자기계발을 할 틈이 없었다. 조금이라도 더 잘 수만 있으면 소원이 없을 정도였다. 금요일 저녁 딱 하루만 친구들과 놀 수 있었지만, 토요일에도 일해야 하기 때문에 놀면서도 컨디션 조절이 필요했다. 주 100시간씩 일하는 힘든 근무환경에 몸과 마음은 갈수록 망가져 갔다. 매일 같이 반복되는 하루 속에서 내면은 점점 더 공허해져 갔다. 물론 필사적으로 일하면서 배움도 많았고 나 스스로도 많이 성장했다. 앞에서 언급한 장점들은 모조리 흡수했다. 다만, 그토록 찾던 행복이란 건 '그곳'에 없었다.

도착한 다음에 행복을 찾는 것보다, 행복이 무엇인지를 먼저 고민했어야 한다는 걸 뒤늦게 알았다. 대학교 친구들, 함께 일하던 직장 동료들 모두 나와 비슷한 고민을 했다. 그래서인지 같이 공부하고 입사한 사람 중 80%는 자신이 좋아하는 것을 찾고자 떠났다. 중고등학교 선생님이 되는 친구도 있었고, 기업에 들어가거나 자기 사업을 하는 친구도 있었고, 원래 의사가 되고 싶었다고 뒤늦게 다시 공부를 시작하는 친구도 있었다. 남아 있는 20% 중에서도 절반은 자신이 무엇을 좋아하는지 몰라서 남아 있지만, 찾게 된다면 당장 그 꿈을 이루러 떠날 것이라고 말했다. 친구들과 함께 일하던 사람들 중 10% 정도만 자신의 적성에 맞고 재미있다고 말했다.

무작정 뛸 것이 아니라 속도를 줄여서 걷는 한이 있더라도 자신이 좋아하는 것은 무엇인지, 무엇을 할 때 행복한지, 무엇을 잘하는지 먼저 고민해 보는 게 더 중요하다는 깨달음을 얻었다. 우리는 대부분 '이것만 지나면 행복이 있겠지'라는 생각을 가지고 살아간다. 하지만 행복이란 건 어떤 물질적인 목표를 달성한 다음에 얻는 게 아니다. 좋은 대학에 들어가고, 좋은 직장을 얻고, 대상을 타고, 1등을 할 때의 순간만큼은 매우 행복할 것이다. 하지만 며칠이 지나고 나면 그때의 행복은 무뎌지기 마련이다. 이와는 다르게 힘든 하루를 사는 사람이어도 매일을 행복하게 보내는 사람도 있다. 자신이 좋아하는 사람들과 함께 시간을 보내고, 좋아하는 일을 하고, 자신의 성장을 느끼는 사람들이다. 이런 사람들은 물질적인 목표를 달성하지 않아도 일상에서 늘 행복을 느낀다. 행복은 결과가 아니라 과정 사이에 들

어 있다. '지금 여기'에서 행복을 찾는 방법을 모른다면 '그곳'
에 가서도 행복을 찾을 수 없다.

좋은 곳에 취직하지 말라는 얘기가 아니다. 열심히 노력해
서 얻은 결과물은 정말 축하해 주고, 기뻐할 일이다. 나 또한 일
하면서 힘든 것들도 많았지만, 그 안에서 배우고 성장할 수 있
는 기회들도 많았다. 내가 말하는 건 아무 고민도 해 보지 않고,
그냥 남들이 좋다고 말한다는 이유로 선택하지 말라는 것이다.
자신이 앞으로 할 일이 내 적성에 딱 맞는 그 10% 안에 들 수
있는지 먼저 생각해 보라는 말이다. 조금이라도 더 어릴 때 자
신의 인생에 질문을 던지고, 의미를 부여하는 데 충분한 시간을
가져라. 아무리 급하더라도 목적지가 다른 버스는 탈 수 없는
법이다.

몇몇 사람들은 여태까지 쌓은 게 아깝지 않냐고 물어본다.
나는 앞으로 살아갈 날들이 훨씬 더 많은데 미래를 포기하면서
까지 과거를 고집하는 게 더 현명하지 못한 선택이라고 생각한
다. 게다가 몇 년간 경험한 것들은 그게 성공이었든 실패였든
나에게 수많은 지혜를 남겨 주었다. 이러한 경험들은 내 안에
평생 남아 있으면서 앞으로의 인생을 더 잘 살기 위해 나를 이
끌어 줄 것이다.

나는 경주마처럼 양옆의 시야를 차단하고 오직 앞만 보고
달리다 보니, 내 눈앞에 있는 세계가 전부인 줄 알고 살았다. 정

석대로 길을 가야 성공한 인생이라고 생각했다. 하지만 조금만 여유를 가지고 옆을 둘러보니 훨씬 더 다양한 세계가 기다리고 있었다. 그렇게 지금은 다양한 세계를 하나씩 알아가는 게 재미있고, 그런 부분에서 행복감을 느끼고 있다.

행복한 삶이란 자신이 주도하고 통제하는 삶을 사는 것이다. 그러기 위해서는 자신이 무엇을 좋아하고 잘하는지 알아야 한다. 그래야 자신의 꿈과 행복을 위해서 미래를 계획하고, 인생을 주도적으로 살 수 있다. 인생은 선택의 연속으로 이루어진다. 선택의 기로에서 자신에게 더 맞는 선택을 하려면 자신에 대해 먼저 알아야 한다. 그러니 치열하게 자신의 꿈과 삶의 목적을 찾아라. 자신에 대해 더 많이 알수록 앞으로 살면서 더 올바른 선택을 할 수 있다. 한번 사는 인생이다. 당신도 의미 있고 멋진 삶을 살기를 바란다.

공부를 넘어 빛나는 인생을 살아라

노력은
나를 배신하지 않는다

만약 타임머신이 있어서 15년 전 꼴등 시절의 나에게 "너는 미래에 공부에 관련된 책을 쓸 거야."라고 말한다면, 과거의 나는 아마 사기꾼인 줄 알고 경찰에 신고했을 것이다. 몇 년 전의 나에게 같은 말을 했어도 '한국말도 제대로 못 배운 녀석이 무슨 책이야'라고 생각하며 무시했을 것이다. 그만큼 이 책은 나에게 있어서도 도전의 연속이었다. 국어 실력은 초등학교 때 배운 게 전부고, 그마저도 미국에서 생활하면서 더 떨어졌다. 어휘력도 부족하고, 아는 단어도 한정적이라 이리저리 찾아보고 많이 고민하면서 썼다. 그럼에도 내가 이 책을 쓴 이유는 누구나 자신의 노력으로 변할 수 있다는 희망을 주고 싶었기 때문이다.

단 한 사람이라도 이 책을 읽고 변화의 계기를 가졌으면 하는 마음이다. 예전의 나는 과거의 부정적인 경험들로 인해 내 미래가 긍정적으로 바뀔 수 없다고 믿었다. 원하는 성과를 못 내는 이유는 머리가 나쁘고 내가 부족하기 때문이고, 앞으로도 더 나아질 수 없다고 믿었다. '나는 원래 이런 사람이야'라고 자책하며 발전할 수 있었던 기회들을 놓쳤다. 문제는 나뿐만 아니라 많은 사람들이 자신의 실패했던 경험들로 인해 미래의 가능성을 제한한다는 점이다. 하지만 우리의 미래는 지금까지 어떻게 살아왔느냐보다 앞으로 어떤 마음가짐으로 살 것이냐에 따라 충분히 바뀔 수 있다. 여태까지 실망스러운 일들이 가득했어도 자신이 노력하는 만큼 인생과 미래는 충분히 바뀔 수 있다. 나 또한 내 생각과 마음가짐을 바꾸고 난 후부터 새로운 인생을 살았다. 그 마법 같은 순간들을 독자들도 느껴 봤으면 하는 마음이다.

"The magic you are looking for is in the work you are avoiding."[248] (당신이 찾고 있는 마법은 당신이 피하고 있는 일 안에 있다.)

영국의 팟캐스터 크리스 윌리엄슨Chris Williamson의 말처럼,

자신이 찾고 있는 해답은 언제나 자기가 하기 싫어하는 일을 할 때 얻는다는 것을 명심하자. 하루 종일 친구들과 놀고, 핸드폰에 빠져 살고, 게임하는 건 쉽고 재미있다. 하지만 내 실력도 제자리이기 때문에 내가 원하는 걸 얻을 수 없다. 반대로 아무리 힘들어도 꾹 참고 하루만 더 열심히 살아 보자고 마음먹는 것이나, 고된 하루를 보내고 집에 와서 딱 10분이라도 생산적인 일을 한다는 것은 힘들고 재미도 없다. 당장은 아무런 변화도 없는 것처럼 보인다. 하지만 실력은 분명 내 안에 계속해서 쌓이고 있다. 이처럼 성장은 사람들이 하기 싫어하고 어렵다고 생각하는 길 뒤에 숨어 있다. 쉬운 길과 어려운 길, 이렇게 2가지의 길이 주어진다면 항상 어려운 길만 선택해도 후회 없는 결과를 얻을 수 있다.

　어려운 길을 선택하면 항상 성장을 만날 수 있지만, 그만한 대가가 따른다. 공부뿐만 아니라 성공적인 인생을 살기 위해서는 절대적인 노력이 필요하다. 왕관을 쓰려면 그에 맞는 무게를 견뎌야 하는 법이다. 이 책이 아무리 효율적인 공부법을 알려 주고 공부 마음과 그릇을 키우는 방법들을 소개해도, 자신이 직접 실천하고 노력하지 않으면 아무런 변화도 일어나지 않는다. 변화를 만들어 내는 건 오로지 나 자신만 할 수 있다. 부모님, 선생님, 친구들은 옆에서 그저 도움을 조금 줄 수 있을 뿐이다. 이 책을 읽은 당신은 앞으로 내리는 선택에 따라 미래가 충분히 바뀔 수 있다는 사실을 이제는 깨달았을 것이다. 나의 미래는 딱 내가 노력하는 만큼 바뀐다. 그 어떤 다른 사람도 나를 대신해 줄 수 없다. 내가 해야 할 일은 오늘부터라도 당장 마음을 바꾸겠다고 선택하고, 실천하고, 노력하는 것이다.

행동하지 않으면 아무것도 바뀌지 않는다

참고 문헌을 보면 알겠지만, 나는 공부와 인생에 관련된 다양한 책과 논문들을 수없이 많이 찾아 봤다. 그중에서도 핵심이 되는 정수들만 뽑고, 내 생각을 추가해서 이 책을 썼다. 이 책의 내용이 공부뿐만 아니라 앞으로의 인생을 살아가면서 꼭 필요한 내용이라고 확신할 수 있다. 이 책에 나와 있는 내용만 잘 흡수해도 앞으로 공부하고 인생을 살아가면서 겪을 시행착오를 많이 줄일 수 있을 것으로 예상한다. 이것들을 시작으로 당신이 자신만의 주도적인 인생을 살아가게 되는 계기가 된다면 더 바랄 것이 없다.

이 책에는 공부와 인생을 살면서 쓸 수 있는 많은 무기가 들어 있다. 하지만 책을 한 번 다 읽었다고 이 무기들을 전부 얻었다고 말할 수는 없다. 한 번 읽었다고 해서 내가 다 알았다는 착각에 빠지지 않고, 배운 내용을 꼭 실천했으면 좋겠다. 기억 나는가? 공부란 '배움과 익힘'이다. 익히지 않는 배움은 의미가 없다. 공부하거나 인생을 살면서 어려움을 겪고, 상황에 맞는 용기와 조언이 필요할 때 이 책이 다양한 지혜와 도움을 줄 수 있는 지침서가 되길 바란다.

나는 이 책을 복습하고 내 것으로 만드는 차원에서 다음과 같이 해 보기를 권한다. 앞으로 매일 아침 단 5분이라도 1개의 목차를 정해 다시 읽어 보면서, 적어도 그날만큼은 그 목차에서 배운 걸 실천으로 하는 것이다. 예를 들어, '믿음' 장을 읽었으면, 나는 무엇이든 해내는 사람이라고 생각하며 자신감 넘치는 하루를 사는 것이다. '스트레스' 장을 읽었으면, 그날만큼은 스트레스를 받는 상황에서도 최대한 평정심을 유지하려고 노력한다. '도전' 장을 읽었다면, 오늘 단 한 번이라도 평소에 내가 하지 않았던 새로운 것에 도전한다. 주위 이웃에게 미소와 인사를 건네 보는 것만으로도 충분히 자신의 안전지대에서 벗어난 것이다. 이렇게 매일 조금씩이라도 실천하려는 습관을 들이면 책의 핵심 내용을 전부 마스터할 수 있다.

너무 부담 갖지 않아도 된다. 인생을 하나의 RPG 게임이라고 생각하면 각 목차는 게임에서 얻을 수 있는 '스킬'인 셈이다. 오히려 나는 매일 스킬을 하나씩 배우고 실천해 보면서, 어제보다 더 발전한 자신을 만나는 재미를 느꼈으면 하는 바람이다. 하루하루가 레벨 업할 수 있는 기회라고 생각하고, 모든 스킬을 마스터했을 때 달라져 있을 자신을 기대해 보면서 하나씩 실천해 보자.

나가며

스스로를 믿는 사람에게
찾아오는 마법

우리는 보통 갓 태어난 아기가 언젠가는 몸을 뒤집고 기어 다니다가, 어느새 일어서서 걸어 다닐 것이라는 사실에 대해 전혀 의심하지 않는다. 사람마다 시간 차이는 있을지언정 결국엔 해낼 것을 이미 알고 있다. 나는 이 책을 읽고 있는 당신 또한 결국엔 해낼 사람이라고 믿는다. 우리 모두에게는 무엇이든 해낼 수 있는 잠재력이 있다. 그저 누군가는 다른 사람들보다 조금 더 빠르고, 누구는 조금 더 느릴 뿐이다. 남보다 오래 걸릴 순 있어도 끝까지 포기만 하지 않는다면 우리는 원하는 목표를 분명 이룰 것이다. 그러니 자신을 의심하지 않고 계속 밀어붙여 한계를 돌파해 보자. 계속 도전하고, 깨지고, 배우고, 다시 도전하는 것을 반복하면 어느 순간 나도 모르게 훨씬 더 성장한 나를 만날 것이다.

당신에게도 잠재력이 있다는 것을 믿어라. 지금 공부를 잘하는 사람들도 모두 처음부터 공부를 잘하지는 못했다. 이런 사람들은 특별한 재능이 있어서 갑자기 공부를 잘하게 된 게 절대 아니다. 공부란 자신의 마음가짐을 바꾸고, 미친 듯이 노력한다면 누구나 잘할 수 있는 영역이다. 공부뿐만 아니라 인생 또한 마찬가지다. 성공한 사람들도 대부분 바닥에서부터 시작했다.

그렇기 때문에 내가 지금 바닥까지 떨어져 있다는 생각이 들어도, 필사적으로 노력한다면 충분히 성공할 수 있다는 사실을 잊지 마라. 자신을 믿고, 할 수 있다는 자신감을 꼭 잃지 말아라. 끝까지 포기하지 않겠다는 마음이 제일 중요하다. 미래는 딱 내가 마음먹고 노력한 만큼 돌아올 것이다.

언제나 자신의 '가치'를 키우는 데 집중했으면 좋겠다. 내 안에 있는 가치는 고난과 역경이 내 마음을 휩쓸고 지나가도 절대 변하지 않는다. 세상이 날 짓밟고 힘들게 해도 내 안에서 환하게 빛나고 있다. 앞으로 살면서 힘들고 어려운 상황을 수없이 마주하겠지만, 당신이 가지고 있는 가치만큼은 변하지 않는다는 사실을 꼭 기억하길 바란다. 그러니 언제나 자신의 가치를 끌어올리는 데 집중하자. 다른 사람과 비교하고 결과에만 집착하는 건 도움이 되지 않는다. 오히려 나 자신을 경쟁 상대로 삼아 자신의 가치를 끌어올릴 때 우리는 한 발 더 성장한다. 당신에게 제일 소중한 것은 당신에게만 있는 그 고유한 가치. 자신의 가치를 키우고 성장을 추구할 때 우린 더 행복하고 의미 있는 삶을 살 것이다.

"Life is like a box of chocolates. You never know what you're gonna get."[249] (인생은 초콜릿 상자와 같다. 무엇이 나올지는 아무도 모른다.)

나가며

영화 〈포레스트 검프〉의 명언처럼, 당신의 인생은 무궁무진한 가능성으로 열려 있다는 걸 명심해라. 당신은 무엇이든 해낼 수 있는 사람이란 걸 잊지 말자. 나 또한 이곳에서 당신의 빛나는 인생을 응원하겠다. 이 책의 지혜를 빌려 당신이 꿈꿔 온 일들을 전부 이루길 바란다.

참고 문헌

1   송오현, [영어로 바라보는 세상] 독서를 하면 생각이 바뀌고…생각이 바뀌면 삶이 바뀐다, 매일경제, 2021.01.13, https://www.mk.co.kr/news/special-edition/9706700

2   남지란, 《진짜 공부 잘하는 아이는 집에서 이렇게 합니다》, 빌리버튼, 2022

3   류쉬안, 《하버드대생 공부법은 당신과 다르다》, 원녕경 역, 다연, 2022

4   장웅상, 《공부가 하고 싶은 당신에게》, 다우출판, 2020

5   최재천, 《최재천의 공부》, 김영사, p. 228, 2022

6   남지란, 《진짜 공부 잘하는 아이는 집에서 이렇게 합니다》, 빌리버튼, 2022

7   장웅상, 《공부가 하고 싶은 당신에게》, 다우출판, p. 32, 2020

8   장웅상, 《공부가 하고 싶은 당신에게》, 다우출판, 2020

9   정윤수, '비정상성'을 없애야 진짜 즐길 수 있다, 경향신문, 2019.06.24, https://www.khan.co.kr/opinion/column/article/201906242057005?www

10   이지성, 《리딩으로 리드하라》, 차이정원, 2016

11   이상민, 《유대인의 생각하는 힘》, 라의눈, 2016

12   EBS 학교의 고백 제작팀, 《스스로 가능성을 여는 아이의 발견》, 북하우스, 2013

13   통계개발원 경제사회통계연구실, 〈아동·청소년 삶의 질 2022〉, 통계청, 2022

14   짐 퀵, 《마지막 몰입: 나를 넘어서는 힘》, 김미정 역, 비즈니스북스, 2021

15   최재천, 《최재천의 공부》, 김영사, p. 227, 2022

16   임지은, 《부모라면 놓쳐서는 안 될 유대인 교육법》, 미디어숲, 2020

17   임지은, 《부모라면 놓쳐서는 안 될 유대인 교육법》, 미디어숲, 2020

18   McPherson G. and Evans P., 〈Identity and practice: The motivational benefits of a long-term musical identity〉, Psychology of Music, 2015

19   Scott Barry Kaufman, Learning Strategies Outperform IQ in Predicting Achievement, Scientific American, 2013.04.08, https://blogs.scientificamerican.com/beautiful-minds/learning-strategies-outperform-iq-in-predicting-achievement/

20   제프 콜빈, 《재능은 어떻게 단련되는가》, 부기, 2010

21   제프 콜빈, 《재능은 어떻게 단련되는가》, 부키, 2010

22   제프 콜빈, 《재능은 어떻게 단련되는가》, 부키, 2010

23   김태훈, 《서울대 수석은 이렇게 공부합니다》, 다산에듀, 2021

24   짐 퀵, 《마지막 몰입: 나를 넘어서는 힘》, 김미정 역, 비즈니스북스, 2021

25   다니엘 G. 에이멘, 《공부하는 뇌》, 김성훈 역, 반니, 2020

26   짐 퀵, 《마지막 몰입: 나를 넘어서는 힘》, 김미정 역, 비즈니스북스, 2021

27   다니엘 G. 에이멘, 《공부하는 뇌》, 김성훈 역, 반니, 2020

28   다니엘 G. 에이멘, 《공부하는 뇌》, 김성훈 역, 반니, 2020

29   주단, 권태형, 《공부 독립》, 북북북, 2022

30   류쉬안, 《하버드대생 공부법은 당신과 다르다》, 원녕경 역, 다연, 2022

31   고영성, 신영준, 《완벽한 공부법》, 로크미디어, 2017

32   남지란, 《진짜 공부 잘하는 아이는 집에서 이렇게 합니다》, 빌리버튼, 2022

33   주단, 권태형, 《공부 독립》, 북북북, 2022

34   헨리 뢰디거, 마크 맥대니얼, 피터 브라운, 《어떻게 공부할 것인가》, 김아영 역, 와이즈
      베리, 2014

35   류쉬안, 《하버드대생 공부법은 당신과 다르다》, 원녕경 역, 다연, 2022

36   남지란, 《진짜 공부 잘하는 아이는 집에서 이렇게 합니다》, 빌리버튼, 2022

37   남지란, 《진짜 공부 잘하는 아이는 집에서 이렇게 합니다》, 빌리버튼, 2022

38   김형근, 과학자의 명언과 영어공부(67), 사이언스타임즈, 2007.06.14, https://www.
      sciencetimes.co.kr/news/%EA%B3%BC%ED%95%99%EC%9E%90%EC%9D%98-
      %EB%AA%85%EC% 96%B8%EA%B3%BC-%EC%98%81%EC%96%B4%EA%B3%
      B5%EB%B6%80/

39   임지은, 《부모라면 놓쳐서는 안 될 유대인 교육법》, 미디어숲, 2020

40   Frank Wilczek, Einstein's Parable of Quantum Insanity, Scientific Ameri-
      can, 2015.09.23, https://www.scientificamerican.com/article/einstein-s-para-
      ble-of-quantum-insanity/

41   강원국, 《강원국의 글쓰기》, 메디치미디어, 2018

42   주단, 권태형, 《공부 독립》, 북북북, 2022

43   최하진, 《파인애플 공부법》, 스타라잇, 2023

44   짐 퀵, 《마지막 몰입: 나를 넘어서는 힘》, 김미정 역, 비즈니스북스, 2021

45   짐 퀵, 《마지막 몰입: 나를 넘어서는 힘》, 김미정 역, 비즈니스북스, 2021

46   문제일, 쉬엄쉬엄 공부하면 더 오래 기억, 영남일보, 2021.08.09, https://www.yeo-
      ngnam.com/web/view.php?key=20210808010000910

47   고영성, 신영준, 《완벽한 공부법》, 로크미디어, 2017

48   유사억제 개념을 활용한 공부법 | 공부의 기술 #7, 조랩 Cholab, 2017.02.17, https://

참고 문헌

youtu.be/xQF2iECjSSQ?si=9BJ8nzxz3RJrBJNQ

49 김태훈,《서울대 수석은 이렇게 공부합니다》, 다산에듀, 2021

50 류쉬안,《하버드대생 공부법은 당신과 다르다》, 원녕경 역, 다연, 2022

51 짐 퀵,《마지막 몰입: 나를 넘어서는 힘》, 김미정 역, 비즈니스북스, 2021

52 강원국,《강원국의 글쓰기》, 메디치미디어, 2018

53 Will Lawrence, How Elon Thinks, Product Life, 2021.04.14, https://productlife.
to/p/-how-elon-thinks

54 장옥순, 50가지 기쁨을 만나다, 한국교육신문, 2017.03.22, https://www.hangyo.com/
news/article.html?no=79851

55 박성혁,《이토록 공부가 재미있어지는 순간》, 다산북스, 2023

56 리처드 라이트,《하버드 1교시: 자기 표현력의 힘》, 장선하 역, 힘찬북, 2019

57 류쉬안,《하버드대생 공부법은 당신과 다르다》, 원녕경 역, 다연, 2022

58 주단, 권태형,《공부 독립》, 북북북, 2022

59 박성혁,《이토록 공부가 재미있어지는 순간》, 다산북스, 2023

60 고영성, 신영준,《완벽한 공부법》, 로크미디어, 2017

61 류쉬안,《하버드대생 공부법은 당신과 다르다》, 원녕경 역, 다연, 2022

62 류쉬안,《하버드대생 공부법은 당신과 다르다》, 원녕경 역, 다연, 2022

63 방용성, 선택과 집중 80:20 파레토 법칙, M이코노미뉴스, 2022.12.11, http://www.
m-economynews.com/mobile/article.html?no=35976

64 류쉬안,《하버드대생 공부법은 당신과 다르다》, 원녕경 역, 다연, 2022

65 다니엘 G. 에이멘,《공부하는 뇌》, 김성훈 역, 반니, 2020

66 강석기, 뇌 구조도 바꾸는 명상의 힘!, 사이언스타임즈, 2012.11.23, https://
www.sciencetimes.co.kr/news/%EB%87%8C-%EA%B5%AC%EC%A1%B
0%EB%8F%84-%EB%B0%94%EA%BE%B8%EB%8A%94-
%EB%AA%85%EC%83%81%EC%9D%98-%ED%9E%98/

67 팀 페리스,《타이탄의 도구들》, 박선령, 정지현 역, 토네이도, 2020

68 가토 후미코,《명상이 이렇게 쓸모 있을 줄이야》, 정세영 역, 비즈니스북스, 2020

69 가토 후미코,《명상이 이렇게 쓸모 있을 줄이야》, 정세영 역, 비즈니스북스, 2020

70 류쉬안,《하버드대생 공부법은 당신과 다르다》, 원녕경 역, 다연, 2022

71 리처드 라이트,《하버드 1교시: 자기 표현력의 힘》, 장선하 역, 힘찬북, 2019

72 다니엘 G. 에이멘,《공부하는 뇌》, 김성훈 역, 반니, 2020

73 홍성완, "스마트폰 금지한 학교, 성적 향상", 연합뉴스, 2015.05.19, https://www.yna.
co.kr/view/AKR20150519065900009

74 짐 퀵,《마지막 몰입: 나를 넘어서는 힘》, 김미정 역, 비즈니스북스, 2021

75 다니엘 G. 에이멘,《공부하는 뇌》, 김성훈 역, 반니, 2020

76   How I Tricked My Brain To Like Doing Hard Things dopamine detox, Better Than Yesterday, 2020.02.25, https://youtu.be/9QiE-M1LrZk?si=DIHrqL9S3YH-weAYR

77   가바사와 시온, 《당신의 뇌는 최적화를 원한다》, 오시연 역, 쌤앤파커스, pp. 33-45, 2018

78   김미영, 오타니 쇼헤이의 성공비결, 한겨레, 2017.01.19, https://www.hani.co.kr/arti/specialsection/esc_section/779401.html

79   Bryan Collins, Jim Rohn On How To Become More Self-Disciplined At Home And In Business, Forbes, 2018.10.30, https://www.forbes.com/sites/bryancollinseurope/2018/10/30/jim-rohn-on-how-to-become-more-self-disciplined-at-home-and-in-business/?sh=23ab65e124d9

80   기회는 준비된 자에게 찾아온다., 지성의숲 : 성필원 작가, 2022.01.09, https://youtu.be/k4p8nw-XBWY?si=RuhZKAaaAR6MiknA

81   강성태, 《미쳐야 공부다》, 다산에듀, p. 25, 2015

82   임재호, 삶의 기회, 절박감과 간절함을 느낄 때 다가옵니다, 크리스천투데이, 2019.07.07, https://www.christiantoday.co.kr/news/323808

83   EBS 학교의 고백 제작팀, 《스스로 가능성을 여는 아이의 발견》, 북하우스, 2013

84   짐 퀵, 《마지막 몰입: 나를 넘어서는 힘》, 김미정 역, 비즈니스북스, 2021

85   다니엘 G. 에이멘, 《공부하는 뇌》, 김성훈 역, 반니, 2020

86   캐롤 드웩, 《마인드셋》, 김준수 역, 스몰빅라이프, 2023

87   윌리엄 스틱스러드, 네드 존슨, 《놓아주는 엄마 주도하는 아이》, 이영래 역, 쌤앤파커스, 2022

88   고영성, 신영준, 《완벽한 공부법》, 로크미디어, 2017

89   송인섭, 《내 아이가 스스로 공부한다》, 21세기북스, 2010

90   Schunk, D. H., 〈Self-Efficacy and Achievement Behaviors〉, Educational Psychology Review, 1989

91   김병완, 《김병완의 초의식 독서법》, 싱긋, 2020

92   강성태, 《미쳐야 공부다》, 다산에듀, 2015

93   짐 퀵, 《마지막 몰입: 나를 넘어서는 힘》, 김미정 역, 비즈니스북스, 2021

94   윌리엄 스틱스러드, 네드 존슨, 《놓아주는 엄마 주도하는 아이》, 이영래 역, 쌤앤파커스, 2022

95   조벽, 《조벽 교수의 인재 혁명》, 해냄출판사, 2010

96   장웅상, 《공부가 하고 싶은 당신에게》, 다우출판, p. 51, 2020

97   Debra Wood, Decreasing Disruptions Reduces Medication Errors, American Mobile, 2017.06.15, https://www.americanmobile.com/nursezone/nursing-news/

참고 문헌

decreasing-disruptions-reduces-medication-errors/

98 다니엘 G. 에이멘, 《공부하는 뇌》, 김성훈 역, 반니, 2020

99 박성혁, 《이토록 공부가 재미있어지는 순간》, 다산북스, 2023

100 짐 퀵, 《마지막 몰입: 나를 넘어서는 힘》, 김미정 역, 비즈니스북스, 2021

101 How to Concentrate | Dandapani & Jim Kwik, Jim Kwik, 2019.10.08, https://you-tu.be/n_In0gz56V4?si=_rZZ3JXZ1J4tb-mg

102 마크 매코맥, 《하버드 MBA에서도 가르쳐주지 않는 것들》, 구은영 역, 길벗, 1999

103 Gollwitzer, P. M. and Brandstatter, V., 〈Implementation Intentions and Effective Goal Pursuit〉, Journal of Personality and Social Psychology, 1997

104 윌리엄 스틱스러드, 네드 존슨, 《놓아주는 엄마 주도하는 아이》, 이영래 역, 쌤앤파커스, 2022

105 류쉬안, 《하버드대생 공부법은 당신과 다르다》, 원녕경 역, 다연, 2022

106 알 리스, 잭 트라우트, 《마케팅 불변의 법칙》, 이수정 역, 비즈니스맵, 2008

107 강성태, 《미쳐야 공부다》, 다산에듀, 2015

108 심활경, 《나는 이렇게 세 딸을 하버드에 보냈다》, 쌤앤파커스, 2022

109 강원국, 《강원국의 글쓰기》, 메디치미디어, 2018

110 윌리엄 스틱스러드, 네드 존슨, 《놓아주는 엄마 주도하는 아이》, 이영래 역, 쌤앤파커스, p. 273, 2022

111 김병완, 《김병완의 초의식 독서법》, 싱긋, 2020

112 다니엘 G. 에이멘, 《공부하는 뇌》, 김성훈 역, 반니, 2020

113 티나 실리그, 《인지니어스》, 김소희 역, 리더스북, p. 213, 2012

114 다니엘 G. 에이멘, 《공부하는 뇌》, 김성훈 역, 반니, 2020

115 고영성, 신영준, 《완벽한 공부법》, 로크미디어, 2017

116 다니엘 G. 에이멘, 《공부하는 뇌》, 김성훈 역, 반니, 2020

117 자청, 《역행자》, 웅진지식하우스, 2022

118 다니엘 G. 에이멘, 《공부하는 뇌》, 김성훈 역, 반니, 2020

119 조벽, 최성애, 《성장할 수 있는 용기》, 해냄출판사, 2022

120 조벽, 최성애, 《성장할 수 있는 용기》, 해냄출판사, 2022

121 The Math of HeartMath, Heart-Focused Breathing, HeartMath Institute, 2012.08.20, https://www.heartmath.org/articles-of-the-heart/the-math-of-heart-math/heart-focused-breathing/

122 고영성, 신영준, 《완벽한 공부법》, 로크미디어, 2017

123 박성혁, 《이토록 공부가 재미있어지는 순간》, 다산북스, 2023

124 조벽, 최성애, 《성장할 수 있는 용기》, 해냄출판사, 2022

125 티나 실리그, 《인지니어스》, 김소희 역, 리더스북, 2012

126 조벽, 《조벽 교수의 인재 혁명》, 해냄출판사, 2010

127 조벽, 《조벽 교수의 인재 혁명》, 해냄출판사, 2010

128 다니엘 G. 에이멘, 《공부하는 뇌》, 김성훈 역, 반니, 2020

129 조벽, 최성애, 《성장할 수 있는 용기》, 해냄출판사, 2022

130 바버라 프레드릭슨, 《내 안의 긍정을 춤추게 하라》, 우문식, 최소영 역, 물푸레, 2015

131 임지은, 《부모라면 놓쳐서는 안 될 유대인 교육법》, 미디어숲, 2020

132 임지은, 《부모라면 놓쳐서는 안 될 유대인 교육법》, 미디어숲, 2020

133 조벽, 《조벽 교수의 인재 혁명》, 해냄출판사, 2010

134 최하진, 《파인애플 공부법》, 스타라잇, 2023

135 남지란, 《진짜 공부 잘하는 아이는 집에서 이렇게 합니다》, 빌리버튼, 2022

136 한동일, 《한동일의 공부법》, EBS BOOKS, 2020

137 안데르스 에릭슨, 로버트 풀, 《1만 시간의 재발견》, 강혜정 역, 비즈니스북스, 2016

138 안데르스 에릭슨, 로버트 풀, 《1만 시간의 재발견》, 강혜정 역, 비즈니스북스, 2016

139 안데르스 에릭슨, 로버트 풀, 《1만 시간의 재발견》, 강혜정 역, 비즈니스북스, 2016

140 김병완, 《1시간에 1권 퀀텀 독서법》, 청림출판, 2022

141 Randy Pausch Last Lecture: Achieving Your Childhood Dreams, Carnegie Mellon University, 2007.12.21, https://youtu.be/ji5_MqicxSo?si=yBSSeR52E23AokWi

142 EBS 학교의 고백 제작팀, 《스스로 가능성을 여는 아이의 발견》, 북하우스, 2013

143 류쉬안, 《하버드대생 공부법은 당신과 다르다》, 원녕경 역, 다연, 2022

144 앤젤라 더크워스, 《그릿》, 김미정 역, 비즈니스북스, 2022

145 장웅상, 《공부가 하고 싶은 당신에게》, 다우출판, p. 194, 2020

146 이소영, 《서울대 합격시킨 아날로그 공부법》, 태인문화사, 2021

147 김은정, 《공부그릇과 회복탄력성》, 바이북스, p. 82, 2022

148 남지란, 《진짜 공부 잘하는 아이는 집에서 이렇게 합니다》, 빌리버튼, 2022

149 남지란, 《진짜 공부 잘하는 아이는 집에서 이렇게 합니다》, 빌리버튼, 2022

150 남지란, 《진짜 공부 잘하는 아이는 집에서 이렇게 합니다》, 빌리버튼, 2022

151 고명환, 《나는 어떻게 삶의 해답을 찾는가》, 라곰, p. 31, 2023

152 류쉬안, 《하버드대생 공부법은 당신과 다르다》, 원녕경 역, 다연, 2022

153 The little risks you can take to increase your luck | Tina Seelig, TED, 2018.08.29, https://youtu.be/PX61e3sAj5k?si=ikRoOYXz0EcSPdXh

154 임지은, 《부모라면 놓쳐서는 안 될 유대인 교육법》, 미디어숲, 2020

155 남지란, 《진짜 공부 잘하는 아이는 집에서 이렇게 합니다》, 빌리버튼, 2022

156 임지은, 《부모라면 놓쳐서는 안 될 유대인 교육법》, 미디어숲, 2020

157 고영성, 신영준, 《완벽한 공부법》, 로크미디어, 2017

158 한국청소년정책연구원, 〈청소년백서〉, 여성가족부, 2023

참고 문헌

159 장웅상, 《공부가 하고 싶은 당신에게》, 다우출판, 2020

160 남지란, 《진짜 공부 잘하는 아이는 집에서 이렇게 합니다》, 빌리버튼, 2022

161 임지은, 《부모라면 놓쳐서는 안 될 유대인 교육법》, 미디어숲, 2020

162 고영성, 신영준, 《완벽한 공부법》, 로크미디어, 2017

163 플라톤, 소크라테스, 《소크라테스의 변명·크리톤·파이돈·향연》, 박문재 역, 현대지성, p. 20, 2019

164 자청, 《역행자》, 웅진지식하우스, 2022

165 장웅상, 《공부가 하고 싶은 당신에게》, 다우출판, p. 30, 2020

166 장웅상, 《공부가 하고 싶은 당신에게》, 다우출판, p. 98, 2020

167 고영성, 신영준, 《완벽한 공부법》, 로크미디어, 2017

168 데일 카네기, 《인간관계론》, 임상훈 역, 현대지성, p. 116, 2019

169 Aimee Groth, You're The Average Of The Five People You Spend The Most Time With, Business Insider, 2012.07.25, https://www.businessinsider.com/jim-rohn-youre-the-average-of-the-five-people-you-spend-the-most-time-with-2012-7

170 김태훈, 《서울대 수석은 이렇게 공부합니다》, 다산에듀, p. 120, 2021

171 다니엘 G. 에이멘, 《공부하는 뇌》, 김성훈 역, 반니, 2020

172 윌리엄 스틱스러드, 네드 존슨, 《놓아주는 엄마 주도하는 아이》, 이영래 역, 쌤앤파커스, 2022

173 가토 후미코, 《명상이 이렇게 쓸모 있을 줄이야》, 정세영 역, 비즈니스북스, 2020

174 다니엘 G. 에이멘, 《공부하는 뇌》, 김성훈 역, 반니, 2020

175 윌리엄 스틱스러드, 네드 존슨, 《놓아주는 엄마 주도하는 아이》, 이영래 역, 쌤앤파커스, 2022

176 윤신영, "잠 모자라면 치매 빨리 온다", 동아일보, 2019.01.25, https://www.donga.com/news/It/article/all/20190125/93854789/1

177 윌리엄 스틱스러드, 네드 존슨, 《놓아주는 엄마 주도하는 아이》, 이영래 역, 쌤앤파커스, 2022

178 김영신, 세계 3위 수면부족 국가 '한국'…짧은 수면시간, 비만에 악영향, 메디컬월드뉴스, 2019.01.25, https://medicalworldnews.co.kr/news/view.php?idx=1510929242

179 고영성, 신영준, 《완벽한 공부법》, 로크미디어, 2017

180 체력을 키워야 하는 가장 중요한 이유, 건강과 운동은 과학이다, 2020.05.25, https://youtu.be/DQq29ctYCwI?si=k0VmdpWqPUxU6G2-

181 존 레이티, 에릭 헤이거먼, 《운동화 신은 뇌》, 이상헌 역, 녹색지팡이, 2023

182 범기영, "체중 줄이는 데 유산소 운동이 가장 효과적", KBS 뉴스, 2012.12.17, https://news.kbs.co.kr/news/pc/view/view.do?ncd=2583962

183 다니엘 G. 에이멘, 《공부하는 뇌》, 김성훈 역, 반니, 2020

184 이진모, 〈아침밥 먹으면 왜 좋을까?〉, 농촌진흥청 국립농업과학원, 2016

185 최하진, 《파인애플 공부법》, 스타라잇, 2023

186 짐 퀵, 《마지막 몰입: 나를 넘어서는 힘》, 김미정 역, 비즈니스북스, 2021

187 경기도의료원 의정부병원 가정의학과, 〈대한민국 청소년의 식습관과 정신건강의 연관성〉, Korean Journal of Family Practice, 2017

188 최하진, 《파인애플 공부법》, 스타라잇, 2023

189 이재영, 나를 흔든 한 문장, 김포신문, 2017.03.16, https://www.igimpo.com/news/articleView.html?idxno=44093

190 이성애, 습관이 우리를 만든다, 울산저널, 2021.07.06, https://www.usjournal.kr/news/newsview.php?ncode=1065573625132049

191 자브리나 하아제, 《원하는 나를 만드는 오직 66일》, 오지원 역, 위즈덤하우스, 2020

192 김민경, 작심삼일 그 끝에 서서, 경기일보, 2023.01.03, https://www.kyeonggi.com/article/20230102580309

193 짐 퀵, 《마지막 몰입: 나를 넘어서는 힘》, 김미정 역, 비즈니스북스, p. 222, 2021

194 BJ 포그, 《습관의 디테일》, 김미정 역, 흐름출판, 2020

195 제임스 클리어, 《아주 작은 습관의 힘》, 이한이 역, 비즈니스북스, 2019

196 모든 경쟁에서 승리하는 방법, 수능 이코치, 2023.03.16, https://youtu.be/LR_u7iA92yU?si=6Q_IalaD8mt28m8l

197 류쉬안, 《하버드대생 공부법은 당신과 다르다》, 원녕경 역, 다연, 2022

198 Neal D., Wood W. and Quinn J., 〈Habits - A Repeat Performance〉, Duke University, 2006

199 짐 퀵, 《마지막 몰입: 나를 넘어서는 힘》, 김미정 역, 비즈니스북스, 2021

200 남지란, 《진짜 공부 잘하는 아이는 집에서 이렇게 합니다》, 빌리버튼, 2022

201 임지은, 《부모라면 놓쳐서는 안 될 유대인 교육법》, 미디어숲, 2020

202 고영성, 신영준, 《완벽한 공부법》, 로크미디어, 2017

203 정희진, 니어링은 생각하는 대로 살지 않았다, 한겨레, 2021.03.15, https://www.hani.co.kr/arti/opinion/column/986848.html

204 남지란, 《진짜 공부 잘하는 아이는 집에서 이렇게 합니다》, 빌리버튼, 2022

205 임지은, 《부모라면 놓쳐서는 안 될 유대인 교육법》, 미디어숲, 2020

206 고영성, 신영준, 《완벽한 공부법》, 로크미디어, 2017

207 자청, 《초사고 글쓰기》, 프드프, 2022

208 남지란, 〈진짜 공부 잘하는 아이는 집에서 이렇게 합니다》, 빌리버튼, 2022

209 임지은, 《부모라면 놓쳐서는 안 될 유대인 교육법》, 미디어숲, 2020

210 남지란, 《진짜 공부 잘하는 아이는 집에서 이렇게 합니다》, 빌리버튼, 2022

참고 문헌

211   Horace Dediu, Steve Jobs's Ultimate Lesson for Companies, Harvard Business Review, 2011.08.25, https://hbr.org/2011/08/steve-jobss-ultimate-lesson-fo

212   EBS 학교의 고백 제작팀, 《스스로 가능성을 여는 아이의 발견》, 북하우스, 2013

213   조벽, 《조벽 교수의 인재 혁명》, 해냄출판사, p. 93, 2010

214   티나 실리그, 《인지니어스》, 김소희 역, 리더스북, p. 54, 2012

215   오영도, 거인의 어깨 위에 서서, 굿뉴스데일리, 2020.06.11, https://www.gndaily.kr/news/articleView.html?idxno=36319

216   Pete Mortensen, What Matters Next: Creativity is Just Connecting Things, Medium, 2016.04.01, https://medium.com/matter-driven-narrative/what-matters-next-creativity-is-just-connecting-things-ebd5f24fb0fd

217   고영성, 신영준, 《완벽한 공부법》, 로크미디어, 2017

218   남지란, 《진짜 공부 잘하는 아이는 집에서 이렇게 합니다》, 빌리버튼, 2022

219   최재천, 《통섭의 식탁》, 움직이는서재, 2015

220   임지은, 《부모라면 놓쳐서는 안 될 유대인 교육법》, 미디어숲, 2020

221   레이 달리오, 《원칙》, 고영태 역, 한빛비즈, 2018

222   남지란, 《진짜 공부 잘하는 아이는 집에서 이렇게 합니다》, 빌리버튼, 2022

223   오상진, 창의적 사고를 통한 문제해결방법 "5 Why 질문", 한국강사신문, 2021.09.24, https://www.lecturernews.com/news/articleView.html?idxno=76201

224   임지은, 《부모라면 놓쳐서는 안 될 유대인 교육법》, 미디어숲, 2020

225   Woolley A., Chabris C., Pentland A., Hashmi N. and Malone T., 〈Evidence for a Collective Intelligence Factor in the Performance of Human Groups〉, American Association for the Advancement of Science, 2010

226   남지란, 《진짜 공부 잘하는 아이는 집에서 이렇게 합니다》, 빌리버튼, 2022

227   조벽, 《조벽 교수의 인재 혁명》, 해냄출판사, 2010

228   Mark Tarallo, The Art of Servant Leadership, SHRM, 2018.05.17, https://www.shrm.org/resourcesandtools/hr-topics/organizational-and-employee-development/pages/the-art-of-servant-leadership.aspx

229   임지은, 《부모라면 놓쳐서는 안 될 유대인 교육법》, 미디어숲, 2020

230   Dave Kerpen, The 2 Most Important Days In Your Life, Inc., 2013.07.08, https://www.inc.com/dave-kerpen/leadership-the-most-important-days-in-your-life.html

231   한영혜, 한국 고교생이 공부하는 가장 큰 이유, 중앙일보, 2018.08.21, https://www.joongang.co.kr/article/22902935#home

232   EBS 학교의 고백 제작팀, 《스스로 가능성을 여는 아이의 발견》, 북하우스, 2013

233   임지은, 《부모라면 놓쳐서는 안 될 유대인 교육법》, 미디어숲, 2020

234 줄리 리스콧-헤임스, 《헬리콥터 부모가 자녀를 망친다》, 홍수원 역, 두레, 2017

235 주단, 권태형, 《공부 독립》, 북북북, 2022

236 최선실, 인생을 바꾸는 초서 독서법, 팝콘뉴스, 2023.04.05, https://www.popcorn-news.net/news/articleView.html?idxno=38254

237 짐 퀵, 《마지막 몰입: 나를 넘어서는 힘》, 김미정 역, 비즈니스북스, p. 96, 2021

238 Wolfgang Munchau, Angela Merkel's failures serve as a warning to British leaders, New Statesman, 2023.01.11, https://www.newstatesman.com/world/europe/2023/01/angela-merkel-germany-rishi-sunak-keir-starmer

239 박성혁, 《이토록 공부가 재미있어지는 순간》, 다산북스, 2023

240 브로니 웨어, 《내가 원하는 삶을 살았더라면》, 유윤한 역, 피플트리, 2013

241 게리 하멜, C. K. 프라할라드, 《시대를 앞서는 미래 경쟁 전략》, 김소희 역, 21세기북스, 2011

242 Catherine Clifford, Jeff Bezos: This is what you are going to regret at 80, CNBC, 2020.12.30, https://www.cnbc.com/2018/05/02/jeff-bezos-this-is-what-you-are-going-to-regret-at-80.html

243 앤더스 솔리, 김선형, 《나에겐 지금 못할 것이 없다 실수의 교훈편》, 현대미디어, 2021

244 염유식 교수팀, 〈한국 어린이·청소년 행복지수〉, 연세대학교 사회발전연구소, 2021

245 임지은, 《부모라면 놓쳐서는 안 될 유대인 교육법》, 미디어숲, 2020

246 김다혜, '바다'라는 것, 조선일보, 2022.05.23, https://www.chosun.com/M6QM-JF4EWRETDCIIS33TK4PBZI/

247 Praveen Tipirneni, When The Journey Of Your Youth Is Over, A Different And More Important Calling Beckons, Minutes, 2019.12.03, https://minutes.co/when-the-journey-of-your-youth-is-over-a-different-and-more-important-calling-beckons/

248 17 Raw Lessons About Human Nature, Chris Williamson, 2023.10.03, https://youtu.be/JBgwF8aHByI?si=K-DiFTlm-98Nh3kp

249 로버트 저메키스, 〈포레스트 검프〉, 1994

참고 문헌

꼴등, 1년 만에 전교 1등 되다

초판 1쇄 발행 2024년 1월 31일

지은이 강상우
펴낸이 박영미
펴낸곳 포르체

책임편집 김다예
마케팅 정은주
디자인 황규성

출판신고 2020년 7월 20일 제2020-000103호
전화 02-6083-0128 | 팩스 02-6008-0126
이메일 porchetogo@gmail.com
포스트 https://m.post.naver.com/porche_book
인스타그램 www.instagram.com/porche_book

ⓒ 강상우(저작권자와 맺은 특약에 따라 검인을 생략합니다.)
ISBN 979-11-93584-18-7 (03370)

여러분의 소중한 원고를 보내주세요.
porchetogo@gmail.com